电子商务物流

陈启新　李远远　主编
冯文静　杜金洋　隋东旭　副主编

清华大学出版社
北京

内 容 简 介

本书共10章，主要内容包括电子商务物流基础知识、电子商务物流信息技术、运输、电子商务采购与储存管理、包装与流通加工、装卸搬运、物流配送与配送中心、电子商务物流模式、供应链管理与跨境电子商务物流。

本书配套有教学课件、课程标准、教案、教学大纲、试卷及答案等立体化资源，可有效辅助教学。本书可以作为相关院校电子商务专业的教材，也可以供电子商务物流从业人员参考使用，还可以作为相关培训机构的培训用书。

本书封面贴有清华大学出版社防伪标签，无标签者不得销售。
版权所有，侵权必究。举报：010-62782989，beiqinquan@tup.tsinghua.edu.cn。

图书在版编目（CIP）数据

电子商务物流 / 陈启新，李远远主编. -- 北京：清华大学出版社，2025.4. -- ISBN 978-7-302-68937-9

Ⅰ.F713.365.1

中国国家版本馆CIP数据核字第20257UF749号

责任编辑：吴梦佳
封面设计：常雪影
责任校对：李 梅
责任印制：丛怀宇

出版发行：清华大学出版社
网　　址：https://www.tup.com.cn, https://www.wqxuetang.com
地　　址：北京清华大学学研大厦A座　　　　邮　编：100084
社 总 机：010-83470000　　　　　　　　　邮　购：010-62786544
投稿与读者服务：010-62776969, c-service@tup.tsinghua.edu.cn
质量反馈：010-62772015, zhiliang@tup.tsinghua.edu.cn
课件下载：https://www.tup.com.cn, 010-83470410

印 装 者：三河市人民印务有限公司
经　　销：全国新华书店
开　　本：185mm×260mm　　　印　张：12.75　　　字　数：289千字
版　　次：2025年6月第1版　　　　　　　　　印　次：2025年6月第1次印刷
定　　价：49.00元

产品编号：108947-01

FOREWORD 前　言

为深入贯彻党的二十大精神，深化教师、教材、教法改革，推动教学内容对接新产业、新业态、新模式、新职业，体现专业升级和数字化转型，编者根据电商物流行业发展趋势和职业技术需求编写了本书。

随着全球一体化、信息化的深入发展，以电子商务、物流、金融三方融合为特点的新型跨境贸易方式——电子商务已成为国际贸易新的增长点，对我国企业扩大营销渠道、实现外贸转型升级意义深远。同时，电子商务的出现也为广大人民的生活带来了许多便利。物流作为电子商务运行过程中极其重要的一环，是电子商务活动中物品流通的重要载体。因此，相关专业的学生及从业人员势必要了解有关物流的知识，相应课程的开设是大势所趋。

本书以理论学习与章节实训相结合的形式组织内容，对电子商务物流的各个方面做了细致的讲解，旨在帮助读者更加全面地了解电子商务物流的相关知识，为之后的深入学习提供指引。

为使读者更好地学习电子商务物流的相关知识，本书以掌握电子商务物流技能为目标，通过实战教学的形式由浅入深讲解了电子商务物流管理的方式、方法。本书的特色如下。

（1）教学内容涵盖多个领域。本书内容涵盖物流信息技术、物流仓储、物流运输、物流发货和物流业务操作等多个方面，帮助读者更全面地运用电子商务物流的知识和技能。

（2）理论学习与章节实训相结合。本书采用理论与实训相结合的组织结构，其中理论内容约占90%，实训内容约占10%。本书注重理实一体、产教融合。

（3）配套丰富的信息化教学资源。本书提供了教学课件、课程标准、教案、教学大纲、试卷及答案等立体化的教学资源。

本书既可作为高等院校物流管理专业、电子商务专业、移动电子商务专业、国际经济与贸易专业及相关专业的教学用书，也可作为电子商务物流相关从业者的参考用书。

本书由陈启新、李远远担任主编，冯文静、杜金洋和隋东旭担任副主编。本书编写过程中参考了业内学者、从业者的研究成果和实践经验，在此对所有为本书编写提供过帮助的人表示衷心的感谢。

由于编者水平有限，书中疏漏和不足之处在所难免，敬请各位读者批评指正。

编　者
2025年1月

CONTENTS 目 录

第1章 电子商务物流基础知识 ... 1

1.1 电子商务物流的认知 ... 1
- 1.1.1 电子商务的概念与特点 ... 1
- 1.1.2 电子商务物流的概念与特点 ... 3
- 1.1.3 电子商务与物流的关系 ... 4

1.2 电子商务物流管理的认知 ... 7
- 1.2.1 电子商务物流管理的概念 ... 7
- 1.2.2 电子商务物流的服务内容 ... 7

1.3 电子商务环境下的物流发展 ... 8
- 1.3.1 国内电子商务物流的发展现状 ... 8
- 1.3.2 国外电子商务物流的发展现状 ... 8
- 1.3.3 电子商务物流的发展趋势 ... 9

第2章 电子商务物流信息技术 ... 12

2.1 物流信息技术认知 ... 12
- 2.1.1 物流信息的概念与特征 ... 13
- 2.1.2 物流信息的重要性 ... 14

2.2 条形码技术 ... 15
- 2.2.1 条形码技术的定义 ... 15
- 2.2.2 条形码的分类 ... 15
- 2.2.3 条形码技术的特点 ... 18
- 2.2.4 条形码技术在电子商务物流中的应用 ... 19

2.3 射频识别技术 ... 19
- 2.3.1 RFID 的概念及组成 ... 19
- 2.3.2 RFID 的优点 ... 20
- 2.3.3 RFID 在电子商务物流中的应用 ... 22

2.4 电子数据交换技术·······23
2.4.1 EDI 的概念及组成·······23
2.4.2 EDI 的特点·······24
2.4.3 EDI 的优点·······24
2.4.4 EDI 在电子商务物流中的应用·······25

2.5 地理信息系统·······26
2.5.1 GIS 的概念及组成·······26
2.5.2 GIS 的分类·······28
2.5.3 GIS 的作用·······29
2.5.4 GIS 在电子商务物流中的应用·······30

2.6 全球定位系统·······31
2.6.1 GPS 的概念及组成·······31
2.6.2 GPS 的主要特点·······32
2.6.3 GPS 的功能·······33
2.6.4 GPS 在电子商务物流中的应用·······33

2.7 新型物流信息技术·······34
2.7.1 物联网·······34
2.7.2 大数据·······36
2.7.3 云计算·······36

第3章 运输·······40

3.1 运输概述·······40
3.1.1 运输的含义·······40
3.1.2 运输的作用·······41
3.1.3 运输的研究对象·······42

3.2 运输方式·······43
3.2.1 铁路运输·······43
3.2.2 公路运输·······44
3.2.3 水路运输·······45
3.2.4 航空运输·······46
3.2.5 管道运输·······47

3.3 运输合理化·······48
3.3.1 运输合理化的内涵·······48
3.3.2 不合理运输的表现·······48
3.3.3 影响运输合理化的因素·······50

3.3.4 合理运输的实现途径 ... 51

3.4 运输系统 ... 53
3.4.1 运输系统的内涵 ... 53
3.4.2 运输系统的构成要素 ... 54
3.4.3 运输系统的结构 ... 55

第4章 电子商务采购与储存管理 ... 58

4.1 电子商务采购管理 ... 58
4.1.1 采购的基础知识 ... 58
4.1.2 采购管理的基础知识 ... 62

4.2 电子商务仓储管理 ... 64
4.2.1 仓储认知 ... 64
4.2.2 物品入库管理 ... 65
4.2.3 物品的保管与养护 ... 66
4.2.4 物品出库管理 ... 66

4.3 ABC 分类法 ... 68
4.3.1 ABC 分类法的标准 ... 68
4.3.2 ABC 分类法控制的准则 ... 69
4.3.3 ABC 分类法控制的几个问题 ... 70

4.4 电子商务库存管理 ... 71
4.4.1 库存认知 ... 71
4.4.2 传统库存控制方法 ... 72
4.4.3 电子商务库存控制方法 ... 76

第5章 包装与流通加工 ... 79

5.1 包装 ... 79
5.1.1 包装的概念与主要功能 ... 79
5.1.2 包装的材料与分类 ... 80
5.1.3 运输包装标识 ... 82
5.1.4 包装的合理化措施 ... 89

5.2 流通加工 ... 89
5.2.1 流通加工的概念与类型 ... 90
5.2.2 流通加工的地位与作用 ... 91
5.2.3 流通加工的内容及其与生产加工的区别 ... 92
5.2.4 流通加工合理化 ... 93

第 6 章 装卸搬运 95

6.1 装卸搬运概述 95
6.1.1 装卸搬运的概念与特点 95
6.1.2 装卸搬运的目的与作用 96
6.1.3 装卸搬运的内容与分类 97

6.2 装卸搬运的方法与设备 100
6.2.1 装卸搬运的方法 100
6.2.2 装卸搬运的设备 102

6.3 不合理装卸搬运的表现形式 105

6.4 装卸搬运的合理化措施 106

第 7 章 物流配送与配送中心 109

7.1 物流配送 109
7.1.1 物流配送的概念与特点 109
7.1.2 物流配送的意义和作用 111

7.2 物流配送中心 113
7.2.1 物流配送中心概述 113
7.2.2 物流配送中心的类别 113
7.2.3 物流配送中心的功能 115
7.2.4 物流配送中心作业流程 116

7.3 物流配送中心选址 117
7.3.1 物流配送中心选址的原则 117
7.3.2 物流配送中心选址的主要因素 118
7.3.3 物流配送中心选址的程序和步骤 120

7.4 物流配送中心规划 122
7.4.1 物流配送中心选址规划 122
7.4.2 物流配送中心布局规划 124
7.4.3 物流配送中心车辆路径优化 126

第 8 章 电子商务物流模式 129

8.1 自营物流 129
8.1.1 自营物流的概念 129
8.1.2 自营物流的优势和劣势 130
8.1.3 自营物流的电子商务企业类型 131

8.2 第三方物流 ··· 132
8.2.1 第三方物流的概念及特征 ··· 132
8.2.2 第三方物流的优势和劣势 ·· 133
8.2.3 第三方物流模式的选择 ·· 134
8.2.4 企业选择第三方物流的考虑因素 ··· 135
8.2.5 第三方物流的发展前景 ·· 137

8.3 第四方物流 ··· 139
8.3.1 第四方物流的概念及特点 ·· 139
8.3.2 第四方物流的运作模式 ·· 140

8.4 新型物流 ·· 142
8.4.1 绿色物流 ·· 142
8.4.2 冷链物流 ·· 144
8.4.3 危险品物流 ··· 145
8.4.4 云物流 ··· 146

第9章 供应链管理 ··· 149

9.1 供应链管理概述 ·· 149
9.1.1 供应链管理的概念 ·· 150
9.1.2 供应链管理的特点 ·· 150
9.1.3 供应链管理的内容 ·· 151
9.1.4 供应链管理的要素 ·· 152

9.2 供应链管理模式 ·· 153
9.2.1 推动式供应链 ·· 153
9.2.2 拉动式供应链 ·· 154
9.2.3 两种模式的比较 ··· 156

9.3 牛鞭效应 ·· 157
9.3.1 牛鞭效应的概念 ··· 157
9.3.2 牛鞭效应的成因 ··· 158
9.3.3 牛鞭效应的缓解方法 ··· 159

9.4 供应链管理环境下的库存控制 ··· 160
9.4.1 库存管理的基本原理和方法 ··· 160
9.4.2 供应链管理环境下的库存问题 ·· 163
9.4.3 供应链库存管理策略 ··· 165

第10章 跨境电子商务物流 ································ 170

10.1 跨境电商物流的概念、特点与模式 ···················· 170
- 10.1.1 跨境电商物流的概念和特点 ···················· 170
- 10.1.2 邮政物流——各国（地区）邮政部门的专属物流 ······ 172
- 10.1.3 国际商业快递 ································ 176
- 10.1.4 物流专线 ···································· 178

10.2 跨境电商海外仓 ···································· 178
- 10.2.1 海外仓的概念与主要功能 ······················ 178
- 10.2.2 海外仓选品的概念与定位、思路以及海外仓的模式 ··· 179
- 10.2.3 海外仓的运作流程与费用结构 ·················· 181

10.3 跨境电商 B2C 通关 ································· 183
- 10.3.1 B2C 出口通关模式——"9610"和"1210" ········· 183
- 10.3.2 B2C 出口通关的基本流程 ······················ 186

10.4 跨境电商 B2B 通关 ································· 187
- 10.4.1 B2B 出口通关基本流程 ························ 187
- 10.4.2 B2B 出口通关监管模式——"9710"和"9810" ····· 188

参考文献 ································ 192

第 1 章

电子商务物流基础知识

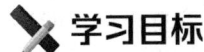 学习目标

知识目标
(1) 了解电子商务与电子商务物流的概念与特点。
(2) 熟悉电子商务物流管理的概念。
(3) 了解国外电子商务物流的发展现状。

技能目标
(1) 能够掌握电子商务与物流的关系。
(2) 能够掌握电子商务物流的服务内容。
(3) 能够了解电子商务物流的发展趋势。

素养目标
掌握电子商务物流的发展史,不忘初心、牢记使命。

1.1 电子商务物流的认知

电子商务是 21 世纪新经济的发展方向,了解并熟悉电子商务的概念能够帮助我们更好地理解经济和信息全球化,掌握经济和社会发展的趋势。

1.1.1 电子商务的概念与特点

电子商务是一个不断发展的概念,关于它的定义,不同的学者、组织和企业从不同的角度对电子商务有不同的理解。最早,IBM 公司于 1996 年提出了 Electronic Commerce(E-Commerce)的概念,仅指在互联网上开展的交易或与交易有关的活动。1997 年,该公司又提出了 Electronic Business 的概念,是指利用信息技术使整个商务活

动实现电子化，包括利用互联网、内联网和外联网等网络形式，以及信息技术进行的商务活动。简单来说，就是将所有的商务活动业务流程电子化，如网络营销、电子支付等外部业务流程，以及企业资源计划、客户关系管理和人力资源管理等企业内部业务流程。

可以将 Electronic Commerce 看作狭义的电子商务，将 Electronic Business 看作广义的电子商务。综合来说，可以将电子商务看作利用互联网及现代通信技术进行任何形式的商务运作、管理或信息交换，包括企业内部的协调与沟通、企业之间的合作以及网上交易等内容。

传统商务下的企业生产经营过程具有标准化、连续性的特点，能够推动生产经营过程对先进技术的应用，提高企业的信息化能力，由此奠定了电子商务的发展条件。总的来说，电子商务具有以下三个特点。

1. 流程虚拟化、数字化

电子商务是科学技术与信息技术发展的产物，是一种虚拟的数字化信息经济，能够提供方便、快捷的经营方式，并且降低了企业的成本，也为消费者提供了便捷的信息获取途径，使消费者足不出户就能浏览各种信息并完成商务活动。

2. 开放性和全球性

基于互联网全球信息传播与覆盖的特点，电子商务拥有广阔的空间，消除了传统商务的地理和空间限制，并且其无限的信息存储空间可以便捷地检索和迅速地传输，因而使不同地域的经济联系更加便利。电子商务重新定义了流通模式，减少了中间环节，使生产者和消费者的直接交易成为可能，在一定程度上改变了整个社会经济运行的方式。

3. 自动化和智能化

电子商务环境下，自动化的交易流程提高了生产率，出现了创造价值、协调分工等新形式、新产品和新市场。经济的发展不再依靠体力，渐渐转变为以知识和信息为主。对财富的认知也开始向拥有信息、知识和智慧的多少转变。随着科技与互联网技术的不断发展，未来智能工具将占据社会的主导地位，生产、交换和分配等各种经济活动将朝智能化的方向发展。

> **课堂小贴士 1-1　电子商务的优势**
>
> 与传统商务相比，电子商务具有以下优势。
> （1）电子商务交易流程的电子化、数据化，大幅减少了人力、物力，降低了交易成本。
> （2）电子商务的开放性和全球性，突破了时间和空间的限制，使交易活动可以在任何时间、任何地点进行，并且为交易双方创造了更多的交易机会。
> （3）由于互联网信息共享的特点，电子商务还能获取更加丰富的信息资源，使交易行为更加公平、透明。
> （4）通过互联网，商家可以直接与消费者交流，消费者也可以把自己的想法及时反馈给商家，而商家可以根据消费者的反馈及时改进、提高产品或服务质量。

1.1.2 电子商务物流的概念与特点

电子商务物流是指为电子商务提供运输、存储、装卸、搬运、包装、流通加工、配送、代收货款、信息处理、退换货等服务的活动。

电子商务物流是基于计算机技术、互联网技术、电子商务技术和信息技术的物品或服务进行的物流活动，包括虚拟商品（或服务）的网络传送和实体商品（或服务）的物理传送。

电子商务物流具有以下五个特点。

1. 信息化

在电子商务时代，信息化是物流的基础，没有物流的信息化，任何先进的技术设备都不可能被应用于物流领域。物流信息化表现为物流信息的商品化、物流信息收集的数据库化和代码化、物流信息处理的电子化和计算机化、物流信息传递的标准化和实时化、物流信息存储的数字化等。因此，条码（bar code）、数据库（database）、电子订货系统（electronic ordering system，EOS）、电子数据交换（electronic data interchange，EDI）、快速反应（quick response，QR）及有效客户反应（effective customer response，ECR）、企业资源计划（enterprise resource planning，ERP）等与信息化息息相关的技术广泛应用于电子商务物流中，彻底改变了传统物流业的面貌。

2. 自动化

自动化的基础是信息化，自动化的核心是机电一体化，自动化的外在表现是无人化。物流自动化可以扩大物流的作业能力、提高劳动生产率、减少物流作业的差错。物流自动化设施非常多，如条码自动识别系统、自动分拣系统、自动存取系统、自动导向车、货物自动跟踪系统等。

3. 网络化

物流信息化的高层次应用首先表现为网络化。这里的网络化有如下两层含义。

（1）物流配送系统的计算机通信网络。物流配送中心与供应商或制造商的联系要通过计算机网络，另外，与上游供应商和下游顾客之间的联系也要通过计算机网络，如物流配送中心向供应商提出订单这一过程就可以通过计算机通信、EOS 和 EDI 来自动实现，物流配送中心通过计算机网络收集下游客户订货的过程也可以自动完成。

（2）组织的网络化，即企业内部网的应用。例如，我国台湾地区的计算机业在 20 世纪 90 年代创造出了"全球运筹式产销模式"，这种模式的基本点是按照客户订单组织生产，生产采取分散形式，即将全世界的计算机资源都利用起来，采取外包的形式将一台计算机所有的零部件、元器件、芯片承包给世界各地的制造商进行生产，然后通过全球的物流网络将这些零部件、元器件和芯片发往同一个物流配送中心进行组装，最后由该物流配送中心将组装好的计算机迅速发给客户。这一过程需要有高效的物流网络支持。

4. 智能化

智能化是物流自动化、信息化的一种高层次应用。物流作业过程中大量的运筹和决策，如库存水平的确定，运输（搬运）路线的选择，自动导向车的运行轨迹和作业控制，自动分拣机的运行，物流配送中心经营管理的决策支持等问题都必须借助专家系统、人工智能和机器人等相关的智能技术加以解决。

5. 柔性化

柔性化本来是为了实现"以顾客为中心"的理念而首先在生产领域提出的。柔性化的物流正是适应生产、流通与消费的需求而发展起来的新型物流模式，要求物流配送中心根据现代消费需求多品种、小批量、多批次、短周期的特点灵活地组织和实施物流作业。在电子商务时代，物流发展到集约化阶段，一体化配送中心已不仅提供仓储和运输服务，还必须开展配货、配送和各种提供附加值的流通服务项目，甚至要按客户的需要提供其他服务。

> **课堂小贴士1-2　电子商务物流的优势**
>
> （1）通过网络，物流公司更易被货主找到，并能够在全国乃至世界范围内拓展业务。
> （2）货主能够更加方便、快捷地找到最合适的物流公司。
> （3）在互联网上搭建一个平台，方便需要物流的货主与提供物流服务的物流公司高效达成交易。

1.1.3　电子商务与物流的关系

从电子商务和物流的内涵来看，电子商务和物流是相互包含的关系，你中有我，我中有你，既有区别也有联系。图1-1所示为电子商务与物流关系图示。

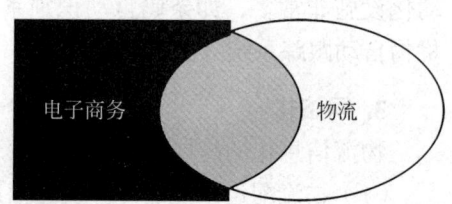

图1-1　电子商务与物流关系图示

电子商务中有四个基本的流向，即商流、物流、资金流和信息流。物流作为电子商务"四流"中的一环，是电子商务商品和服务的最终体现。电子商务的基本流程如图1-2所示。

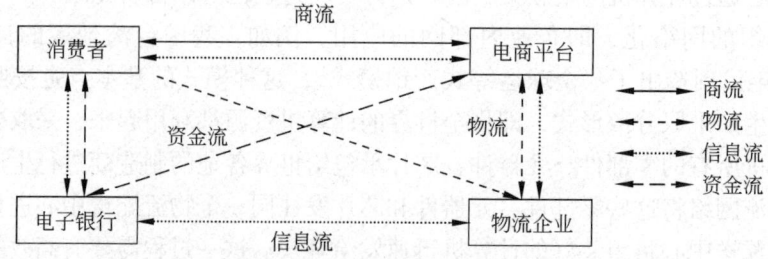

图1-2　电子商务的基本流程

在电子商务"四流"中，商流、信息流和资金流都可以通过计算机系统和网络通信设备来完成，物流是其中最为特殊的一种，只有少数商品可以通过网络传输的方式来完成，如软件、电子图书和信息咨询服务等，大部分的商品和服务需要通过物理方式，完成从商家到消费者的转移，这一过程是电子商务行为最终完成的重要标志，在时间、质量、可靠和精准等方面对电子商务产生影响。

1. 电子商务对物流的影响

在电子商务的应用与发展中，人们发现如果没有一个高效、合理、畅通的物流系统，电子商务的优势将难以得到有效发挥，但随着电子商务环境的改善，电子商务也在使传统的物流发生变化。电子商务对物流的影响主要体现在以下三个方面。

（1）电子商务的快速发展促进了物流的发展。

（2）电子商务改变了物流的管理方式。

（3）电子商务改善了物流设施与设备。

2. 物流对电子商务的影响

相比传统渠道，方便、快捷、丰富、低价是电子商务的显著特点，并且电子商务更注重消费者的购物体验，而物流是提升电子商务购物体验的基本保障。目前我国物流对电子商务的影响主要体现在以下两个方面。

（1）物流是电子商务的重要基石。基本上，绝大多数电子商务的购销行为最终需要在物流的支撑下完成，并且物流作业过程中的速度、可靠性和安全性直接影响消费者对于电子商务模式的认可与接受程度。以安踏为例，天猫平台中安踏官方网店的动态评分如图1-3所示，京东平台中安踏旗舰店的综合评分如图1-4所示。

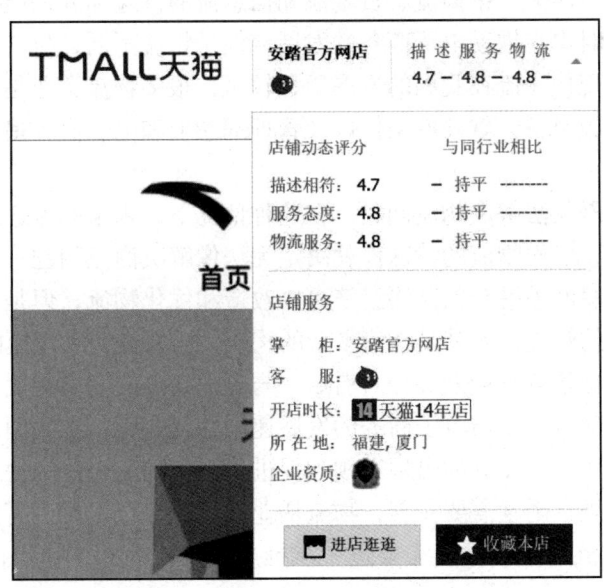

图1-3　天猫安踏官方网店动态评分

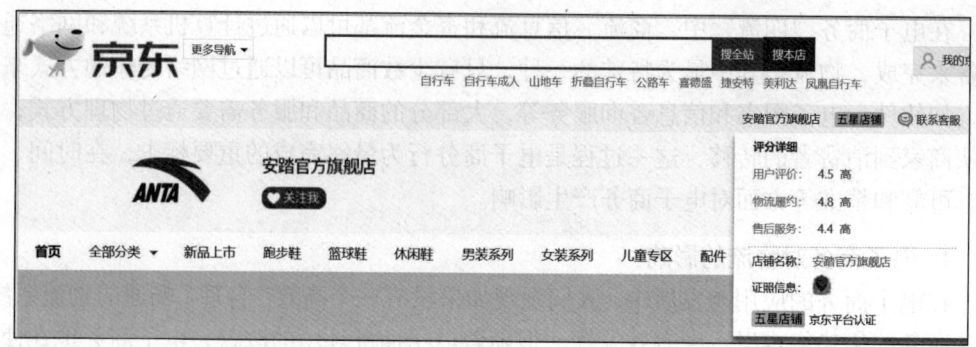

图 1-4　京东安踏旗舰店综合评分

在图 1-3 中，天猫平台对店铺的评分主要体现在三个方面，即描述相符、服务态度和物流服务的质量，任意一方面的评分都将直接影响该品牌旗舰店在天猫平台上的总体评分，这种评分将体现在销售环节。在图 1-4 中，京东平台对于店铺的评分也体现在三个方面，即用户评价、物流履约和售后服务。无论是物流质量还是物流速度，都是物流作业过程的一种直观描述。因此，物流作为主要的评分指标，已经与电子商务紧密联系在一起，物流已成为电子商务发展的基石。可以说，在互联网时代，物流服务水平高的电子商务平台规模和影响力不一定大，但是物流服务水平低的电子商务平台规模和影响力一定不大。

（2）物流是电子商务的瓶颈。随着互联网通信技术的快速发展，计算机、手机、平板电脑等基础硬件设备的不断升级，物联技术、可视技术和大数据分析等技术的成熟和应用，电子商务的"四流"中商流、资金流和信息流的传递和处理能够跟上电子商务快速发展的步伐，同时也在推动电子商务的发展。但是物流不同，目前物流是我国电子商务的瓶颈和短板。现代物流在我国的发展历程较短，很多物流企业是由传统储运企业转型而来，在基础设施设备、软硬件条件以及管理理念上和电子商务追求的速度、服务以及低成本有差距。

一方面，互联网无法解决物流问题。在这种情况下，未来的流通时间和流通成本绝大部分被物流占据，然而物流的特殊性就决定无法像解决商流问题一样依靠互联网来解决物流问题。以互联网为平台的网络经济可以改造和优化物流，但是不可能根本解决物流问题。物流问题的解决，尤其是物流平台的构筑，需要进行大规模的基本建设。

另一方面，我国物流行业发展相对滞后。与电子商务的发展相比，即便是发达国家的物流，其发展速度也难以与电子商务的发展速度并驾齐驱。在我国，物流更是经济领域的落后部分，虽然电子商务的出现带领和促进了一批物流企业的快速发展，但从整体上看，快递行业的规章制度需要完善，物流从业人员的综合素质仍需提高，机械化、自动化和智能化等物流信息技术还需要进一步推广应用。因此，物流仍然是电子商务的瓶颈。

综上所述，电子商务的发展带动了物流的快速发展，物流服务水平的提高又为电子商务的进一步发展提供了有力保障，电子商务和物流相互促进、共同发展。

1.2 电子商务物流管理的认知

1.2.1 电子商务物流管理的概念

电子商务物流管理是指在社会再生产过程中,根据物质实体流动的规律,运用管理的基本原理和科学方法,对电子商务环境下的物流活动进行计划、组织、协调、控制和决策,使各项物流活动实现最佳协调与配合,以降低物流成本,提高物流效率。简言之,电子商务物流管理就是研究并运用电子商务物流活动规律,对物流全过程、各环节、各方面进行的管理。

1.2.2 电子商务物流的服务内容

电子商务物流的服务内容可以分为两个方面:一是传统的物流服务,二是电子商务环境下的增值性服务。传统的物流服务根据物流功能可以分为收货、打包、装货、运输、配送等作业,这是基础性的物流服务内容。电子商务环境下的增值性服务是在传统物流服务的基础上,提供增加便利性的、加快反应速度的、能降低物流成本以及延伸服务。

1. 增加便利性的服务

一切能够简化手续、简化操作的服务都是增值性服务。推行"一条龙"门到门服务、提供完备的操作或作业提示、免培训、免维护、省力化设计或安装、代办业务、一张面孔接待客户、24小时营业、自动订货、传递信息和转账、物流全过程追踪等都是对电子商务销售有用的增值性服务。

2. 加快反应速度的服务

传统观点和做法将加快反应速度变成单纯对快速运输的一种要求,这种做法局限性很大,正确的做法应该是优化电子商务系统的配送中心、物流中心网络,重新设计适用于电子商务的流通渠道,以减少物流环节、简化物流过程,提高物流系统的快速反应性能。例如,麦德龙通过使用易腾迈(Intermec)的 Intellitag RFID 读写器,成功识别超过50 000个托盘,其标签的识读率更超过90%。此外,麦德龙正式实施RFID所取得的成效与试验计划相仿:仓储人力开支减少了14%,存货到位率提高了11%,货物丢失率降低了18%。

3. 能够降低物流成本的服务

发展电子商务,一开始就应该寻找能够降低物流成本的物流方案。企业可以考虑的方案包括采取物流共同化计划,通过采用比较适用但投资比较少的物流技术和设施设备,或推行物流管理技术、条形码技术和信息技术等,以提高物流的效率和效益,降低物流成本。

4. 延伸服务

延伸服务向上可以延伸到市场调查与预测、采购及订单处理，向下可以延伸到配送、物流咨询、物流方案的选择与规划、库存控制决策建议、货款回收与结算、教育与培训、物流系统设计与规划方案的编撰等。

1.3　电子商务环境下的物流发展

1.3.1　国内电子商务物流的发展现状

电子商务的发展，扩大了企业的销售渠道，改变了企业传统的销售方式以及消费者的购物方式，使送货上门等物流服务成为必然，促进了我国物流行业的发展。

1. 物流业服务能力显著提升

物流企业资产重组和资源整合步伐进一步加快，形成了一批所有制多元化、服务网络化和管理现代化的物流企业。传统运输业、仓储业加速向现代物流业转型，制造业物流、商贸物流、电子商务物流和国际物流等领域专业化、社会化服务能力显著增强，服务水平不断提升，现代物流服务体系初步建立。

2. 技术装备条件明显改善

信息技术广泛应用，大多数物流企业建立了管理信息系统，物流信息平台建设快速推进。物联网、云计算等现代信息技术开始应用，装卸搬运、分拣包装、加工配送等专用物流装备和智能标签、跟踪追溯、路径优化等技术迅速推广。

3. 物流业发展环境不断优化

2009年3月10日，国务院印发《物流业调整和振兴规划》，并制定出台了促进物流业健康发展的政策措施。有关部门和地方政府出台了一系列专项规划和配套措施。目前社会物流统计制度日趋完善，标准化工作有序推进，人才培养工作进一步加强，物流科技、学术理论研究及产学研合作不断深入。

1.3.2　国外电子商务物流的发展现状

1. 美国电子商务物流

电子商务概念首先出现在美国。美国的物流管理技术自1915年发展至今已有100多年的历史。美国企业的电子商务物流信息化最显著的特点是采购、仓储、配送在一体化前提下实现全方位信息化，并成为美国电子商务不可分割的组成部分。

戴尔公司通过网站向供应商提供实时数据，使供应商了解零部件库存、需求预测及其他客户信息，更好地根据戴尔的需求组织生产并按准时生产制（just in time，JIT）配送。同时，戴尔的客户在网上按指令配置计算机，下订单5分钟后就可以得到确认，36小时以内客户订购的计算机就会下生产线并被装上配送车。戴尔借助电子商务，通过网上采购辅助材料、网上销售多余库存以及通过电子物流服务商进行仓储与运输等来降低物流成本。

2. 日本电子商务物流

日本是一个岛国，国土窄长狭小，发展快捷可控、灵活机动的物流方式，同时突出"海运立国"的发展战略无疑是上选之策。

20世纪80年代后，流通业务将准时生产制引入商品流通中，生产者和销售者采用准时制生产、准时流通的运营方式，加快了物流业信息化的步伐。特别是近几年日本采用了信息技术和条码技术，物流业已基本实现了信息化、网络化和机械化，具体表现如下。

（1）手持机的广泛应用。物流公司和货主可随时从网上查询货物的位置，并发出作业指令。

（2）装卸运输对象的标准化。日本国土交通省制定了一系列标准，统一了货架、托盘和集装箱的尺寸标准，使装卸搬运的对象实现了集约化。

日本的一些大公司（如日本运通公司、NTT电信公司等）正跨越不同行业间的鸿沟，联手建立电子物流信息市场。计划新设立的法人公司将有3 000多家公司参与，将涵盖整个日本国内的一个包括一切物流分支部门的大市场，使日本电子物流信息市场的规划、构筑和运行走在世界的前列。

3. 法国电子商务物流

法国物流业虽比美国、日本等国起步晚，但发展较快。这与法国的经济发展水平、政府的推动以及物流企业不断改善业务流程、提高运作效率等的努力分不开，也是信息技术发展的结果。法国的物流业年均增长速度在5%左右，而物流信息化发展速度年均达到10%。

随着互联网的发展，法国电子商务在线交易人口迅速上升。尤其是企业间的电子商务（business to business，B2B）增长势头很快。如法国远程销售联合会（法国最大的30个购物网站之一，会员包括340家网上销售公司和520个互联网购物网站）。法国电子商务的成功与电子物流的掌控密切相关。初始电子商务物流对网上购物的作用还很弱，随着软件技术的开发和更新换代，电子商务物流已完全融入飞跃发展的电子商务，不断通过网络对业务进行外包和重组，并能够实现系统之间、企业之间以及资金流、物流、信息流之间的无缝连接，而且这种连接具备预见功能，可在上下游企业间提供一种透明的可视化功能，帮助企业最大限度地控制和管理库存。

1.3.3 电子商务物流的发展趋势

在电子商务时代，企业销售范围的扩大，企业和商业销售方式及最终消费者购买方式的转变，使送货上门等业务成为一项极为重要的服务业务，促进了物流行业的兴起。物流行业能完整提供物流各项服务，主要包括仓储企业、运输企业、装卸搬运、配送企业、流通加工业等。多功能化、一流的服务、信息化和全球化已成为电子商务下物流企业追求的目标。

1. 多功能化——物流业发展的方向

在电子商务时代，物流发展到集约化阶段，一体化的配送中心不仅提供仓储和运输服务，还必须开展配货、配送和各种提高附加值的流通加工服务项目，也可按客户的需要提供其他服务。现代供应链管理即通过从供应者到消费者供应链的综合运作，使物流达到最优化。

2. 一流的服务——物流企业的追求

在电子商务环境下，物流业是介于供货方和购货方之间的第三方，以服务为第一宗旨。物流业在概念上进行变革，实现了由"推"到"拉"的转变。配送中心应更多考虑"客户要我提供哪些服务"，从这层意义讲，它是"拉"，而不是只考虑"我能为客户提供哪些服务"，即"推"。例如，有的配送中心起初提供的是区域性的物流服务，后来发展到提供长距离服务，而且能提供越来越多的服务项目。又如，配送中心派人到生产厂家"驻点"，直接为客户发货。越来越多的生产厂家把所有物流工作委托给配货中心，从根本意义上讲，配送中心的工作已延伸到生产厂家了。

满足客户的需要而把货物送到客户手中，取决于配送中心的作业水平。配送中心不仅与生产厂家保持紧密的伙伴关系，而且直接与客户联系，能及时了解客户的需求信息，并沟通厂商和客户，起着桥梁的作用。例如，美国普雷兹集团公司是一家以运输和配送为主的规模庞大的公司。物流企业不仅为货主提供优质的服务，而且要具备运输、仓储、进出口贸易等一系列知识，深入研究货主企业的生产经营，发展流程设计，进行全方位系统服务。优质和系统的服务使物流企业与货主企业结成战略伙伴关系（策略联盟），一方面有助于货主企业的产品迅速进入市场，提高竞争力，另一方面则使物流企业有稳定的资源。对物流企业而言，服务质量和服务水平正逐渐成为比价格更为重要的选择因素。

3. 信息化——现代物流业的必由之路

在电子商务时代，要提供最佳服务，物流系统必须有良好的信息处理和传输系统。大型的配送公司往往建立了 ECR 和 JIT 系统。ECR（有效客户反应）是至关重要的，有了它，就可做到客户要什么就生产什么，而不是生产出物品等待顾客购买。仓库商品的周转次数每年达 20 次左右，若利用客户信息反馈的有效手段，仓库商品的周转次数可增加到 24 次。这样，可使仓库的吞吐量大大增加。通过 ECR 和 JIT 系统，可很快从零售商店得到销售反馈信息。配送不仅实现了内部的信息网络化，而且增加了配送货物的跟踪信息，从而大幅提高了物流企业的服务水平，降低了成本。成本降低，竞争力便增强了。

在电子商务环境下，随着全球经济的一体化发展，当前的物流业正向全球化、信息化、一体化发展。物流信息化包括商品代码和数据库的建立，运输网络合理化、销售网络系统化和物流中心管理电子化建设等，目前还有很多工作有待开展。可以说，没有现代化的信息管理，就没有现代化的物流。

4. 全球化——物流企业竞争的趋势

20世纪90年代早期，电子商务的出现加速了全球经济的一体化，致使物流企业的发展达到了多国化。全球化的趋势使物流企业和生产企业紧密地联系在一起，形成了社会大分工。生产企业集中精力制造产品、降低成本、创造价值，物流企业则花费大量的时间、精力从事物流服务。例如，在配送中心，对进口商品的代理报关、暂时储存、搬运和配送、必要的流通加工，从商品进口到送交消费者手中实现了"一条龙"服务。

单元考核

一、填空题

1. 电子商务物流是指为电子商务提供运输、存储、装卸、搬运、包装、流通加工、配送、代收货款、_____、退换货等服务的活动。

2. 电子商务物流的服务内容可以分为两个方面：一是传统的物流服务，二是_____。

3. 电子商务的"四流"指商流、_____、信息流和物流。

4. 信息化、全球化、_____和一流的服务已成为电子商务下物流企业追求的目标。

5. 在电子商务时代，要提供最佳服务，物流系统必须有良好的信息处理和_____。

二、简答题

1. 简述电子商务的特点。
2. 简述电子商务对物流的影响。
3. 简述电子商务物流管理的概念。
4. 简述国内电子商务物流的发展现状。
5. 简述电子商务物流的发展趋势。

第 2 章

电子商务物流信息技术

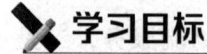 学习目标

知识目标

(1) 了解数据信息的概念与特征。
(2) 了解条形码技术的定义。
(3) 掌握条形码技术的分类与特点。
(4) 了解 RFID 技术、EDI 技术、GIS 技术和 GPS 技术的概念及组成。
(5) 了解 GIS 的分类与作用。
(6) 掌握 GPS 的主要特点与功能。

技能目标

(1) 能够掌握 RFID 技术的优点。
(2) 能够掌握 EDI 技术的特点与优点。
(3) 能够将条形码技术、RFID 技术、EDI 技术、GIS 技术和 GPS 技术应用到电子商务物流中。

素养目标

培养学生维护社会主义法律权威，养成心中有法、自觉守法、遇事找法、解决问题用法、化解矛盾靠法的良好习惯。

2.1 物流信息技术认知

在世界信息化高度发展的电子商务时代，物流和信息流的融合尤为重要，电子商务的开展带动了物流配送的市场需求，但真正提高物流技术与管理水平的是现代信息技术突飞猛进的发展。物流信息技术即现代信息技术在物流领域的具体应用，不断促进物流信息化的进程。

2.1.1 物流信息的概念与特征

所谓物流信息就是与物流活动（包括商品包装、商品运输、商品储存、商品装卸等）有关的一切信息。物流信息是随着企业物流活动的发生而产生的，企业如果希望对物流活动进行有效的控制，就必须及时掌握准确的物流信息。由于物流信息贯穿物流活动的整个过程中，并通过自身对整体物流活动进行有效的控制，因此，我们称物流信息为物流的中枢神经。

物流信息具有以下四个特征。

1. 物流信息涉及方面广、信息量大

企业产品和资金的流动都会产生企业物流，其包含环节之多、涉及范围之广是各种企业管理活动之最，因此物流信息源的分布极为零散，信息数量极为巨大。如果企业在这一复杂的经营领域内没有实现管理的统一化或标准化，那么这些信息量巨大、信息种类丰富的重要决策资源就会因为应用和调度上的不统一而失去作用。

企业的物流信息随着企业的物流活动而大量产生。多品种少量生产和多频度小量配送等现代化生产和经营特点使得企业库存、运输等物流活动产生的信息更加复杂。一般来说，企业产品的代理商或销售商会广泛应用销售时点信息（point of sale，POS）系统读取销售点的商品品种、价格、数量等即时销售信息，并对这些销售信息进行加工整理，再通过EDI系统向相关企业传送。采用这种现代化的信息收集、分析和分享手段可以有效解决企业信息管理中的弊端，将信息的战略资源功能发挥出来。

2. 物流信息时间性强、更新快

企业物流信息的动态性特别强，更新的速度也很快，这就意味着如果企业不能及时对这些信息进行加工、分析和整理，那么其利用价值会很快衰减。出于企业物流信息的这一特性，如果企业想对这些信息进行有效利用，必须建立完善的物流信息管理系统和交流平台。有了这些措施作保障，物流信息收集、加工、处理的及时性会得到最大限度的保障。

3. 物流信息来源多样化

企业的物流活动产生的物流信息不仅包括企业生产信息、库存信息等企业内部的物流信息，而且包括企业之间的交流合作信息、竞争对手市场信息等企业外部信息。从物流管理的角度来说，企业的竞争优势主要体现在各供应链与企业之间合作时的协调与配合程度。一般来说，企业各供应链的协调合作的手段之一是通过现代化的信息设备与技术将彼此拥有的有价值的信息进行交换和共享，如EDI系统。另外，这种物流活动还经常涉及对道路、港湾、机床等基础设施的利用和管理。因此，为了高效率完成物流活动，企业必须注重收集和整理与基础设施有关的信息。

4. 物流信息标准化

现代物流信息涉及国民经济各个部门，在物流活动中各部门之间需要进行大量的信息交流。为了实现不同系统间的物流信息共享，各部门必须采用国际和国家信息标准。

2.1.2 物流信息的重要性

物流信息的重要性主要包括以下三个方面。

1. 信息是物流的重要功能

信息对物流具有极为重要的影响，因为物流的经营和运作是建立在信息的基础之上的。毫不夸张地说，如果没有足够的信息渠道和信息来源，那么任何企业的物流活动都不可能完成，尤其是在社会生产和生活高度信息化的时代。信息对于物流的重要作用主要体现在以下三个方面。

（1）保证运输效率和安全。在物流运输过程中，各种现代化的电子信息设备已经屡见不鲜，如安装了全球定位系统（GPS）的运输车辆、配备了无线通信设备的快递人员等。这些现代化信息技术的应用，不仅为人们实时了解商品运输和配送情况提供了便利，也为企业提供了改进交通运输线路、提高企业物流管理效率的决策依据。另外，运输设备上的各种电子设备有助于运输管理人员即时了解运输车辆状态、预定线路路况以及气象信息等重要运输决策信息。

（2）降低仓储成本，提高仓储效率。货物的存储是企业物流管理的重点，这是因为内仓储成本是企业物流活动产生的主要经营成本之一，因此无论是企业内部物流管理还是专业化程度极高的第三方物流企业，都极为重视物流存储管理。信息技术的发展为提高商品出入库速度、提高仓储管理效率提供了极为便利的条件，尤其是条形码信息技术的出现和应用，大幅度提升了商品出入库、货物保管以及商品统计查询等基础库存管理工作的效率。

（3）保证用户服务效率。在商品的货物配送环节，运用条形码、射频码等技术可以迅速获得配送物品的信息，保证物流配送系统能够有效对货物的配送活动做出安排。电子数据信息技术在商品装卸环节的应用使商品实现了自动化装卸搬运、模块化单元包装、机械化分类分拣和电子化显示作业，极大提高了企业物流供应链的运作效率。

2. 信息提升物流系统的整体效益

电子信息系统的数据收集、分析以及管理具有传统手段不可比拟的巨大优势，依靠便捷、高效的信息处理能力，信息管理系统被广泛地用于商品和货物的运输、保管、装卸、搬运、包装以及配送等各个流通环节，实现了整个物流体系的信息共享，为提高物流管理和运作效率提供了可靠的保障，为提升物流系统的整体效益打下了坚实的基础。

3. 信息提升物流、商流、资金流的整体效益

互联网技术的发展和计算机的普及使互联网成为物流信息管理的一种新手段。在互联网的支持和协助下，企业可以对信息收集系统、管理信息系统、信息分析系统、信息决策系统以及信息发布系统进行高效率的操作，这些信息的收集和整合使生产企业、中间商、零售企业等物流供应链中的各个环节有机联系起来，保证企业做出的管理决策能够在整个物流管理系统中都无阻碍地得到执行，避免了决策执行困难造成的时间和资金的浪费，提高了物流管理的经济和社会效益。

2.2 条形码技术

条形码技术是 20 世纪在计算机应用和实践中产生并发展起来的一种广泛应用于商业、邮政、图书管理、仓储、工业生产过程控制、交通等领域的自动识别技术。条形码技术集条码理论、光电技术、计算机技术、网络通信技术、条形码印刷技术于一体，其核心内容是利用光电扫描设备识读条形码符号，从而实现机器的自动识别，并快速准确地将信息录入计算机中进行数据处理，以达到自动化管理的目的。

2.2.1 条形码技术的定义

《中华人民共和国国家标准 物流术语》(GB/T 18354—2021) 中定义：条码（bar code）是由一组规则排列的条、空组成的符号，可供机器识读，用以表示一定的信息，包括一维条码和二维条码。

> **课堂小贴士 2-1 条码技术的构成**
>
> 条码是利用光扫描阅读并将数据输入计算机的一种特殊代码，它是由一组粗细不同、黑白或彩色相间的条、空及其相应的字符、数字、字母组成的标记，用以表示一定的信息。"条"指对光线反射率较低的部分，"空"指对光线反射率较高的部分。这些条和空组成的数据表达一定的信息，并能用特定的设备识读，转换成与计算机兼容的二进制和十进制信息。

2.2.2 条形码的分类

条形码主要分为 UPC 码、EAN 码、39 码、库德巴码、EAN-128 码和二维条形码，如图 2-1 所示。

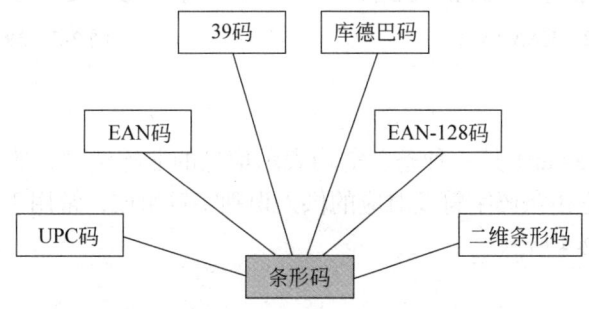

图 2-1 条形码的分类

1. UPC 码

UPC 码（universal product code，通用产品代码）是最早大规模应用的条形码。其是一种长度固定、连续性的条形码，由于应用范围广泛，故又称万用条形码。UPC 码只用来表示数字，故其字码集为数字 0~9。UPC 码共有 A、B、C、D、E 五种版本，主要用于美国和加拿大地区。UPC 码版本、格式与应用对象如表 2-1 所示，其中 S 为系统码，X 为资料码，C 为检查码。

表 2-1 UPC 码版本、格式与应用对象

UPC 码版本	格　式	应用对象
UPC-A	SXXXXX XXXXXC	通用商品
UPC-B	SXXXXX XXXXXC	医药卫生
UPC-C	XSXXXXX XXXXXCX	产业部门
UPC-D	SXXXXX XXXXXCXX	仓库管理
UPC-E	XXXXXX	商品短码

2. EAN 码

EAN 码是国际物品编码协会制定的一种商品通用条形码，全世界通用。EAN 码符号有标准版和缩短版两种。标准版表示 13 位数字，又称 EAN13 码；缩短版表示 8 位数字，又称 EAN8 码。两种条码的最后一位为校验位，由前面的 12 位或 7 位数字计算得出，如图 2-2 所示。

3. 39 码

39 码是 1975 年 Intermec 公司推出的一维条形码，具有编码规则简单、误码率低、表示字符个数多等特点，在各领域有广泛的应用。39 码有两种单元宽度，即宽单元和窄单元。

39 码的每一个条形码字符由 9 个单元组成（5 个条单元和 4 个空单元），其中有 3 个宽单元，其余是窄单元，如图 2-3 所示。

图 2-2　EAN 码　　　　　　图 2-3　39 码

4. 库德巴码

库德巴码（code bar）是一种条、空均表示信息的非连续型、非定长、具有自校验功能的双向条码。它由条码字符及对应的供人识别字符组成，常用于仓库、血库和航空快递包裹巾，如图 2-4 所示。

5. EAN-128 码

目前我国推行的 128 码是 EAN-128 码。EAN-128 码是根据 UCC/EAN-128 码的定

义标准将资料转变成条形码符号,具有完整性、紧密性、联结性和高可靠度的特性。EAN-128 码允许表示可变长度的数据,并能将若干信息编写在一个条形码符号中,如图 2-5 所示。

图 2-4 库德巴码

图 2-5 EAN-128 码

6. 二维条形码

二维条形码是运用某种特定的几何图形,按一定规律由平面分布的黑白相间的图形来记录数据的符号信息。其能够在横向和纵向两个方位同时表达信息,因此能在很小的面积内表达大量的信息。二维条形码可分为堆叠式二维条形码和矩阵式二维条形码,如图 2-6 所示。

(a) 堆叠式二维条形码　　　　　(b) 矩阵式二维条形码

图 2-6 二维条形码

二维条形码具有编码密度高、信息容量大、编码范围广、容错能力强、可靠性高以及成本低廉等特点,因此越来越受到关注,目前已应用于国防、公共安全、交通运输、医疗保健、工商业、金融业及政府职能部门等多个领域。

在实际生活中,条形码技术还包括商品条形码与物流条形码等,商品条形码与物流条形码在内容、数字构成、应用对象、应用领域、包装形状等方面具有不同的特点,如表 2-2 所示。

表 2-2　商品条形码与物流条形码对比

类　型	商品条形码	物流条形码
内容	按照国际惯例，采用 EAN 商品条码为通用的商品条码标准	用在商品装卸、仓储、运输和配送过程中的识别符号
数字构成	13 位数字码及相应的条码符号，具体包括：前缀码，也称国家代码，共 3 位，我国为 690～695，由国际物品编码协会统一分配；制造厂商代码，共 4 位，由国家编码中心统一注册分配，一厂一码；商品代码，共 5 位，表示每个厂商的商品，由厂商确定；校验码，共 1 位，用以校验前面各的正误	① 14 位标准码，具体包括：物流标识码，共 1 位；国家代码，共 3 位；厂商代码，共 4 位；商品代码，共 5 位；校验码，共 1 位。 ② 16 位扩大码，具体包括：校验码，共 2 位；物流标识码，共 2 位；国家代码，共 3 位；厂商代码，共 4 位；商品代码，共 5 位
应用对象	向消费者销售的商品	物流过程中的商品
应用领域	POS 系统，补货、订货管理	运输、仓储、分拣等
包装形状	单个商品包装	集合包装

2.2.3　条形码技术的特点

条形码是一种经济实用的自动识别技术，具有以下特点。

1. 输入速度快

条形码输入的速度是键盘输入的 5 倍，并能实现即时数据输入功能。

2. 可靠性高

键盘输入数据出错率为三百分之一，利用光学字符识别技术出错率为万分之一，而采用条形码技术使误码率低于百万分之一。

3. 采集信息量大

利用传统的一维条形码一次可采集几十位字符的信息，二维条形码可携带数千个字符的信息，并具有一定的自动纠错能力。

4. 灵活实用

条形码标识不仅能够作为一种识别手段单独使用，而且能够与相关识别设备组成一个实现自动化识别的系统，并与其他控制设备相连实现自动化管理。

5. 条形码标签易于制作

对设备和材料没有特殊要求，识别设备操作容易，无须特殊培训，设备价格较低。

由于具备上述优点，从生产到销售的流通转移过程中条形码技术起到了准确识别物品信息和快速跟踪物品位置等重要作用。当前这一技术在企业运营管理中（如数据采集、快速响应和运输方面）已广泛应用，极大促进了物流业的发展。

2.2.4 条形码技术在电子商务物流中的应用

条码技术被广泛应用于电子商务物流各环节，主要集中在库存管理和配送管理方面。

1. 库存管理

条码技术在库存管理上的运用是将无线网络技术和条码自动识别技术嵌入库存管理中。从商品入库开始，就用固定式扫描设备，扫描入库商品包装条码，记录下入库时间以及入库的商品数量，形成商品入库记录，使仓库内存增加。在商品出库时，按照出库计划，扫描整机包装箱的条码，检验出库商品的信息（包括商品的种类、数量等）是否与计划出库的商品信息相吻合，最后完成商品出库操作。在整个存取过程中，应用条码技术可以防止商品登记错误，避免商品出现缺漏或者商品被错拿，提高了商品存货和拣货的准确性。在每个流程点中，都将人工操作完全电子化地在手持终端实现，提高了效率，确保了库存管理、运输过程的统一性和准确性。

2. 配送管理

配送管理包括配送中心业务处理中的收货、摆货、仓储、配货、补货等。条码应用几乎出现在配送中心作业流程中的所有环节。配送中心接到客户的送货订单后，将信息汇总，并对配送信息进行分析，决定配送的时间段、配送的路线等。当配送中心将货物从仓库中拣出时，在装车之前对商品进行扫描，以确保所发送商品的准确性，避免发错商品。在整个发货运输过程中，对商品进行实时跟踪，每到一个地点，用条码阅读器读取信息，输入计算机，实时监控商品的动态状况，有利于配送中心及时对商品的运输做出调整。条码和计算机的应用大大提高了信息的传递速度和数据的准确性，从而可以做到实时跟踪物流，实现仓库的进货、发货、运输中的装卸自动化管理，整个配送中心的运营状况、商品的库存量也会通过计算机及时反映给管理层和决策层。

2.3 射频识别技术

射频识别（RFID）技术是在第二次世界大战飞机的敌我目标识别中最早开始应用的，但由于技术和成本原因，没能得到广泛应用。后随着大规模集成电路、网络通信和信息安全等技术的发展，射频识别技术进入商业化应用阶段。射频识别技术具有高速移动物体识别、多目标识别以及非接触识别等特点，显示出巨大的发展潜力与应用空间。

2.3.1 RFID 的概念及组成

RFID 是一种非接触的自动识别技术，基本原理是利用射频信号和空间耦合（电感或电磁耦合）或雷达反射的传输特性，实现对被识别物体的自动识别。RFID 具有通过非接触读取数据完成系统基础数据的自动采集工作的特点，因此已成为物流活动中快速而准确地采集所需原始数据的有效工具。这一技术的优点是不局限于视线，识别距离比光学系统远；射频识别卡具有可读写能力，能携带大量数据，难以被伪造。

RFID可通过射频信号自动识别目标对象来获取相关数据。其识别工作无须人工干预，可在各种恶劣环境下工作。短距离射频产品不怕油渍、灰尘污染和恶劣的环境，可以替代条形码，如用在工厂的流水线上跟踪物体；长距射频产品多用于交通领域，识别距离可达几十米，如自动收费或识别车辆身份等。

目前，通常利用便携式终端通过非接触的方式从射频识别卡上采集数据，然后可以直接通过射频通信或其他有效的通信方式将数据传送到计算机中并进行分析处理，以实现对物流全过程的精确控制。特别是在当前射频识别卡的总体成本不断下降，越来越接近接触式IC卡成本甚至更低的趋势下，该技术在物流领域大规模应用的条件已经成熟。

如图2-7所示，RFID是一种简单的无线系统，用于控制、检测和跟踪物体。一套完整的RFID系统由应答器（transponder）、阅读器（reader）和应用系统软件三部分组成。

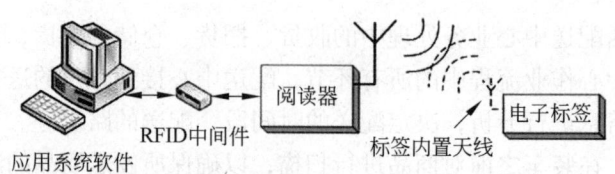

图2-7 RFID系统的组成

1. 应答器

应答器由天线、耦合元件和芯片组成。一般是用标签（tag）作应答器，每个标签具有唯一的电子编码，附着在物体上以标识目标对象。

2. 阅读器

阅读器由天线、耦合元件、芯片组成，是用于读取（有时还可以写入）标签信息的设备，可设计为手持式或固定式。

3. 应用系统软件

应用软件系统是应用层软件，主要是对收集的数据做进一步处理，并为相关人员所使用。

RFID系统的工作原理是阅读器发射某一特定频率的无线电波能量给应答器，用以驱动应答器电路将内部的数据送出，此时阅读器便依序接收、解读数据，并将该数据传送给应用程序做相应的处理。

2.3.2 RFID的优点

RFID具有以下七个优点。

1. 体积小、易封装

由于体积小巧，射频电子标签能够隐藏在大多数材料或产品内，同时使被标记的货品更加美观。电子标签外形越来越多样化，如卡形、环形、纽扣形以及笔形等。由于其外形超薄并且大小不一，能被封装在纸张和塑胶制品上，因此使用方便且应用范围广泛。

2. 安全性能高

RFID承载的是电子式信息，其数据内容可经由密码保护，使得数据不易被伪造或更改，具有较高的安全性。

RFID所具备的远距离读取、高储存量等特性，不仅有利于企业大幅提高货物及信息管理的效率，还可以使销售企业和制造企业相互联系，更加及时、准确地接收反馈信息和控制需求信息，以优化整个供应链。

3. 读写速度快

RFID技术可识别高速运动的物体并同时识别多个标签，操作方便快捷。工厂流水线上利用RFID技术跟踪零部件或产品，长距离射频技术可用于自动收费或识别车辆身份信息等交通运输环节，其识别距离可达几十米。

4. 非接触阅读

对RFID标签可透过非金属材料阅读。RFID阅读机能够透过泥浆、污垢、油漆涂料、油污、木材、水泥、塑料、水及蒸气等阅读标签，并且无须与标签直接接触，在肮脏、潮湿环境下是最理想的选择。

5. 动态实时通信

RFID标签在所附着物体出现在解读器的有效识别范围内时便可对其位置进行动态追踪和监控。

6. 数据存储容量大

RFID标签的数据存储容量大且数据可更新，适用于储存大量数据或者所储存的数据需要经常改变时。一维条形码容量是50 B，二维条形码最大容量为3000字符，RFID最大容量单位为MB。随着记忆载体的不断发展，数据容量也在不断扩大。未来物品所需携带的信息量会越来越大，对卷标容量扩展的需求也会相应增加。

7. 使用寿命长

RFID标签没有机械磨损，因此使用寿命可达10年以上，读写次数可达10万次。

使用RFID技术可以将所有物品通过无线通信连接到网络上，在可以预见的时间内RFID标签将得到高速发展。目前，RFID标签和条形码分别适用于不同的环境：条形码适用于售价较低的商品，而RFID适用于价格较高的商品或多目标同时识别的环境。如果RFID标签的价格能进一步降低，它将成为零售业中条形码的终结者。

> **课堂小贴士 2-2　射频识别技术**
>
> 射频是指可传播的电磁波,每秒变化小于 1000 次的交流电称为低频电流,大于 10 000 次的称为高频电流,而射频就是一种高频电流。医学上把频率为 0.5~8 MHz 的交流高频电流称为射频电波。

2.3.3　RFID 在电子商务物流中的应用

电子商务物流仓储作业可以应用 RFID 技术提升效率,利用电子标签的非接触式快速自动读写功能,能大幅提升仓储作业效率。此处以一个简单的商品出库实例加以说明。

（1）在电子商务物流仓库中,把条码贴到纸箱（或商品）上,如图 2-8 所示。

（2）把电子标签贴到托盘（或周转箱）上,并把托盘（或周转箱）放置在自动传送带上,如图 2-9 所示。

图 2-8　在纸箱上贴条码

图 2-9　在托盘上贴电子标签

（3）根据条码信息,纸箱被自动分流到托盘（或周转箱）上,如图 2-10 所示。

（4）载有纸箱的托盘经自动传送带被传送至阅读器附近,阅读器把货物条码资料写入电子标签,如图 2-11 所示。

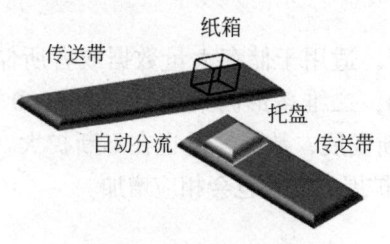

图 2-10　自动分流

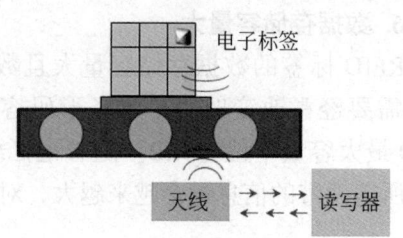

图 2-11　阅读器读写资料

（5）仓库门口的地埋天线发出电波激发电子标签工作,如图 2-12 所示。

（6）地埋天线把接收到的信息发射给阅读器,阅读器将信息传至计算机系统,完成系统出库作业,如图 2-13 所示。

另外,在运输管理方面,采用 RFID 技术,只需要在货物的外包装上安装电子标签,在运输检查站或中转站设置阅读器,就可以实现资产的可视化管理。与此同时,货主可以根据权限访问在途可视化网页,了解货物的具体位置,这对提高物流企业的服务水平有着重要的意义。

图 2-12　地埋天线和电子标签信息交互

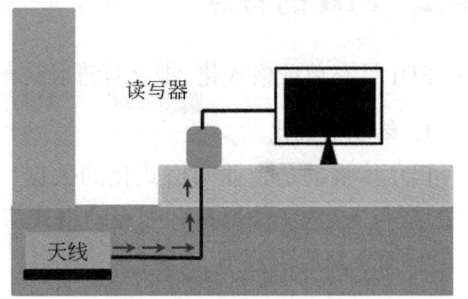

图 2-13　计算机系统接收出库信息

2.4　电子数据交换技术

电子数据交换（EDI）是 20 世纪 80 年代发展起来的一种电子化贸易工具，是计算机技术、通信技术以及现代管理技术相结合的产物，是一种在公司之间传输订单、发票等作业文件的电子化手段。

2.4.1　EDI 的概念及组成

《中华人民共和国国家标准　物流术语》（GB/T 18354—2021）中定义：EDI（electronic data interchange，电子数据交换）采用标准化格式，利用计算机网络进行结构数据传输和处理。

在物流领域，企业间往来的单证都属于物流 EDI 报文适用的范围。相关作业包括订购、进货、接单、出货、送货、配送、对账及转账作业等。近年来，EDI 在物流中被广泛应用，被称为物流 EDI。所谓物流 EDI，是指货主、承运业主以及其他相关单位之间，通过 EDI 系统进行物流数据交换，并以此为基础实施物流作业活动的方法。物流 EDI 参与单位有货主（如生产厂家、贸易商、批发商、零售商等）、承运业主（如独立的物流承运企业等）、实际运送货物的交通运输企业（如铁路企业、水运企业、航空企业、公路运输企业等）、协助单位（如政府有关部门、金融企业等）和其他物流相关单位（如仓库业者、专业报关业者等）。

构成 EDI 系统的三个要素是 EDI 软件和硬件，通信网络和数据标准化。

一个部门或企业要实现 EDI，首先必须有一套计算机数据处理系统；其次，为使本企业内部数据比较容易地被转换为 EDI 标准格式，须采用 EDI 标准；最后，通信环境的优劣是关系到 EDI 成败的重要因素。

EDI 标准是整个 EDI 的关键部分，由于 EDI 是以实现商定的报文格式形式进行数据传输和信息交换，因此制定统一的 EDI 标准至关重要。EDI 标准主要有基础标准、代码标准、报文标准、单证标准、管理标准、应用标准、通信标准、安全保密标准等。

2.4.2　EDI 的特点

EDI 具有单证格式化、报文标准化、处理自动化、软件结构化和运作规范化五个特点。

1. 单证格式化

EDI 传输的是企业间格式化的数据，如订购单、报价单、发票、货运单、装箱单、报关单等。这些文件都具有固定的格式与行业通用性，而信件和公函等非格式化的文件不属于 EDI 的传输范围。

2. 报文标准化

EDI 传输的报文必须符合国际标准或行业标准，这是计算机能自动处理的前提条件。目前，广泛使用的 EDI 标准是 UN/EDI FACT（United Nations Rulers for Electronic Data Interchange for Administration，Commerce and Transport，行政管理、商贸和交通运输行业的联合同标准 EDI 规则）和 ANSIX.12（美国国家标准局特命标准化委员会第 12 工作组制定）。

3. 处理自动化

EDI 信息传递的路径是从企业计算机到数据通信网络，再到商业伙伴的计算机，信息的最终用户是计算机应用系统，它自动处理传递来的信息。因此，这种数据交换是计算机到计算机，无须人工干预。

4. 软件结构化

EDI 功能软件由用户界面模块、内部电子数据处理接口模块、报文生成与处理模块、标准报文格式转换模块和通信模块五个模块组成。五个模块功能分明，结构清晰。

5. 运作规范化

EDI 报文是目前商业化应用中高效规范的电子凭证之一，物流行业已经认同 EDI 单证报文的法律效力。

2.4.3　EDI 的优点

EDI 具有以下优点。

1. 速度快，准确度高

（1）通过纸张文件模式要花 5 天时间的交易，通过 EDI 只需不到 1 小时。

（2）研究显示，通过纸张文件模式处理发票，数据出错率高达 5%。EDI 可提高数据的准确度，可相应提高整个供应链的效率。有分析估计，EDI 可将交付时间缩短 30%。

2. 提升营运效率

（1）将纸张文件工作自动化，可让员工有更多的时间处理更有价值的工作，并提升员工的生产能力。研究显示，使用 EDI 可节省多达 50% 的人力资源。

（2）可快速、准确地处理商业文档，可减少重做订单、缺货及订单取消等问题。

（3）买家可享有优惠的付款安排及折扣。

（4）买家可增加现金流及缩短订货—收回现金的周期。缩短订单处理及交付时间，有助于企业减少库存量，研究显示，库存量可平均减少约 10%。若库存成本占产品成本的 90%，那么所节省的成本非常可观。

3. 提高商业运营的策略性

（1）缩短改良产品或推出新产品的周期。

（2）快速导入全球各地的业务伙伴，以拓展新领域或市场。

（3）取得全新层次的管理信息，以提升管理供应链及业务伙伴的表现。

（4）把商业模式由供应主导转化为需求主导。

（5）以电子方式取代纸张文件流程，加强实践企业社会责任及可持续性，既可节省成本，又能减少碳排放。

> **课堂小贴士 2-3　EDI 的分类**
>
> 根据功能，EDI 可分为以下四类。
>
> 第一类是贸易数据互换系统（trade data interchange，TDI），它用电子数据文件来传输订单、发货票和各类通知。
>
> 第二类是电子金融汇兑系统（electronic fund transfer，EFT），即在银行和其他组织之间实行电子费用汇兑。EFT 已使用多年，但它仍在不断改进中。最大的改进是同订货系统联系起来，形成一个自动化水平更高的系统。
>
> 第三类是交互式应答系统（interactive query response）。该系统可应用于旅行社或航空公司作为机票预订系统。这种 EDI 在应用时要询问到达某一目的地的航班，要求显示航班的时间、票价或其他信息，然后根据旅客的要求确定航班，并打印机票。
>
> 第四类是带有图形资料自动传输的 EDI。常见的是计算机辅助设计（computer aided design，CAD）图形的自动传输。如美国一个厨房用品制造公司——Kraft Maid 公司，在计算机上用 CAD 设计厨房的平面布置图，再用 EDI 传输设计图纸、订货、收据等。

2.4.4　EDI 在电子商务物流中的应用

EDI 在物流运输作业中能实现货运单证的电子数据传输，充分利用运输设备、仓位，为客户提供高层次和快捷的服务；在物流仓储作业，EDI 可加速货物的提取及周转，减缓仓储空间紧张的矛盾，提高利用率。此处以一个 B2B 电子商务模式实例来说明物流 EDI 的运作过程。

（1）A 公司作为供应商在通过电子商务平台接到 B 公司的订货后，制订对应的货物配送计划，并把运送货物的清单及运送时间安排等信息通过 EDI 发送给物流运输企业和B公司，以便物流中心预先制订车辆调配计划，接收货物的B公司制订接收计划。

（2）A公司依据顾客订货要求和货物运送计划，向公司的仓储中心下达发货指令，仓储中心分拣配货，将物流条码标签贴到货物包装箱上，同时把运送货物品种、数量、包装等信息通过EDI发送给物流运输企业和B公司。

（3）物流运输企业从A公司的仓储中心处取运货物时，利用车载条码扫描仪读取货物标签的物流条形码，核实与先前送到的货物运输数据是否一致，以确认运送的货物。

（4）物流运输企业对货物进行整理、集装、制作送货清单并通过EDI向B公司发送发货信息。货物运抵接收方后，物流运输企业通过EDI向发送货物的业主发送完成运送业务信息和运费提示信息。

（5）B公司在货物到达时，利用条码扫描器读取货物标签的物流条码，并将其与先前收到的货物运输数据进行核对确认，开出收货发票，货物入库，同时通过EDI向物流运输企业和A公司发送收货确认信息。

2.5　地理信息系统

随着人类社会进入信息时代，信息技术正慢慢改变着人类的生活。地理信息系统（geographic information systems，GIS）是管理和分析空间数据的计算机技术。GIS可以提供各种有关区域分析、方案优选和战略决策等方面的解决办法。因此，GIS在物流领域得到广泛应用。

2.5.1　GIS的概念及组成

地理信息系统是以地理空间数据库为基础，采用地理模型分析方法，适时提供多种空间的和动态的地理信息，为地理研究和地理决策服务的计算机技术系统。

GIS由硬件、软件、数据、人员和方法五个主要元素构成。

1. 硬件

硬件主要包括计算机和网络设备、存储设备和数据输入、输出的外围设备，等等。从中央计算机服务器到桌面计算机，从单机到网络环境，GIS软件可以在各种类型的硬件上运行。GIS的硬件组成如图2-14所示。其中，CPS表示信息物理系统（cyber physical systems）。

数据输入设备有数字化仪、扫描仪、测绘仪器、键盘、数码相机等，通过数字接口与计算机相连接。数据输出设备主要有绘图仪、打印机、图形终端等，以图形、图像、文件、报表等不同的形式来显示数据的分析结果。GIS需要与网络、网卡和其他网络专用设施连接，以便于数据和分析结果的交流和传输。

2. 软件

软件由GIS软件、基础软件和系统软件组成，构成了GIS的核心部分，提供所需的存储、分析和显示地理信息的功能和工具。GIS 的软件组成如图 2-15 所示。

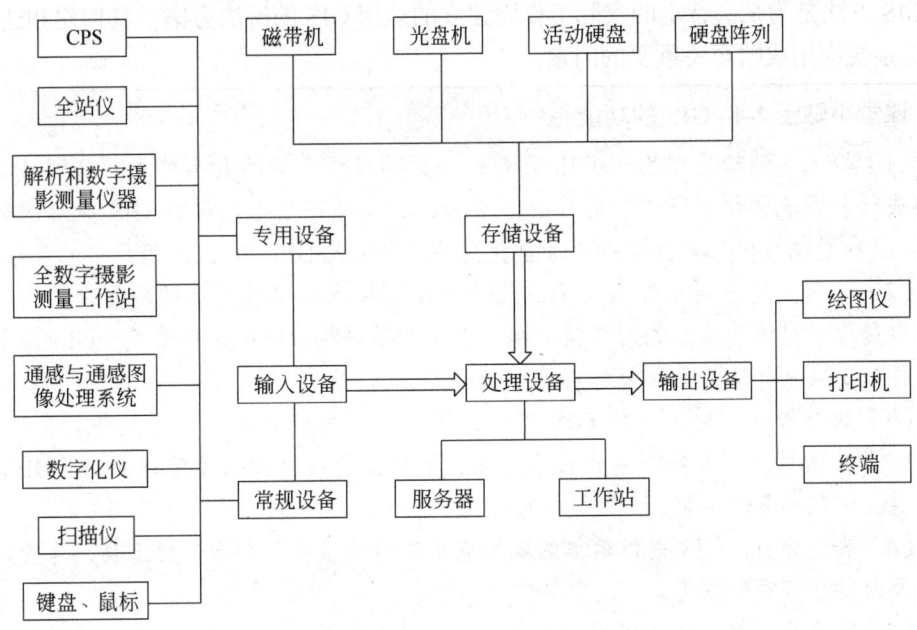

图 2-14 GIS 的硬件组成

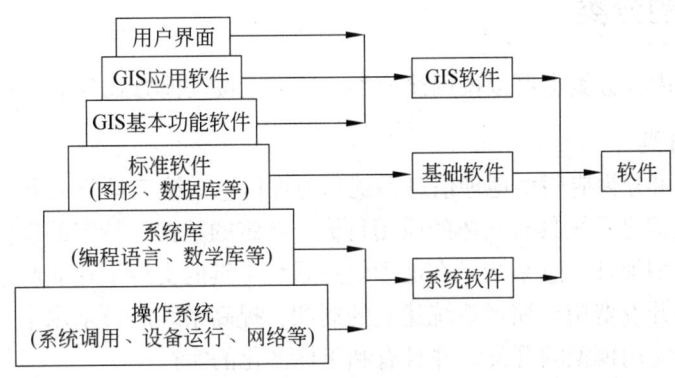

图 2-15 GIS 的软件组成

目前功能较为完善的国外软件有 ARC/INFO、MapInfo、MicroStation、GeneMap 等。

3. 数据

GIS 中最重要的组成部分是数据。地理数据和相关的表格数据，企业可以自行采集或从商业数据提供者处购买。GIS 将空间数据和其他数据源的数据集成在一起，并使用被大多数公司用来组织和保存数据的数据库管理系统来管理空间数据。

4. 人员

GIS 人员包括负责 GIS 系统的研发人员和日常工作管理人员。GIS 系统实施和应用的质量高低取决于 GIS 人员的整体素质。

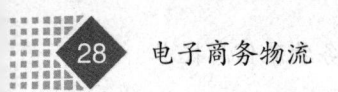

5. 方法

GIS 方法是为某一特定的实际工作而建立的运用 GIS 的解决方案。其构建和选择也是决定系统应用成败至关重要的因素。

> **课堂小贴士 2-4　GIS 的功能**
>
> （1）输入。地理数据用于 GIS 之前，必须转换成适当的数字格式。从图纸数据转换成计算机文件的过程叫作数字化。目前，许多地理数据已经是 GIS 兼容的数据格式，这些数据可以从数据提供商那里获得并直接装入 GIS 中，无须用户将其数字化。
>
> （2）处理。处理是将数据转换成或处理成某种形式以适应系统的要求。这种处理可以是为了显示而做的临时变换，也可以是为了分析所做的永久变换。GIS 技术提供了许多工具来处理空间数据和去除不必要的数据。
>
> （3）数据管理。对于小的 GIS 项目，把地理信息存储成简单的文件就足够了。但是，当数据量很大且数据用户数很多时，最好使用一个数据库管理系统（DBMS）来存储、组织和管理数据。
>
> （4）查询分析。GIS 提供简单的鼠标点击查询功能和复杂的分析工具，为管理者提供及时的、直观的信息。
>
> （5）可视化。对于许多类型的地理操作，最终结果都以地图或图形来显示。

2.5.2　GIS 的分类

GIS 可以按内容分类也可以按用途分类，还可以按其他方式分类，具体如下。

1. 按内容分类

GIS 按内容可分为应用型地理信息系统和地理信息系统工具两大类。

应用型地理信息系统具有具体的应用目标、特定的数据、特定的规模和特定的服务对象。通常应用型地理信息系统是在地理信息系统工具的支持下建立起来的，这样可以节省大量的软件开发费用，缩短系统建立的周期，提高系统的技术水平，有助于开发人员把精力集中于应用模型的开发，并且有利于标准化的实行。

应用型地理信息系统可以分为专题地理信息系统和区域地理信息系统。

（1）专题地理信息系统。专题地理信息系统是以某一专业、任务或现象为主要内容的 GIS，为专门的系统服务，如森林动态监测信息系统、农作物估产信息系统、水土流失信息系统和土地管理信息系统等。

（2）区域地理信息系统。区域地理信息系统主要以区域综合研究和全面信息服务为目标。区域可以是行政区（如国家级、省级、市级和县级等区域信息系统），也可以是自然区域（如黄土高原区、黄淮海平原区和黄河流域等区域信息系统），还可以是经济区域（如京津唐区和沪宁杭区等区域信息系统）。

地理信息系统工具是一组包括 GIS 基本功能的软件包，一般包括图形图像数字化、存储管理、查询检索、分析运算和多种输出等地理信息系统的基本功能，但是没有具体的应用目标，只是供其他系统调用或用户进行二次开发的操作平台。这是因为在应用地理信息系统解决实际问题时，有大量软件开发任务，有了工具型 GIS，只要在工具型 GIS 中加入地理空间数据，再加上专题模型和界面，就可以开发一个应用型 GIS。

信息系统的分类如图 2-16 所示。其中，CAD 表示计算机辅助设计（computer aided design），CAM 表示计算机辅助制造（computer aided manufacturing）。

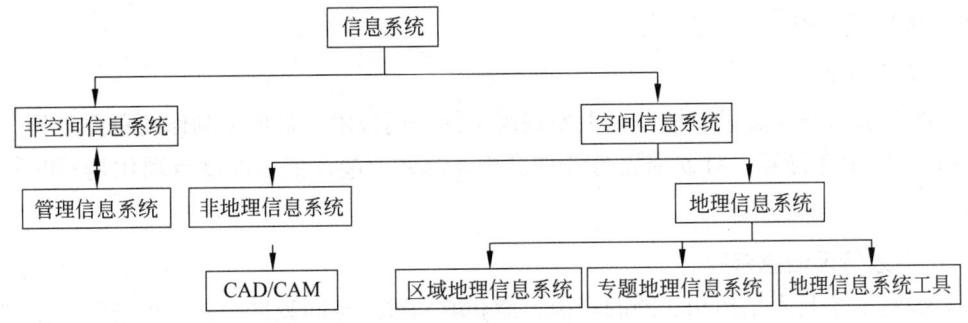

图 2-16　信息系统的分类

2. 按用途分类

GIS 按用途的不同可分为多种地理信息系统，如自然资源查询信息系统、规划与评价信息系统和土地管理信息系统。

3. 其他分类方式

（1）GIS 按存储数据的范围可划分为全球的 GIS、区域的 GIS 和局部的 GIS 三种。

（2）按表达空间维数，GIS 可分为 2 维 GIS、2.5 维 GIS 和 3 维 GIS。通常研究地球表层的若干要素分布的 GIS 属于 2 维 GIS 或 2.5 维 GIS，布满整个三维空间建立的 GIS 才是真正的 3 维 GIS。一般也将数字位置模型（2 维）和数字高程模型（1 维）的结合称为 "2+1" 维 GIS 或 2.5 维 GIS。

2.5.3　GIS 的作用

GIS 主要有直观、便捷地集成各种属性数据，提供与获得空间位置相关的服务，提供辅助决策，制作地图和高效管理信息资源五个作用。

1. 直观、便捷地集成各种属性数据

地物的空间位置具有客观性，而地物本身又具有纷繁复杂的特性，除了具有自然特性，还具有社会经济特性。描述这些特性的属性数据非常丰富，但都可以通过具有同一坐标参考系统的空间位置进行统一组织。GIS 为各种数据的集成提供了统一的框架，在此基础上可以直观地表达地物及其空间关系。

2. 提供与获得空间位置相关的服务

通过 CIS 可提供和获得与空间位置相关的服务，如获得一定范围、精度和一定要素的空间数据或地图，进行网络地理位置（如地名和路线）查询，还可通过嵌入式设备和无线通信网络进行位置查询、监控和导航等。

3. 提供辅助决策

GIS 的核心功能是空间分析，通过空间分析为各类用户提供管理和商业上的辅助决策，如林火等突发事件的监测与预警、设施故障处理、基站选址、企业选址、客户分布管理、房地产管理等。

4. 制作地图

CIS 是在计算机辅助制图基础上发展起来的一门技术，是地图制作的重要工具。采用 GIS 可以制作符号，对数据进行各种渲染，高效、高性能、高度自动化是 GIS 制图的重要特点。

5. 高效管理信息资源

GIS 是一个具有结构和功能的系统，能获取和输入空间数据，并进行空间数据的处理和分析，并将结果按一定的方式输出。通过这种方式，各个行业的信息资源都可以按各自的要求进行处理，从而提高了信息资源的管理和利用效率。

2.5.4　GIS 在电子商务物流中的应用

随着顾客对物流服务的要求越来越高，提高订单分发效率，对车辆、人员进行有效监管，避免漏、错送件，提高客户满意度等成为电子商务物流急需解决的问题，结合 GIS 可以有效解决这些问题。此处以某物流公司的一个具体的 GIS 为例进行说明。该公司的 GIS 可以实现以下功能。

1. 网点标注与管理

GIS 可实现精准、实时展现物流网点布局，将物流企业门店、分公司、网点、竞争对手等相关业务信息（如地址、图片、电话等）快速便捷地标注在地图上，同时可根据业务信息的变化随时对标注的信息进行增删改。

2. 区划管理

GIS 可实现对企业业务范围的精细化管理，将物流企业业务范围按照业务标准和特点（如消费者分布、内部人员分工等），划分为覆盖城市的、无缝拼接的区域块，并将企业业务相关的属性数据按照地址匹配定位到每个区划单元，将服务用户、消费者、营业厅点等信息归纳到网格进行精细化管理。

3. 区域定位，优化订单分拣

GIS 可以实现批量地址解析、快速定位区域，在业务区划的基础上，无须人工判断，自动将货物或者用户地址定位到其所在的区域及人员，快速进行送货、维修、处理报警等服务，提高订单分拣效率。

4. 配送线路规划

GIS 可以为配送车辆提供最优的多车多点配送路线，依据路网数据、配送网点数据、订单分布等，为给定的 M 个配送中心点和 N 个配送目的地查找最经济有效的配送路径，实现多车配送。

5. 位置监控服务

GIS 可以实时掌握人、车、货的位置和运行状态，通过集成北斗卫星导航系统和 GPS、车载传感器和地理信息云服务，能够对物流公司车辆、外勤人员进行定位、跟踪、调度及管控，从而实现实时监控运行状态，合理调度人员车辆，保障人、车、货物安全。

2.6 全球定位系统

2.6.1 GPS 的概念及组成

GPS 是 global positioning system 的简称，全称为全球定位系统，《中华人民共和国国家标准　物流术语》（GB/T 18354—2021）中定义为以人造卫星为基础，24h 提供高精度的全球范围的定位和导航信息的系统。

GPS 能对静态、动态对象进行动态空间信息的获取，快速、精度均匀，不受天气和时间的限制。

由图 2-17 可以看出，全球定位系统由空间部分（GPS 卫星星座）、地面监控部分（地面监控系统）和用户设备部分（GPS 信号接收机）三大部分组成，如表 2-3 所示。

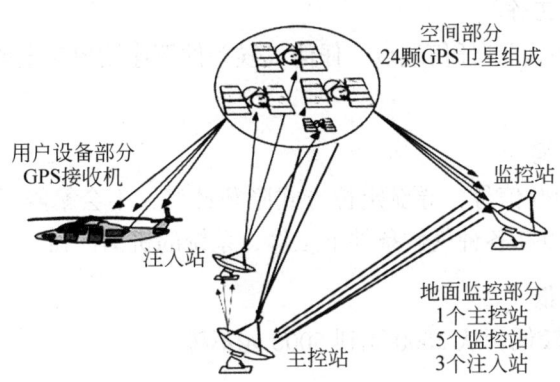

图 2-17　GPS 的组成示意

表 2-3　全球定位系统的组成

组成部分	要 点 说 明
空间部分	空间部分由 24 颗工作卫星组成，均匀分布在 6 个轨道面上，提供了在时间上连续的全球导航能力。GPS 卫星产生两组电码：一组称为 C/A 码，一组称为 P 码。P 码为精确码，C/A 码为粗码，主要开放给民间使用

续表

组成部分	要 点 说 明
地面监控部分	地面监控系统由 1 个主控站、5 个全球监测站和 3 个注入站组成。监测站将数据传送到主控站，主控站收集跟踪数据，计算出卫星的轨道和时钟参数，然后将结果传送到注入站，注入站把导航数据及主控站指令注入卫星
用户设备部分	用户设备部分为 GPS 接收机。GPS 的主要功能是捕获待测卫星，并跟踪这些卫星的运行轨迹。当接收机捕获到定位数据后，接收机中的微处理机进行定位计算，计算出用户所在的地理位置经纬度、高度、速度、时间等信息

2.6.2 GPS 的主要特点

GPS 是当今世界精度最高的一种星基无线电导航系统，是利用分布在约 2 万千米高空的 24 颗卫星对地面目标的状况进行精确测定以定位、导航的系统。GPS 可以全天候在全球范围内为海、陆、空各类用户连续提供高精度的三维位置、三维速度与时间信息，是近年来国内使用的一项高新技术。GPS 主要具有以下特点。

1. 定位精度高

GPS 的定位精度很高，其精度由许多因素决定。单机定位精度优于 10 米，采用差分定位，精度可达厘米级和毫米级。应用实践证明，GPS 相对定位精度在 50 千米范围内可达 6~10 米，100~500 千米范围可达 7~10 米，1000 千米范围以内可达 9~10 米。

2. 全球、全天候工作

GPS 可以在任何时间、任何地点、任何气候条件下连续覆盖全球范围，从而大幅提高 GPS 的使用价值。

3. 导航定位能力强

用户被动接受 GPS 信号，导航定位方式隐蔽性好，不会暴露用户位置，用户数也不受限制，接收机可以在各种气候条件下工作，系统的机动性强。

4. 定位快、价格低

用户接收机价格较低，从 2000 元到 5000 元不等。

5. 定位时间短

随着 GPS 系统的不断完善和软件的不断更新，目前 20 千米以内相对静态定位仅需 15~20 分钟；快速静态相对定位测量时，当每个流动站与基准站相距在 15 千米以内时，流动站观测时间只需 1~2 分钟，然后可随时定位，每站观测只需几秒钟。

6. 操作简便

随着 GPS 接收机的不断改进，自动化程度越来越高，有的已达"傻瓜化"的程度；接收机的体积越来越小，重量越来越轻，极大减轻了测量工作者的工作紧张程度和劳动强度，使野外工作变得轻松愉快。

7. 功能多、应用广

当初设计 GPS 系统主要是用于导航、收集情报等军事目的。随着商用和民用的普及，GPS 系统不仅可用于测量、导航，还可用于测速、测时。

2.6.3　GPS 的功能

具体说来，GPS 主要有以下五个方面的功能。

1. 自动导航

GPS 的主要功能是自主导航，可用于武器导航、车辆导航、船舶导航、飞机导航、星际导航和个人导航。GPS 通过接收终端向用户提供位置、时间信息，也可结合电子地图进行移动平台航迹显示、行驶线路规划和行驶时间估算。对军事而言，GPS 可提高部队的机动作战和快速反应能力；在民用上也可以提高民用运输工具的运载效率，节约社会成本。

2. 指挥监控

将 GPS 的导航定位和数字短报文通信基本功能进行有机结合，利用系统特殊的定位机制，将移动目标的位置信息和其他相关信息传送至指挥所，可完成移动目标的动态可视化显示和指挥指令的发送，实现移动目标的指挥监控。

3. 跟踪车辆、船舶

利用 GPS，可随时掌握车辆和船舶的动态，地面计算机终端可实时显示车辆、船舶的实际位置，了解货运情况，实施有效的监控和快速运转。

4. 信息传递和查询

利用 GPS，管理中心可为车辆、船舶提供相关的气象、交通、指挥等信息，而行进中的车辆、船舶也可将动态信息传递给管理中心，从而实现信息的双向交流。

5. 及时报警

通过使用 GPS，及时掌握运输装备的异常情况，接收求救信息和报警信息，并迅速传递到管理中心，从而实行紧急救援。

2.6.4　GPS 在电子商务物流中的应用

近年来，随着电子商务物流的迅速发展，物流基础设施和技术已经有了很大改善，但是电子商务物流的一些问题（如订单丢失、货物损坏或错漏、车源不能得到很好的调度和利用等）也逐渐显露出来。GPS 定位技术在电子商务物流中的应用，真正解决了这些问题。一是 GPS 定位技术的应用实现了物流运输过程的透明化，给客户产品的运送提供保障，降低事故出现的概率；二是解决了物流调度与管理难的问题，提升物流企业的运作水平和车辆监控的能力，从而提高自身的竞争力。

1. 车辆分布

通过对该功能的使用，可以查到在某个地域内哪些车辆可供使用，也可以了解公司所有在途运输车辆的分布情况以及可供使用的车辆。

2. 历史轨迹

通过对历史轨迹的查询，可以看出车辆在行驶过程中的状态、路线，从而规定行驶线路、防止中途随意停车。根据该车的行驶轨迹，公司与客户都可对货物在途的运输过程有相应的了解，并可将此作为考评依据。

3. 当前位置

通过即时位置的查询可以看出车辆当前准确的位置所在、运行的方向和运行速度，了解货物在途中是否安全，是否能快速有效地到达。在掌握货物在途中的情况以及大概的到达时间后，客户可以提前安排货物的接收、存放以及销售等环节。

4. 连续监控

可根据实际情况对车辆进行连续监控，可以自动记录车辆所处的区域、司机信息、车辆的收费情况、司机的停车地点及运行路线，实时监控车辆交费登记和救援，有效杜绝乱报费用。这样可达到对车辆的全程进行监控的目的，以便有据可查。

5. 区域看车

可根据车辆预计行驶的范围或路线在电子地图上定一个或多个报警区域，当车辆驶出和驶入该区域时终端就会向系统发出报警信息。报警信息会以手机中文短信的方式发送到指定的手机上，告知手机的持有者是何时、何地、何车、因何原因发生了报警。

2.7　新型物流信息技术

当下，物联网、大数据、云计算等技术持续发展，尤其是电子商务迅猛发展，为流通业的转型升级提供了契机。物流业要与这些新技术深入结合，实现互联、协同、共享以及共利，推动我国从物流大国迈向物流强国。

2.7.1　物联网

物联网（internet of things）是新一代信息技术的重要组成部分，也是信息化时代的重要发展阶段。简言之，物联网就是物物相连的互联网。

国际电信联盟（International Telecommunication Union，ITU）发布的 ITU 互联网报告对物联网做了以下定义：通过二维码识读设备、射频识别（RFID）装置、红外感应器、全球定位系统和激光扫描器等信息传感设备，按约定的协议，把任何物品与互联网相连接，进行信息交换和通信，以实现智能化识别、定位、跟踪、监控和管理的一种网络。

根据国际电信联盟的定义，物联网主要解决物品与物品（thing to thing，T2T）、人与物品（human to thing，H2T）、人与人（human to human，H2H）之间的互联。但是，与传统互联网不同的是，H2T 是指人利用通用装置与物品之间的连接，从而使物品连接更加简化，而 H2H 是指人之间不依赖计算机而进行的互连。

1. 物联网应用中的关键技术

在物联网应用中有三项关键技术，即传感器技术、RFID 标签和嵌入式系统技术，如表 2-4 所示。

表 2-4 物联网应用中的关键技术

物联网应用中的关键技术	要点说明
传感器技术	目前，绝大部分计算机处理的都是数字信号。自从有计算机以来，就需要传感器把模拟信号转换成数字信号，这样计算机才能对其进行处理
RFID 标签	这也是一种传感器技术，RFID 技术是融合了无线射频技术和嵌入式技术的综合技术，在自动识别、物品物流管理方面有着广阔的应用前景
嵌入式系统技术	这是综合了计算机软硬件、传感器技术、集成电路技术、电子应用技术于一体的复杂技术。经过几十年的演变，以嵌入式系统为特征的智能终端产品随处可见。嵌入式系统正改变着人们的生活，推动着工业生产以及国防工业的发展

如果把物联网用人体做一个简单的比喻，传感器相当于人的眼睛、鼻子、皮肤等感官；网络就是神经系统，用于传递信息；嵌入式系统则是人的大脑，接收到信息后要对其进行分类处理。这很形象地描述了传感器、嵌入式系统在物联网中的位置与作用。

在物流行业中，目前常用的物联网感知技术有 RFID 技术、GPS 技术、传感器技术、视频识别与监控技术、激光技术、红外技术、蓝牙技术等。物流行业中，为了使移动或存储中形态各异的"物"能够联网，常采用的网络技术是局域网技术、无线局域网技术、互联网技术、现场总线技术和无线通信技术。常用的智能技术有智能计算技术、云计算技术、移动计算技术、数据挖掘技术和专家系统技术等。

2. 物联网技术在物流行业中应用的特点

（1）全面的感知。通过 RFID、GPS、红外感应、传感器等对派送物资的信息随时随地进行采集，为呈现运输货物的即时状态提供现场端的数据，包括温湿度、所处位置、压力，以及运输距离、速度等。

（2）可靠的传送。通过有线和无线信息网络，可使处于运输状态的货物在网络中实现状态同步，通过可靠的信息共享使物流企业之间、物流企业与客户之间、物流产业与其他产业之间实现即时沟通和协同，提供一体化服务。

（3）智能化处理。通过智能控制、云计算等技术，对物流相关信息进行采集、分析和整合，为物流管理决策提供翔实的数据并提供智能化决策建议和管理控制工具，从而体现更深一步的"人与物的沟通"。

2.7.2 大数据

大数据（big data），信息技术（IT）行业术语，是指无法在一定时间范围内用常规软件工具进行捕捉、管理和处理的数据集合，需要在新处理模式下才能具有更强的决策力、洞察发现力和流程优化能力的海量、高增长率和多样化的信息资产。

大数据的价值在于从海量的数据中发现新的知识，创造新的价值。将数据转化为信息，并通过信息的提炼总结规律，运用规律预测未来状态或事件，便于采取相应的措施为企业创造利润。这使得市场对数据分析与挖掘的需求与日俱增。数据分析还能帮助企业做出正确的决策。通过数据分析，企业可以看到具体的业务运行情况，能够看清楚哪些业务利润率较高、增长较快，进而把主要精力放在真正能够给企业带来高回报的业务上，避免无端的浪费，从而实现高效运营。

电子商务物流与大数据的结合是电子商务物流发展的必然趋势。在大数据时代，物流业的应用特点与大数据技术有较高的契合度，在主客观条件上也就有了较高的应用可能性。因此，物流企业特别是电子商务物流企业要高度关注大数据时代的机遇。

电子商务物流企业在大数据时代想有更好的发展，需要关注以下两个方面的建设。

1. 物流仓储平台建设

国际产业布局调整完以后，物流仓储平台在国际上如何布局将成为影响企业竞争力的决定性因素。

2. 物流信息平台建设

物流信息平台将成为基于大数据的中转中心或调度中心、结算中心。物流信息平台会根据以往快递公司的表现、各个阶段的报价、即时运力等信息，进行相关的大数据分析，得到优化线路选项，并对集成物流商主导的物流链进行优化组合配置，系统将订单数据发送到各个环节，由相应的物流企业去完成。

电子商务，快速准确及时的物流服务，突发事件的预测、评估和处理，这些都需要大数据技术的支持。因此如何获得所需要的数据、如何处理所获得的数据、如何应用所处理的数据，是大数据应用于物流与供应链的重要问题。

2.7.3 云计算

云计算（cloud computing）是分布式计算的一种，指的是通过网络"云"将巨大的数据计算处理程序分解成无数个小程序，然后通过多部服务器组成的系统对这些小程序进行处理和分析，得到结果以后返给用户。云计算早期，简单来说，就是简单的分布式计算，解决任务分发问题，并对计算结果进行合并。因而，云计算又称网格计算。这项技术可以在很短的时间内（几秒钟）完成对数以万计数据的处理，从而提供强大的网络服务。

云计算是基于互联网的相关服务的增加、使用和交付模式，通常涉及通过互联网来提供动态易扩展且经常是虚拟化的资源。"云"是网络、互联网的一种比喻说法。过去往往用云来表示电信网，后来也用云来表示互联网和底层基础设施。因此，云计算甚至可以让你体验每秒 10 万亿次的运算能力，拥有这么强大的计算能力可以模拟核爆炸、预测气候变化和市场发展趋势。用户可以通过计算机、手机等方式接入数据中心，按自己的需求进行运算。

云计算包括以下几个层次的服务：基础设施即服务、平台即服务和软件即服务。

基础设施即服务是指消费者通过互联网可以从完善的计算机基础设施中获得服务。例如，硬件服务器的租用。

平台即服务（PaaS）实际上是指将软件研发的平台作为一种服务，以 SaaS 的模式提交给用户。因此，PaaS 也是 SaaS 模式的一种应用。但是 PaaS 的出现加快了 SaaS 的发展，尤其是加快了 SaaS 应用的开发速度，如软件的个性化定制开发。

软件即服务是一种通过互联网提供软件的模式，用户无须购买软件，而是向提供商租用基于 Web 的软件，来管理企业经营活动，如阳光云服务器。

通过云计算技术，物流企业不必购买并建立独自的服务器和配置软件，也不需要按照自己的规划来建立自己的数据处理中心、信息安全管理中心和服务运营的服务器中心，而是向云服务商购买自己所需要的服务，具体的服务搭建都由云服务提供商来解决。这种服务模式在很大程度上降低了物流企业因信息建设、管理、维护所花费的成本。

云计算属于一种变化的、动态的计算服务体系，通过动态的服务要求，部署并按一定的要求分配服务资源，可实时监控资源的使用状况。这就避免了重复建设和高成本的维护，物流企业只需支付较低的服务费用就能获得这一服务，提高了信息处理的效率。云计算的计算机集群能够提供强大的在线计算和数据处理服务，并根据计算来存储计算结果，而且速度快、稳定性高。与物流企业原有的服务信息一体化系统相比，在信息的计算处理、数据的安全维护和成本的消耗等方面，云计算具有显著的优势。云计算从炙手可热的概念已经大步走向了实际应用，技术变革正给物流行业的发展带来深远的影响。

云计算在电子商务物流中的运用有以下三个方面。

1. 云计算为电子商务物流行业有效整合信息资源

我国跨境电子商务物流企业的资源整合是实现物流企业规模化与集约化的重要途径，可有效提高企业资源利用率，服务于社会。物流企业的资源整合包括物流企业的客户资源、信息资源、物流流程、能力资源、组织资源等的整合。

云计算对信息资源的统一整合，提高了物流企业对整个系统信息资源的有效管理，同时也大大提高了对业务支撑的可用性。云计算架构灵活的扩展性随着整个系统资源和需求的部署而动态进行。云计算的基础本身就是虚拟化，能够把单个的物理资源整合起来划分给更多的用户使用。云计算高效的资源整合为物流企业带来的成本优势是非常明显的。物流企业 IT 设备的淘汰率比较高，更新周期缩短，导致后期的运维费用也较高。采用云计算的理念来整合资源后，其投资会相对减少很多，无须占用更多的建筑资源，设备更新也相对减少，人员的配置也将精简。

2. 云计算为物流行业构建云平台

物流行业具有全球化的特点，其以服务为核心业务的网络遍布全球。其中，国际货代、报关行、仓储和集卡运输等物流公司以及相关链条上的公司，由于与国外机构合作紧密，信息化水平已经有了较大提高，但是企业间的信息服务尚未能通过互联网来实现全程流程化、标准化协同。

云计算平台可以帮助解决这些问题。云计算平台采用云计算核心集成技术"单点登录、统一认证、数据同步、资源集成"和云计算物联网互融技术"端、传、网、计、控五联"，将一切变得简单、便捷、高质、低价、有效、安全；可实现物流企业生意全程电子化，实现在线询价、在线委托、在线交易、在线对账和在线支付等服务，让物流生意中的买卖双方尽享电子商务门到门服务的便捷，并可降低成本、提升效率、降低差错率，还可实现国际物流各类服务商和供应商之间订单的数据交换、物流信息的及时共享，以及交易的支付和信贷融资等完整的"一条龙"服务。

3. 云计算为物流行业提供云存储

云存储为物流企业提供空间租赁服务。随着物流企业的不断发展，企业的数据量也会不断增加。数据量的增加意味着更多硬件设备、机房环境设备、运行维护成本和人力成本的投入。通过使用高性能、大容量的云存储系统，可以满足物流企业不断增加的业务数据存储和管理服务，同时，大量专业技术人员的日常管理和维护可以有效保障云存储系统的运行安全，确保数据不会丢失。

云存储为物流企业提供远程数据备份和容灾。数据安全对于物流行业来说至关重要，大量的客户资源、平台资源、应用资源、管理资源、服务资源、人力资源不仅要有足够的容量空间去存储，还需要实现数据的安全备份和远程容灾。它不仅要保证本地数据的安全性，还要保证当本地发生重大的灾难时，可通过远程备份或远程容灾系统进行快速恢复。高性能、大容量的云存储系统和远程数据备份软件可以为物流企业提供空间租赁和备份业务租赁服务，物流企业也可租用 IDC 数据中心提供的空间服务和远程数据备份服务功能，建立自己的远程备份和容灾系统。

云存储为物流企业提供视频监控系统。通过云存储、物联网等技术建立视频监控平台，所有监控视频集中托管在数据中心，在远程服务器上运行应用程序，应用客户端通过互联网访问它，并在服务器层级通过数据处理的计算能力和存储端的海量数据承载能力将其整合到单一的监控中心或多个分级监控中心。客户通过网络登录管理网页，即可及时、全面、准确地掌握物品的可视化数据和信息，远程、随时查看已录好的监控录像。

单元考核

一、填空题

1. 物流信息就是与_____有关的一切信息。
2. 库德巴码（code bar）是一种条、空均表示信息的非连续型、_____、具有自校验功能的双向条码。

3. RFID 是一种简单的无线系统，用于控制、检测和跟踪物体。一套完整的 RFID 系统由_____、阅读器和应用系统软件三部分组成。

4. 构成 EDI 系统的三个要素是 EDI 软件和硬件，通信网络和_____。

5. 电子商务物流企业在大数据时代想有更好的发展，需要关注_____和物流信息平台两个方面的建设。

二、简答题

1. 简述物流信息的特征。
2. 简述条形码技术的特点。
3. 简述 RFID 的优点。
4. 简述 GIS 的作用。
5. 简述 GPS 的功能。

第 3 章

运　　输

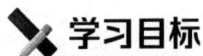 学习目标

知识目标
（1）了解运输的含义与作用。
（2）熟悉运输合理化的内涵和不合理运输的表现。
（3）掌握运输系统的内涵。

技能目标
（1）掌握运输的研究对象和方式。
（2）了解影响运输合理化的因素。
（3）掌握运输系统的构成要素和机构。

素养目标
培养学生细心严谨的工作态度。

3.1　运　输　概　述

自从人类开始进行生产和产品交换，作为流通环节的运输业便产生了。马克思将运输称为"第四个物质生产部门"，它是生产过程的延续。虽然运输和一般生产活动有所不同，它不创造新的物质产品，不赋予产品新的使用价值，只是变动其所在的空间位置，但正是这一变动使其成为社会物质生产的必要条件之一，成为国民经济的基础和先行。随着科学技术的进步和社会经济的发展，运输业日臻完善，并且发挥着重要作用。

3.1.1　运输的含义

运输是指人或物品借助运力在空间产生的位置移动。所谓运力，是指由运输设施、

路线、设备、工具和人力组成的，具有从事运输活动能力的系统。关于人的运输称为客运，关于货物的运输称为货运。本书中的运输专指货运，包括集货、分配、搬运、中转、装入、卸下、分散等一系列操作。

运输作为物流系统的一个组成部分，包括生产领域的运输和流通领域的运输。生产领域的运输，一般在生产企业内部进行，因此称为厂内运输。厂内运输包括原材料、在制品、半成品和成品的运输，是直接为物质产品生产服务的，有时候称为物料搬运。流通领域的运输，则是流通领域里的一个重要环节，是在大范围内将物质产品从生产领域向消费领域在空间位置上进行物理性移动的活动。流通领域的运输既包括物品从生产所在地直接向消费所在地的移动，也包括物品从生产所在地向物流网点和从物流网点向消费所在地的移动。

3.1.2 运输的作用

一般而言，运输的作用主要表现在以下六个方面。

1. 场所效用

运输可以创造"场所效用"，即同种物品的空间场所不同，其使用价值的实现程度就不同，其效益的实现也不同。由于改变场所而发挥了最大的使用价值，以最大限度地提高了产出投入比，因而称为"场所效用"。通过运输将物品运送到场所效用最高的地方，从而发挥物品的效用，实现了资源的优化配置，从这个意义上来说，也相当于提高了物品的使用价值。

2. 产品转移

无论产品处于哪种形式，是原材料、零部件、装配件、在制品，还是制成品，也不论在制造过程中被转移到下一阶段，还是转移给最终的顾客，运输都是必不可少的。运输的主要功能就是帮助产品在价值链中来回移动，主要目的就是以最少的时间、财力和环境资源成本，将产品从原产地转移到规定地点。在此过程中，产品灭失、损坏的费用必须是最低的，只有当产品价值确实提高时，该产品的移动才是有效的。

3. 节约成本

合理规划运输，不仅能够节约资源，还能够降低企业的运营成本。采用集装箱化运输，可以简化商品包装，节省大量包装用纸和木材；实现机械化装卸作业，能够节省大量作业人员的作业强度，大幅度降低人员开支。例如，被称为"中国货物运输管理觉醒第一人"的海尔集团，为加强运输管理，建立了现代化的国际自动化货物运输中心，一年时间内就将库存占压资金和采购资金从15亿元降到了7亿元，巨额的成本节约也为企业参与现代价格竞争增添了有力的砝码。

4. 保障社会生产

运输是社会物质生产的必要条件，是整个国民经济赖以生存的基础。生产、分配、交换和消费必须通过运输这个纽带才能得以有机结合。生产的社会化程度越高、商品经济越发达，生产对于流通的依赖性就越大，运输在生产中的作用也就越重要。加强对现代物流运输活动的研究，实现企业运输合理化，无论是对于物流系统整体功能的发挥，还是对于促进国民经济持续、稳定、协调发展，都具有极为重要的意义。

5. 创造社会效益

随着运输的发展，城市居民的生活环境不断改善、生活质量得到提高，人的尊严也会得到更多体现。例如，日本的"宅急便""宅配便"国内近年来开展的"宅急送"等，都是为消费者服务的新行业，它们的出现使居民生活更加舒适与方便。再如，在超市购物时，超市不仅为消费者提供便宜的商品和良好的环境，还提供了购物手推车，使消费者能够轻松购物。手推车是搬运工具，这一个小小的服务，就能给消费者带来诸多方便，也创造了社会效益。

6. 保护环境

不可否认，生活中的很多环保问题都与运输息息相关。卡车撒黄土，是装卸不当、车厢有缝；卡车水泥灰飞扬，是水泥包装苦盖问题；马路堵车，是交通设施建设不足。如果从运输的角度去考虑，这些问题都会迎刃而解。例如，在城市外围多设立几个货物运输中心、流通中心，大型货车无论白天还是晚上就不用进城了，只利用小货车配送，夜晚的噪声也会减轻；政府重视货物运输，大力建设城市道路、车站、码头，城市的交通阻塞状况就会缓解，空气质量自然也会提高。环境问题是当今时代的主题，保护环境、治理污染、消除公害是世界各国乃至所有企业的共同目标。

3.1.3 运输的研究对象

运输的研究对象主要涉及以下五个方面。

1. 运输基础设施

铁路、公路、城市道路和机场的规划、设计、施工、养护是运输研究的重要内容，其中又以高速重载铁路、高速公路、快速城市干道和现代化机场工程等为主攻方向。

2. 运输工具

运输中载运工具的运用必须适应重载、高速、高效、安全运输发展的需要，载运工具结构及运用的可靠性、科学性和安全性研究，载运工具在运行过程中的动态性能与环境影响的研究，载运工具的维修、诊断研究等都是运输工具研究的新课题。

3. 运输的安全性

只有在提高运输安全性的前提下，才能提高运输效益和效率。应加强运输控制现代化、运输过程自动化与运输信息集成化的研究和应用。

4. 运输流向分布

在运输过程中，旅客或货物由发送地点至到达地点的位移称为客流或货流。客流和货流包含五个因素，即数量、距离、时间、类别和方向。由这五个因素构成的客流和货流，反映了各个地区之间在政治、经济、文化和军事上的相互联系。

5. 运输规划

要着重研究如何利用现代化技术手段来提高载运工具的运行效益,揭示物流过程中的技术经济规律,以强化现代客运系统和城市交通的规划与管理。

3.2 运输方式

交通运输业与其他物质生产部门一样,经历了不同时期的发展,同时为了满足社会的各种需要,形成了多种交通运输方式。现代交通运输包括铁路、公路、水路、航空和管道五种运输方式。这五种运输方式在满足人或物的空间位移的要求上具有同一性,但它们所采用的技术手段、运输工具和组织形式等各不相同,形成的技术性能、对地理环境的适应程度和经济指标等也不尽相同,下面分别加以阐述。

3.2.1 铁路运输

铁路运输又称火车运输,是现代主要的运输方式之一。我国人口众多、地大物博,全国各地的经济联系,特别是沿海经济发达地区与自然资源丰富的内地之间的经济往来、货物交流,主要依赖铁路运输来完成。近年来的铁路提速、简化整车计划审批程序和缩短审批周期等措施,使铁路货物运输更加快捷、经济。

铁路运输又分为车皮运输和集装箱运输。车皮运输是租用适合货物数量和形状的车皮来进行物品运输的方式。近年来,因实行车皮集约化和集装箱化,车皮运输日趋减少,而集装箱运输有所增长。集装箱运输是铁路和公路联运的一种复合型直达运输,适用于化工品、食品、农产品等多种货物的运输。

1. 铁路运输的优点

(1)运行速度快。常规时速一般在 80~120 千米,提速后可高达 200 千米以上,高速磁悬浮或轮轨列车时速可达 300~400 千米。

(2)运载量大。一列货车可装 2 000~3 000 吨货物,重载列车可装 20 000 多吨货物;单线单向年最大货物运输能力达 1 800 万吨,复线达 5 500 万吨。运行组织较好的国家,单线单向年最大货物运输能力达 4 000 万吨,复线超过 1 亿吨。

(3)运输成本较低。有关数据表明,我国铁路运输成本分别是公路运输成本的 1/17~1/11,航空运输成本的 1/267~1/97。

(4)基本不受自然条件的限制。能够在绝大多数气候条件下正常运行,可以保证运输的连贯性。运输到发时间准确性较高,运行较平稳,安全可靠。

2. 铁路运输的缺点

(1)投资高。单线铁路每千米造价为 100 万~300 万元,复线造价为 400 万~500 万元。

(2)建设周期长。一条干线要建设 5~10 年,而且占地多,随着人口的增长,将给社会增加更多的负担。

（3）运输时间长。在运输过程中需要有列车的编组、解体和中转改编等作业环节，占用时间较长，因而增加了货物的运输时间。

（4）不能实现"门到门"运输。通常要依靠其他运输方式配合，才能完成运输任务。由于装卸次数较多，货物毁损或灭失事故通常也比其他运输方式多。

3. 铁路运输的适用范围

铁路运输适合于大宗低值货物的中、长距离运输，也较适合散装货物（如煤炭、金属、矿石、谷物等）、罐装货物（如化工产品、石油产品等）的运输。从投资效果看，在运输量比较大的地区之间建设铁路比较合理。铁路运输的经济里程一般在200千米以上。

3.2.2 公路运输

公路运输主要是指使用各种车辆，包括汽车、人力车、畜力车等运输工具在公路上进行客货运输的方式。在我国，长期以来对于公路运输的界定是主要承担距离较近、批量较小的运输项目，对于水路和铁路难以到达地区的运输，以及难以实现其优势的运输间隔，一般也选择公路运输。

1. 公路运输的优点

（1）运送速度比较快。运输途中不需要中转。在中、短途运输中，汽车运输的运送速度平均比铁路运输快4~6倍，比水路运输快10倍。

（2）可以实现"门到门"服务。汽车除了可以沿公路网运行外，还可以深入工厂、矿山、车站、码头、农村及居民区等领域，在直达性上有着明显的优势。

（3）项目投资小，经济效益高。公路运输的投资每年可以周转一两次，而铁路运输三四年才能周转一次。修建公路的材料和技术比较容易解决，易于在全社会广泛发展。

（4）运输途中货物的撞击少。几乎没有中转装卸作业，因而货物包装比较简单。

（5）能灵活制定运营时间表，运输的伸缩性极大。汽车的载重量可大可小，因此汽车运输对货物批量的大小具有很强的适应性，既可以单车运输，又可以拖挂运输。

（6）操作人员容易培训。相比较而言，汽车驾驶技术比较容易掌握。培训汽车驾驶员一般只需要半年左右，培养火车、轮船及飞机驾驶员则需几年时间。

2. 公路运输的缺点

（1）汽车体积小。公路运输无法运送大件物资，长距离运输费用相对昂贵。

（2）运输成本高。公路运输的成本是铁路运输成本的11.1~17.5倍，沿海运输成本的27.7~43.6倍，管道运输成本的13.7~21.5倍。

（3）运输能耗高。公路运输能耗是铁路运输能耗的10.6~15.1倍，沿海运输能耗的11.2~15.9倍，管道运输能耗的4.8~6.9倍。

（4）劳动生产率低。公路运输的劳动生产率只有铁路运输的10.6%，沿海运输的

1.5%，内河运输的 7.5%。

（5）公路建设占地多。随着人口的增长，占地多的矛盾将表现得更为突出，环境污染比其他运输方式也严重得多。

3. 公路运输的适用范围

公路运输主要适用于中、短途运输，其经济里程半径一般为 200 千米以内。然而，随着我国公路建设步伐的逐渐加大，公路运输也将呈现短、中、远程运输并举的局面，这是一个不可逆转的趋势。

公路运输可以补充和衔接其他运输方式，即当以其他运输方式为主时，由汽车承担起点和终点处（如铁路车站、港口、航空站等）的短途集散运输，完成其他运输工具到不了的地区的运输任务。

3.2.3 水路运输

水路运输是使用船舶在江、河、湖泊、人工水道以及海洋上运送客货的一种运输方式。在现代运输方式中，水路运输是一种最古老、最经济的运输方式。水路运输按其航行的区域，可划分为沿海运输、近海运输、远洋运输、内河运输四种类型。

水路运输可以根据运输线路、地理位置的特点，选择不同的运输工具。在内河运输中，主要是连接陆地内的江、河、湖泊等水道，因此运距不是太远，主要使用中、小型船舶及拖船、挂船等运输工具进行运输；对于沿海和近海运输，主要任务是沿大陆附近的航道运送客货或在邻近国家之间来回运转，由于距离不是太远，使用中、小型海洋运输船舶较多；远洋运输是跨大洋的远程运输，一般要选用大型的远洋运输船舶；专业运输要选用大型专业运输船舶，如集装箱船、冷冻船、油船、矿石船、液化气船等。

1. 水路运输的优点

（1）运输能力大。在长江干线，一支拖驳或顶推驳船队的载运能力已过万吨。国内最大的顶推驳船队的载运能力达 3 万~4 万吨，世界上最大的油船载运能力已超过 50 万吨。

（2）运输成本低。我国沿海运输的成本只有铁路运输的 40%，长江干线的运输成本只有铁路运输的 84%。美国沿海运输的成本只有铁路运输的 1/8，密西西比河干流的运输成本只有铁路运输的 1/4~1/3。

（3）劳动生产率高。沿海运输劳动生产率是铁路运输的 6.4 倍，长江干线运输劳动生产率是铁路运输的 1.26 倍。在运输条件良好的航道，通航能力几乎不受限制。

（4）水运建设投资较少。水路运输可以利用江河湖海等自然水利资源，除必须投资购（造）船舶、建设港口之外，沿海航道几乎不需要任何投资，整治航道也只有铁路建设费用的 1/5~1/3。

2. 水路运输的缺点

（1）水运只能在有水道的地方以及沿海加以利用。在内陆地区，尤其是大陆干旱地区就没有可用资源，如我国的西北内陆地区以及华北平原就基本没有可用航道，这就降低了水路运输的适用性。

（2）船舶的运行速度比较慢。水路运输不能快速将货物送达目的地；途中货物多，会增加货主的流动资金占有量。

（3）水路运输过程受自然条件，特别是气候条件的影响较大，如江河断流、冬季航道结冰、枯水期水位变低、海洋风暴等，因而水路运输呈现较大的波动性及不平衡性，不能适应需求变化大、时效性强的商品运输。

3. 水路运输的适用范围

水路运输综合优势较为突出，适于运距长、运量大、时间性不太强的大宗物资运输。具体而言，水路运输可以承担以下作业任务：大批量货物，特别是集装箱运输；原料、半成品等散货运输，如建材、石油、煤炭、矿石、谷物等；国际贸易运输。

3.2.4 航空运输

航空运输简称空运，是指使用飞机或其他飞行器载运客货的一种现代化运输方式。我国航空事业发展迅速，各条航线和航运站相联系的现代空运网络不仅连接着全国大、中城市和边远地区，还将中国和世界各地连接起来，对于政治、经济和文化的交流起着十分重要的作用。航空运输虽然运费较高，但是从总成本的角度考虑，仍有经济、便捷之处。随着世界经济一体化的不断发展，空运的作用将日益增强。

1. 航空运输的优点

（1）运行速度快。飞机时速一般在800~900千米，是火车运行速度的5~10倍，是轮船运行速度的20~30倍。

（2）高速直达性是航空运输最突出的特点。由于飞机机动性能好，几乎可以飞越各种天然障碍，不受地形地貌、山川河流的限制，因此航空线一般取两点间最短距离，即能够实现两点间的高速、直达运输。

（3）安全性高。随着科学技术的进步，人类不断对飞机进行技术革新的同时，飞机的维修技术也得到了提高，而航行支持设施，如地面通信设施、航空导航系统、着陆系统及保安监测设施的迅速改进和发展也提高了航空运输的安全性。

（4）运载货物破损率小，包装要求低。货物空运的包装要求通常比其他运输方式要低，空中航行的平稳性和自动着陆系统减少了货损的概率，因此可以降低包装要求。

2. 航空运输的缺点

（1）运输能力小。一般大型运输机的运载量低于100吨。

（2）成本很高。机场及飞机的建设造价高、能耗大、技术复杂。由于飞机的载重有限，分摊到每一件运输物品上的单位成本就较高。

（3）飞行条件要求高。航空运输在一定程度上会受到气候条件的限制，从而影响运输的准点性与正常性。

（4）难以实现客货的"门到门"运输，必须借助其他运输工具（主要为汽车）进行转运。

3. 航空运输的适用范围

航空运输主要适合运载的货物有两类，一类是价值高、重量轻和体积小的物品，如贵重设备的零部件、高档产品等；另一类是时效性强、需求紧急的物品，如极易腐烂的产品、救灾抢险物资等。同时，国际运输是航空运输的主要收入来源，国际间的货物联系基本依赖航空运输和海洋运输，而航空运输是小件、高附加值货物运输的主要方式。

3.2.5 管道运输

管道运输主要是利用管道，通过一定的压力差而完成商品运输的一种现代运输方式。管道由埋设在地下的管线和地面上的加温、加压等配套设备组成。和其他运输方式的重要区别在于，管道设备是静止不动的。管道运输是随着石油和天然气产量的增长而发展起来的，近年来，输送固体物料的管道，如输煤、输精矿管道，也有很大的发展。

1. 管道运输的优点

（1）运输量大。根据管径的大小不同，输油管线每年的运输量可达数百万吨到几千万吨，甚至超过亿吨。一条直径为 720 毫米的输油管道，一年即可输送原油 2 000 万吨，几乎相当于一条单线铁路单方向的输送能力。

（2）连续运输，可靠性高。管道运输是一项连续工程，不存在空载行程，因而系统的运输效率较高。由于管道属于封闭设备，其运输过程受气候的影响较小，也可以避免一般运输过程中的丢失、散失等问题，确保了运输系统长期稳定地运行。

（3）安全可靠，无污染。石油和天然气等具有易燃、易爆、易挥发、易泄漏的特性，采用管道运输方式既能保证安全性，又能大大减少挥发损耗，避免了泄漏对空气、水和土壤造成污染，即较好地满足了运输工程的绿色环保要求。

（4）能耗少、成本低。发达国家采用管道运输石油，每吨千米的能耗不足铁路的 1/7，大量运输时运输成本与水运接近。管道运输是一种非常节能的运输方式。

（5）占地少。运输管道对于土地的占用仅为公路的 3%、铁路的 10% 左右。在交通运输规划中，优先考虑管道运输方案，对于节约土地资源意义重大。

2. 管道运输的缺点

管道运输的专用性强，不如其他运输方式灵活，除了承运的货物比较单一，只能运输石油、天然气及固体料浆（如煤炭）等，也不易随便扩展管线，无法实现"门到门"的运输服务。此外，该类运输造价成本很高，一般需由政府出面才能实现输送管道的铺设，由个人或企业直接铺设或经营的可能性不大，这也限制了其应用范围。

3. 管道运输的适用范围

根据管道运输的上述特点，管道运输主要担负单向、定点、量大的流体状货物的运输，如石油、天然气、煤浆、某些化学制品原料等。

3.3　运输合理化

合理运输就是在考虑各种实际存在的约束条件下,充分并有效地利用各种运输工具的运输能力,以最少的人、财、物的消耗,及时、迅速、按质、按量和安全地完成运输任务。"合理",就是运输方案符合约束条件,运输方式选择合理,运输路线合理,运输环节最少,运输时间和运输成本最少。合理运输的约束条件有技术约束、特殊调度约束、用户质量要求约束、供需协调约束、订货发货起点约束、运输条件约束等。

3.3.1　运输合理化的内涵

合理运输从整体上看是指以最少的运力、最快的速度、最短的线路、最优的服务、最少的费用,满足国民经济对货物运输的需要。从运输企业来看,在完成相同货物运输量的情况下,投入运力最少、服务质量最好、运输费用最低的运输,就是合理运输。运输合理化的意义主要体现在以下三个方面。

(1)运输合理化可以充分利用运输能力,提高运输效率,促进各种运输方式的合理分工,以最小的社会运输劳动耗费,及时满足国民经济的运输需要。

(2)运输合理化可以使货物走最合理的路线,经过最少的环节,以最快的时间,最短的里程到达目的地,加速了货物流通,既可及时供应市场,又可降低物资部门的流通费用,加速资金周转,减少货损货差,从而取得良好的社会效益和经济效益。

(3)运输合理化可以消除运输中的种种浪费现象,提高商品的运输质量,充分发挥运输工具的效能,节约运力和劳动力。

3.3.2　不合理运输的表现

不合理运输是指在现有条件下可以达到的运输水平而未达到,从而造成了运力浪费、运输时间增加、运费超支等问题的运输形式。目前我国主要存在的不合理运输形式有九种。

1. 返程或起程空载

空车无货载行驶,可以说是不合理运输的突出形式。在实际运输组织中,有时候必须调运空车,从管理上不能将其看成不合理运输。但是,因调运不当、货源计划不周、未采用运输社会化而形成的空车无货载行驶,是不合理运输的表现。造成空车无货载行驶的不合理运输主要有以下三种原因。

(1)能利用社会化的运输体系而不利用,依靠自备车送货、提货,往往出现单程重车、单程空载的不合理运输。

（2）工作失误或计划不周，造成货源不实、车辆空去空回，形成双程空载。

（3）车辆过分专用，无法搭运回程货物，只能单程实车、单程回空周转。

2. 对流运输

对流运输也称"相向运输""交错运输"，是指同一种货物，或彼此间可以互相代用而又不影响管理、技术及效益的货物，在同一线路上或平行线路上做相对方向的运送，而与对方运程的全部或一部分发生重叠交错的运输。已经制定了合理流向图的产品，一般必须按合理流向的方向运输，如果与合理流向图指定的方向相反，也属对流运输。

在判断对流运输时需注意的是，有的对流运输是不明显的隐蔽对流。例如，不同时间的相向运输，从发生运输的时间看，并未出现对流运输，可能导致相关人员做出错误的判断。

3. 迂回运输

迂回运输是一种舍近求远的运输形式。迂回运输有一定的复杂性，不能简单处之，只有因计划不周、地理不熟、组织不当而发生的迂回运输，才属于不合理运输。如果最短路线有交通阻塞、道路情况不好或因货物对噪声、排气等有特殊要求而不能使用最短路线时发生的迂回运输，不能称为不合理运输。

4. 重复运输

本来可以直接将货物运到目的地，但是在未达目的地之处，或目的地之外的其他场所将货物卸下，再重复装运，送达目的地，这是重复运输的一种形式。另一种形式是同品种货物在同一地点运进，同时又向外运出。重复运输的最大弊端是增加了非必要的中间环节，延缓了货物流通速度，增加了物流成本。

5. 倒流运输

倒流运输是指货物从销售地或中转地向产地或起运地回流的一种运输现象。其不合理程度要甚于对流运输，原因在于往返两程的运输都是不必要的。倒流运输也可以看作隐蔽对流的一种特殊形式。

6. 过远运输

过远运输是指调运物资舍近求远，近处有资源不调而从远处调，这就造成可采取近程运输而未采取，拉长了货物运距的浪费现象。过远运输占用运力时间长、运输工具周转慢、物资占压资金时间长，易出现货损，增加物流成本。

7. 运力选择不当

运力选择不当是指未深入了解各种运输工具的优势而不正确地利用运输工具造成的不合理现象，运力选择不当的常见形式如表3-1所示。

表 3-1　运力选择不当的常见形式

运力选择不当的常见形式	要 点 说 明
弃水走陆	在同时可以利用水运和陆运时，不利用成本较低的水运或水陆联运，而选择成本较高的铁路运输或汽车运输，使水运优势不能发挥
铁路、大型船舶的过近运输	这种现象的不合理之处主要在于火车及大型船舶起运及到达目的地的准备、装卸时间长，且机动灵活性不足，过近运输发挥不了其运速快的优势。相反，由于装卸时间长，反而会延长运输时间。另外，和小型运输设备相比，火车及大型船舶装卸难度大，费用也较高
运输工具承载能力选择不当	不根据承运货物数量及重量选择运输工具，而盲目决定所采用的运输工具，造成过分超载、损坏车辆及货物不满载、浪费运力的现象，尤其是"大马拉小车"现象发生较多。由于装货量小，单位货物运输成本必然增加

8. 托运方式选择不当

托运方式选择不当是指对于货主而言，可以选择最经济的托运方式而未选择，造成运力浪费及费用支出加大的一种不合理运输。

9. 无效运输

凡装运的物资中有无使用价值的杂质，含量过多或含量超过规定标准的运输，就是无效运输。

上述各种不合理运输形式都是在特定条件下表现出来的，在进行判断时必须注意其不合理的前提条件，否则就容易出现误判。例如，如果同一种产品，商标不同，价格不同，所发生的对流运输，不能绝对地将其看作不合理运输，因为其中存在着市场机制引导的竞争，优胜劣汰，如果因为强调表面的对流而不允许运输，就会起到保护落后、阻碍竞争甚至助长地区封锁的作用。

以上对不合理运输的描述，主要就形式而言，是从微观观察得出的结论。在实践中，必须将其放在物流系统中进行综合判断，在不进行系统分析和综合判断时，很可能出现"效益背反"现象。单从一种情况来看，避免了不合理，做到了合理，但它的合理又使其他部分出现了不合理。只有从系统角度，综合判断才能有效避免"效益背反"现象，从而优化物流系统。

3.3.3　影响运输合理化的因素

随着现代物流的发展，企业对物流运输技术水平提出了更高的要求，要求在原有运输概念的基础上更加合理地选择运输工具、运输方式和运输线路，组织货物运输，力求做到运力省、速度快、费用低，以实现运输合理化，从而最大限度实现物流合理化。影响运输合理化的因素很多，起决定作用的有以下五个方面，称为合理运输的"五要素"。

1. 运输距离

在运输过程中，运输时间、运输工具周转率、运输货损及运费等技术经济指标都与运输距离或正比例关系，运输距离是影响运输合理化的基本因素。

2. 运输环节

运输环节越多，运费越高，运输货损率也随之增加。衔接两种运输方式的装卸搬运作业对运输环节的副作用最大。运输环节过多，也会影响运输的速度。

3. 运输工具

运输工具主要由运输方式决定，如陆运中铁路运输和公路运输的选择。但是，同一种运输方式也可以选择不同的运输工具，如公路运输可以选择普通货车或集装箱货车。对运输工具进行优化选择，按运输工具的特点进行装卸搬运作业，发挥运输工具的作用，也是运输合理化的重要措施。

4. 运输时间

在全部物流时间中，运输时间占绝大部分，尤其是远程运输，因此，运输时间的缩短对整个流通时间的缩短具有决定性的作用。此外，运输时间的缩短还有利于加速运输工具的周转，充分发挥运力效能，提高运输线路通过能力，从而不同程度地改善不合理的运输。

5. 运输费用

运输费用即运费，它在全部物流费用中占很大比例，运费在很大程度上决定整个物流系统的竞争能力。实际上，运费的相对高低，无论对货主还是对物流企业都是运输合理化的一个重要标志。运费的高低也是各种合理化措施是否行之有效的最终判断依据之一。

3.3.4 合理运输的实现途径

实现合理运输有以下九个途径。

1. 提高运输工具的实载率

实载率包含以下两项统计内容。

（1）单一运输工具实际载重与运输距离的乘积和标定载重与行驶里程的乘积比率。这是在安排单一运输工具运输时，判断其是否合理的指标。但是，提高运输工具实载率并不支持超载。

（2）运输工具的统计指标，是指在一定时期内，企业实际完成的货物周转量与运输工具的吨位与行驶里程的乘积百分比。在计算运输工具行驶里程时，不但包括载货行驶里程，还包括空驶里程。

2. 配载运输

配载运输是提高运输工具实载率的扩展方法，它充分利用运输工具的载重量和容积，合理安排装载的货物和载运方法。配载运输可以采用轻重产品混合配载，增加了重货的载重量，也容纳了较大体积的轻货。

3. 发展直达运输

直达运输是指把商品从产地直接运到要货单位，中间不经过各级批发企业仓库的运输,是追求运输合理化的重要形式。直达运输通过减少过载、换载等环节,提高了运输速度,节省了装卸费用,降低了中转货损,其优势在一次运输批量和用户一次需求量达到整车时表现最为突出。在生产、消费资料的运输中,通过直达运输可以建立起稳定的产销关系和运输系统,也有利于提高运输的计划水平。直达运输的合理性在一定条件下才会有所表现,并不能认为直达运输就一定优于中转运输。

4. "四就"直拨运输

"四就"直拨运输是指包括就厂直拨、就仓库直拨、就车站直拨、就车船直拨的运输方式。"四就"直拨运输减少了中转运输环节和中转次数,提高了运输作业效率。一般批量到站或到港的货物,先进批发仓库,再按程序销售给用户,这样容易导致不合理运输。"四就"直拨运输由管理机构先行筹划,其后就工厂、仓库、车站(或码头)、车船将货物分拨给用户,而不需要再入库。

5. 减少运力投入,增加运输能力

运输的投入主要是能耗和基础设施的建设,在设施建设已定型和完成的情况下,应尽量减少能源的投入。减少运力投入的措施有四种,如表3-2所示。

表3-2　减少运力投入的措施

措　施	要　点　说　明
满载和超轴	满载是指充分利用货车的容积和载重量,多载货、不空驶,从而达到合理化的目的;超轴是在机车能力允许情况下,多加挂车皮的办法,在不增加机车的情况下增加运输量
水运拖排和拖带法	竹、木等物品的运输,可不用运输工具载运,而是利用竹、木在水中的浮力,采取拖带法进行运输,在节省运输工具动力消耗的同时,实现合理运输
汽车挂车法	汽车挂车法的原理与船舶拖带、火车加挂基本相同,都是在充分利用动力能力的基础上,增加运输能力
顶推法	将内河驳船编成一定队形,由机动船顶推前进,其优点是航行阻力小、顶推量大、速度较快、运输成本低

6. 分区产销平衡合理运输

分区产销平衡合理运输,就是在组织物流活动中,对某种货物,使其一定的生产区固定于一定的消费区。根据产销分布情况和交通运输条件,在产销平衡的基础上,按照近产近销的原则,使货物运输里程最短,实现合理运输。

7. "以公代铁"

在公路运输经济里程范围内,或者经过论证,超出通常平均经济里程范围时,尽量采用公路运输。这种运输合理化的优点表现在:缓解运输紧张的铁路运输,充分利用公路速度快、灵活机动的优势,实现铁路运输难以达到的"门到门"服务。

8. 扩大集装箱运输的份额

集装箱运输节省了装卸搬运的时间成本,也解决了散货发货前与到达后的短暂仓储成本。只要货物的销售价格可以消化集装箱运输相对高的成本,应尽可能采用集装箱运

输,以时间成本优势换取较高的运输成本。

9. 建立社会化运输系统

要发展运输的生产优势,实行专业分工,打破一家一户自成运输体系的状况,建立社会化的运输系统,并在此基础上开展联合运输。例如,将公路两端运输的优势与铁路、水运、航空的干线长距离运输结合起来,由一个总承运人安排"门到门"的运输服务。

3.4 运输系统

世界上的任何事物都可以看成一个系统,系统是普遍存在的。"系统"一词来源于古希腊语,是由部分构成整体的意思。通常把系统定义为由若干要素以一定结构形式连接构成的具有某种功能的有机整体。系统论的基本思想方法,就是把研究和处理的对象看作一个系统,分析系统的结构和功能,研究系统、要素、环境三者之间的关系和变动的规律性,并用优化系统的观点看待问题。

3.4.1 运输系统的内涵

运输系统作为物流系统的基本系统,是指由与运输活动相关的各种因素组成的一个整体。如果将其和各种运输方式相结合,就组成了各种不同的运输系统,如公路运输系统、铁路运输系统、水路运输系统、航空运输系统、管道运输系统等;如果处于不同领域,则有生产领域的运输系统和流通领域的运输系统;如果按运输的性质划分,则有自营运输系统、营业运输系统、公共运输系统等。随着经济全球化、一体化的发展,运输系统逐渐步入现代化。

作为物流系统核心组成之一的运输系统,除了具有一般系统所共有的特征外,还具有以下显著特点。

1. 运输服务可以通过多种运输方式实现

各种运输方式对应各自的技术特性,有不同的运输单位、运输时间和运输成本,因而形成了不同的服务质量。也就是说,运输服务的利用者可以根据货物的性质、大小、所要求的运输时间、所能负担的运输成本等条件来选择适当的运输方式,或者合理运用多种运输方式实行联合运输。

2. 运输存在着实际运输和利用运输两种形式

实际运输是利用实际的运输手段进行运输,完成商品在空间上的移动;利用运输是运输业者自己不直接从事商品运输,而是把运输服务委托给实际运输商,其代表就是代理型运输业者。

3. 运输服务业竞争激烈

运输服务业者不仅在各自的行业内竞争,而且与运输方式相异的其他运输企业竞争。

虽然各运输方式都存在着一些与其特性相适应的不同的运输对象，但是也存在着多种运输方式都适合承运的货物，这类货物的存在导致了不同运输手段、不同运输业者之间的竞争。

4. 运输系统的现代化趋势

运输系统现代化就是采用当代先进的科学技术和运输设备，运用现代管理科学，协调运输系统各构成要素之间的关系，以达到充分发挥运输功能的目的。运输系统的现代化也促使运输系统结构发生了根本性的改变，主要表现在三点：一是由单一的运输系统结构转向多种方式联合运输的系统结构；二是集包装、装卸、运输于一体化，使运输系统向托盘化与集装箱化方向发展；三是顺应全球经济发展的需要，一些发达国家陆续开发了一些新的运输系统，如铁路传送带运输机械、城市无人操纵收发货物系统等。

3.4.2 运输系统的构成要素

运输系统主要有运输工具、运输线路、运输节点和运输参与者四个构成要素。

1. 运输工具

运输工具是指在运输线路上用于载重货物并使其发生位移的各种设备装置，是运输能够进行的基础设备。运输工具根据从事运送活动的独立程度可以分为三类。

（1）仅提供动力，不具有装载货物容器的运输工具，如铁路机车、牵引车、拖船等。

（2）没有动力，但具有装载货物容器的运输工具，如车皮、挂车、驳船等。

（3）既提供动力，又具有装载货物容器的独立运输工具，如汽车、轮船、飞机等。

此外，管道运输是一种相对独特的运输方式，它的载货容器为干管，动力装置设备为泵站，由于设备是固定在特定的空间内，因此不像其他运输工具那样可以凭借自身的移动带动货物的移动。

2. 运输线路

运输线路是供运输工具定向移动的通道，也是其赖以运行的基础设施，是构成运输系统最重要的要素。在现代运输系统中，主要的运输线路有公路、铁路、航线和管道。公路和铁路为陆上运输线路，除了引导运输工具定向行驶外，还须承受运输工具、货物或人的质量；航线有水运航线和空运航线，主要起引导运输工具定位定向行驶的作用，运输工具、货物或人的质量由水和空气的浮力来支撑；管道是一种相对特殊的运输线路，具有严密的封闭性，所以既充当了运输工具，又起到了引导货物流动的作用。

3. 运输节点

所谓运输节点，是指以连接不同运输方式为主要职能，处于运输线路上的，承担货物的集散、运输业务的办理、运输工具的保养和维修的基地与场所。运输节点是物流节点中的一种，如公路运输线路上的停车场、货运站，铁道运输线路上的中间站、编组站、区段站、货运站，水运线路上的港口、码头，空运线路上的空港，管道运输线路上的管道站等都属于运输节点范畴。由于运输节点处于运输线路上，又以转运为主，因此一般而言，货物在运输节点上停滞的时间较短。

4. 运输参与者

运输是物流活动，活动的主体就是参与者，活动作用的对象是货物客体，运输参与者的组成部分如表 3-3 所示。

表 3-3 运输参与者的组成部分

组成部分	要 点 说 明
物主	物主是货物的所有者，包括托运人（或委托人）和收货人，有时托运人和收货人是同一主体，有时是非同一主体。但无论是托运人托运货物，还是收货人收到货物，他们均希望在规定的时间内，在无丢失损坏且能方便获取货物运输信息的条件下，花最少的费用将货物从托运地转移到指定的收货地点
承运人	承运人是指进行运输活动的承担者。承运人可能是铁路货运公司、航空公司、运输公司、储运公司、物流公司及个体运输业者。承运人是受托运人或收货人的委托，按委托人的意愿以最低的成本完成委托人委托的运输任务，同时获得运输收入。承运人根据委托人的要求合理组织运输和配送，包括选择运输方式、确定运输路线、进行配货配载等，降低运输成本，以尽可能多地获得利润
货运代理人	货运代理人属于非作业中间商，是指根据用户要求，为获得代理费用而招揽货物、组织运输和配送的人。货运代理人不是承运人，他们只负责把来自各用户手中的小批量货物进行合理组织，装运整合成大批量装载，然后利用承运人进行运输。送达目的地后，再把该大批量装载货物拆分成原来的小批量，送往收货人处。货运代理人可以因大批量装载而实现较低的费率并从中获取利润
运输经纪人	运输经纪人是指替代托运人、收货人和承运人协调运输安排的中间商。协调的内容包括装运装载、费率谈判、结账和跟踪管理等。运输经纪人也属于非作业中间商

3.4.3 运输系统的结构

随着社会经济的发展，交通运输方式也由以往的单一作业逐步向相互联合、相互协调的方向转变。各种运输方式分工合作、统筹协调，在实现运输高效率、经济高效益、服务高质量的同时，也充分体现出各种运输方式综合利用的优越性。现代运输系统就是在这种自然的演变中逐渐形成的，其结构不能看成几种运输方式的简单合并，而是有着实际的内在联系。从不同国家或地区来看，运输系统的结构形式主要有以下三种。

1. 串联结构

各运输子系统串联形成运输系统串联结构，如图 3-1 所示。串联运输方式可能是两种、三种、四种或五种，其中具体的运输子系统也可能不同，如"铁路—公路—水路"或"公路—铁路—水路"等。

图 3-1 运输系统串联结构

2. 并联结构

各运输子系统并联形成运输系统并联结构，如图 3-2 所示。一般在区域面积大、经济发达的国家或地区可能出现这种结构。并联结构可能由 2~5 种运输方式组成。

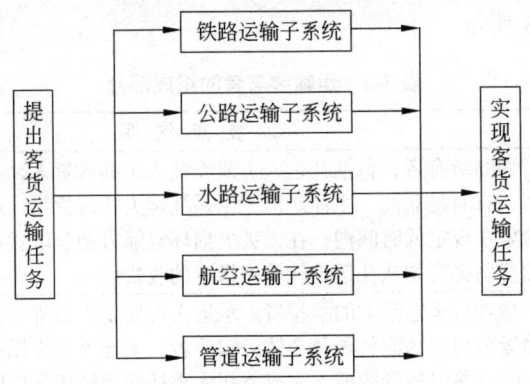

图 3-2 运输系统并联结构

3. 串并联结构

一个国家或地区交通子系统大多数为串并联形成运输系统串并联结构，如图 3-3 所示。串并联的运输子系统可能又有不同的组合。

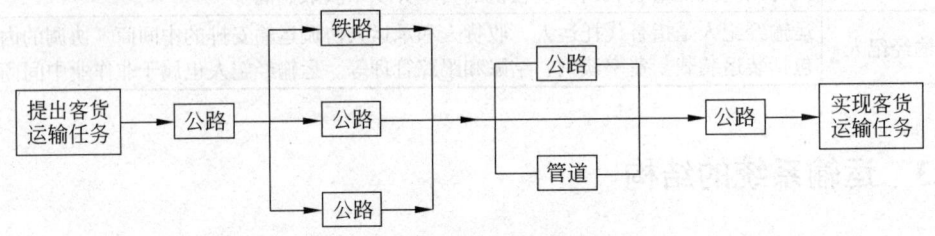

图 3-3 运输系统串并联结构

单元考核

一、填空题

1. ＿＿＿＿＿＿是社会物质生产的必要条件，是整个国民经济赖以生存的基础。
2. 客流和货流包含五个因素，即数量、距离、＿＿＿＿＿＿、类别和方向。
3. 运输工具主要由＿＿＿＿＿＿决定。
4. 所谓运输节点，是指以＿＿＿＿＿＿为主要职能，处于运输线路上的，承担货物的集散、运输业务的办理、运输工具的保养和维修的基地与场所。
5. 运输系统的结构形式主要有串联结构、并联结构和＿＿＿＿＿＿。

二、简答题
1. 简述运输的作用。
2. 简述铁路运输的优点。
3. 简述我国主要存在的不合理运输形式。
4. 简述合理运输的实现途径。
5. 简述运输系统的构成要素。

第 4 章

电子商务采购与储存管理

学习目标

知识目标
(1) 了解采购和采购管理的基础知识。
(2) 熟悉仓储的基本知识。
(3) 掌握 ABC 分类法的标准和控制标准。
(4) 了解库存的基本知识。

技能目标
(1) 对物品进行入库、保管和出库管理。
(2) 控制传统库存与电子商务库存。

素养目标
培养学生勇于创新的精神。

4.1 电子商务采购管理

电子商务采购管理为采购提供了一个全天候电子化、信息化的采购环境,有利于提高采购的透明度,实现采购过程的公开、公平、公正,同时有利于扩大供应商范围,提高采购效率,降低采购成本。

4.1.1 采购的基础知识

电子商务采购是电子商务环境下的采购模式,也就是网上采购。通过建立电子商务交易平台,发布采购信息,或主动在网上寻找供应商、产品,然后通过网上洽谈、比价、竞价实现网上订货,甚至网上支付货款,最后通过网下的物流过程进行货物的配送,完成整个交易过程。

电子商务采购为采购商提供了一个全天候、全透明、超时空的采购环境，即"365×24"小时的采购环境。该方式实现了采购信息的公开化，扩大了采购市场的范围，缩短了供需距离，避免了人为因素的干扰，简化了采购流程，减少了采购时间，降低了采购成本，提高了采购效率，大大降低了库存，使采购交易双方易于形成战略伙伴关系。

1. 采购的地位

目前采购已经成为企业经营的一个核心环节，是企业提高利润的重要途径，在企业经营过程中起着越来越大的作用。因此采购在企业中的地位越来越重要。

（1）采购的供应地位。采购的供应地位，即源头地位。在商品生产和交换的整体供应链中，企业既是顾客，又是供应商。为了满足最终顾客的需求，企业都力求以最低的成本将高质量的产品以最快的速度供应到市场，以获取最大利润。在企业中，利润同制造及供应过程中的物流和信息流的流动速度成正比。从整体供应链的角度看，企业为了获取尽可能多的利润，会想方设法加快物料和信息流的流动，这样就必须依靠采购的力量，充分发挥供应商的作用（因为占成本60%的物料以及相关的信息都发生或来自供应商）。供应商提高供应的可靠性及灵活性，缩短交货周期，增加送货频率，可以极大地改进企业的工作，如缩短生产周期、提高生产效率、减少库存、增强对市场需求的应变能力等。

此外，随着经济全球化的发展，市场竞争日趋激烈，顾客需求的提升驱使企业按库存生产，而竞争的要求又迫使企业趋向于争取按订单设计生产，企业要解决这一矛盾，只有将供应商纳入生产经营过程，将采购与供应商的活动看作自身供应链的一个有机组成部分，才能加快物料及信息在整体供应链中的流动，从而可将顾客所希望的库存成品向前推移为半成品，进而推移为原材料。这样既可以减少整个供应链的物料及资金负担（降低成本、加快资金周转等），又可以及时将原材料、半成品转换成最终产品以满足客户的需要。在整体供应链管理中，"即时生产"是缩短生产周期、降低成本和库存、以最快的交货速度满足顾客需求的有效做法，而供应商的"即时供应"是开展"即时生产"的主要内容。因此，从供应商的角度说，采购是整体供应链中"上游控制"的主导力量。

（2）采购的质量地位。质量是产品的生命。一般企业都依质量控制的顺序将其划分为来货质量控制、过程质量控制及出货质量控制。由于产品中60%的价值是经采购由供应商提供，毫无疑问，产品"生命"的60%应在来货质量控制（incoming quality control，IQC）之前得到确保，亦即企业产品质量不仅要在企业内部进行控制，更多的应控制在供应商处，这也是"上游质量控制"的体现。供应商上游质量控制得好，不仅可以为下游质量控制打好基础，还可以降低质量成本，减少来货检验费等。经验表明，一个企业如果能将1/4到1/3的质量管理精力花在供应商的质量管理上（这里的供应商质量管理是指系统的供应商质量控制和改进，而不单指IQC），那么企业的质量水平（过程控制和出货控制）最少可提高50%。可见，通过采购将质量管理延伸到供应商，是提高企业质量水平的基本保证。

（3）采购的价值地位。在全球范围内，企业的产品成本构成中，采购的原材料及零部件成本占企业总成本的比例因行业不同而有所不同，大约在 30%~90%。显然，采购成本是企业成本管理的主体和核心，采购是企业管理中"最有价值"的部分。

2. 采购的作用

采购主要有以下六方面的作用。

（1）采购对产品及销售的质量有显著的影响。供应商提供的产品和服务是可以成就或拖垮一个企业的。作为向生产或销售提供对象的先导环节，商品采购必须使购进商品的品种、数量符合市场需要，如此才能实现商品生产销售和经营业务的高质量、高效率、高效益，从而达到采购与销售的和谐统一；相反，则会导致购销之间的矛盾，造成经营呆滞，影响企业功能的发挥。因此，商品生产销售工作质量的高低很大程度上取决于商品采购的规模和构成。因此，很多公司正在尝试对其所缺少的元件和服务部分进行改进，以便加强自身的专业化水平和竞争力，更好地满足其客户的要求，这就进一步凸显了采购的重要性。

（2）采购决定着最终产品周转的速度。采购员必须把握好采购活动的时间和采购的数量。如果采购工作运行的时点与把握的量度同企业其他环节的活动达到了适度结合，就可以加快商品周转速度，进而加速资金周转，为企业带来切实的利益。反之，就会造成商品积压，商品周转速度减缓，商品库存费用增加，以致不得不动用大量人力、物力去处理积压商品。

生产的稳定需要采购的稳定来保障。企业在生产中经常出现这种情况：即使有 99% 的物料已经到位，但有 1% 的物料因各种原因不能按照计划到货，也将迫使生产中断；另一种情况是，当 1 000 块线路板已经焊接完毕，但其中一个电阻的质量出现了问题，导致整个线路板功能失效，必须重新定位问题所在并进行替换。严重的物料采购质量问题大幅降低了生产劳动效率，有时可能使整个生产前功尽弃。所以，批量采购的稳定性是影响正常生产的重要因素。

（3）采购关系到经济效益的实现程度。企业的采购活动对企业的经济效益影响很大。由于企业的经济效益是直接通过最后产出的效益即利润额来表示的，而商品采购过程中及进货后待售阶段所支付费用的多少同利润额成反比，因而购进商品的适销率如何，对企业经营有很大影响。经济效益的实现是同市场经营机会联系在一起的，确定商品采购的时间、地点、方式、数量、品种等，要充分考虑企业对有关市场机会的利用问题。为了提高经济效益，管理者在组织商品货源之前，必须注重分析市场趋势，寻求可行的经营机会，了解消费者的有关情况，以防盲目采购。重视企业采购，控制采购成本，是企业现代化管理的必然要求。

（4）做好采购可以合理利用物质资源。节约和合理利用物质资源都是开发利用资源的头等大事。要通过采购工作合理利用物质资源。第一，合理采购，防止优料劣用、长材短用。第二，优化配置物质资源，防止优劣混用。在采购中，要力求优化配置的最大综合效应和整体效应，防止局部优化损害整体优化、部分优化损害综合优化。第三，在采购工作中，要应用价值工程分析，力求功能与消耗相匹配。第四，通过采购引进合理利用资源的新技术、新工艺，提高物质资源利用效率。第五，采购要贯彻执行有关资源合理利用的经济、技术政策和法规,如产业政策、能源节约和资源综合利用等法规,防止被淘汰的产品进入流通领域,严禁违反政策、法规。

(5)做好采购可以沟通经济关系。不同部门之间良好的经济关系,主要通过商品流通的购销渠道来实现,采购工作在这一过程中起着重要作用。第一,通过采购工作,巩固现有的经济联系。第二,通过采购工作,开拓新的渠道、新的领域。第三,通过采购工作,发展、丰富经济联系的内容,如开展除采购以外的技术、资金、科研等方面的合作。现代经济的一个显著特点,就是生产社会化、流通市场化、企业间的协作关系向深度发展。

(6)做好采购可以洞察市场的变化趋势。在市场经济的大环境下,市场对企业的影响作用,是通过采购渠道观察市场供求变化及其发展趋势的,并借以引导企业投资方向、调整产品结构、确定经营目标、经营方向和经营策略。企业是以市场为导向来安排采购和生产活动的。采购工作是企业运营过程中的关键环节,并构成生产经营活动的物质基础和主要内容。规范的采购要兼顾经济性和有效性,可以有效降低企业成本,促进生产经营活动的顺利实施和按期完成。如果采购的产品不符合设计的预定要求,将直接影响产品质量,甚至导致生产经营活动的失败。

课堂小贴士 4-1　采购的基本程序

1. 接受采购任务

任何采购都来源于企业某个部门的需求,因此采购部门会收到其他部门的物料需求单。采购部门根据收到的各个部门的不同需求单,制订统一的需求计划,经部门负责人审批后确认采购任务。

2. 制订采购计划并确定采购单

确认采购任务后,下一个程序就是根据采购任务制订采购计划。采购计划要尽可能准确,否则容易发生实际采购的物品与需求不匹配的情况。再者采购计划的准确性还关系到采购单的确定,采购单的确定完全以采购计划为依据。

3. 根据既定的计划联系供应商

确认采购计划后,采购部门需要根据对供应商的评价确定供应商名单,并针对不同的采购方式确定不同的采购数量。确定供应商后,就需要与供应商取得初步联系,确认其是否有合作意向。

4. 洽谈、签订订货合同

采购员在这一步负主要责任,就数量、价格、质量以及折扣方面与供应商进行谈判,在双方互利的基础上,签订合同。合同中应明确产品质量标准以及产品的检验体系。

5. 订单跟踪和催货

跟单与催货,主要是为了促使供应商保证货物质量、及时履行发货的承诺。采购人员需要经常询问供应商的进度,并尽可能走访供应商。这一措施一般用于关键的、大额的和提前期较早的采购事项。当然如果对供应商能力及信誉已经做过全面分析,并且对方是遵守合约的可靠供应商,就没有必要这么严格,应视情况而定。

6. 到货验收、入库

采购部门根据产品的检验体系,对产品进行检验,如果产品合格则进库,如果不合格就应按照合同规定进行处理。

7. 支付货款

根据合同规定对合格产品进行付款。

8. 结案

无论是合格付款还是不合格退货,均需办理结案手续。谈判资料、交易文件、绩效评估以及对供应商的评价都应该很好地整理,以便下次再用。

4.1.2　采购管理的基础知识

采购管理是对企业采购活动的计划、组织、指挥、协调和控制活动。采购管理是管理活动,是面向整个企业的,不但面向企业全体采购员,而且面向企业组织其他人员(有关采购的协调配合工作),一般由企业的采购科(部、处)长、供应科(部、处)长或企业副总(或采购科长)来承担。其任务是保证整个企业的物资供应顺利,其有权调动整个企业的资源。简言之,采购管理就是指为保障企业物资供应而对企业采购活动进行的管理活动。

企业的采购管理主要包括三项内容:保证企业所需的各种物资的供应;从资源市场获取各种信息,为企业物资采购和生产决策提供信息支持;与资源市场供应商建立友好且有效的关系,为企业营造一个宽松有效的资源环境。

1. 采购管理的目标

采购管理的目标如表 4-1 所示。

表 4-1　采购管理的目标

目　标	要　点　说　明
适时适量	这是物资采购最重要的目标之一。物资采购供应既不是把货物进得越多越好,也不是进得越早越好。货物进少了不能满足生产的需要,会导致缺货,影响生产。货物进得过多,不但占用了较多的资金,还会增加仓储成本,增加存货保管费用。因此,采购要求适时适量,做到既保证供应,又使成本最低
保证质量	即保证采购的货物能够达到企业生产所需的质量标准,保证企业生产出来的产品质量合格。保证质量也要做到适度。质量太低不行,质量太高也不行,一是没有必要,二是价格必然高、增加购买费用,也是不合算的,所以要求物资采购要在保证质量的前提下尽量采购价格低廉的物品
费用最低	在物资采购中,每个环节、每个方面都要发生各种各样的费用:购买有购买费用,进货有进货费用,验收入库有检验费用、入库费用,搬运有搬运费用、装卸费用,在仓库储存保管时有保管费用,库存物资资金还需要付银行利息等。因此,在物资采购的全过程中,要运用各种各样的采购策略,使总的采购费用最低

2. 采购管理的基本职能

采购管理包括以下三项基本职能。

（1）供应商管理，包括供应商评估、谈判、引进、评审等。供应商的选择是确保商品品质和服务的重要措施。正确选择供应商，才能在适当价格下，得到适当品质和数量的产品及良好的服务。在选择供应商时还要考虑采购的方式，这就涉及采购原则，前文已经阐述。在选择供应商时，一般从品质、价格、交货期限和服务四个方面对供应商进行评估，各项权衡比率分别为50%、20%、20%、10%，并且不同的企业可能稍有不同。

（2）品种结构的调整，包括新品引进和滞销品淘汰，采购管理的工作之一就是市场调查。

（3）制订采购计划和进行日常订货管理，包括畅销品的采购和缺货补配等。

3. 采购管理的发展趋势

面对中国入世后更激烈的国际竞争，企业利润率的提高，不仅要从争取更多的市场份额入手，降低企业运作成本的重要性也日趋凸显。相较于增加市场份额与销售收入，对企业而言，降低企业运作成本则更易于控制与操作。在企业运作成本中，采购成本占了相当大的份额。因此采购管理作为企业生产经营管理过程中的基本环节，已经越来越受到企业的重视。采购管理的发展趋势是什么呢？简单来说，采购管理将从简单的购买向"合理采购"转变，即选择合适的产品，以合适的价格，在合适的时间，按合适的质量并通过合适的供应商获得。总的来说，采购管理表现出以下六个发展趋势如表4-2所示。

表4-2 采购管理的发展趋势

发展趋势	要 点 说 明
集中化	采购管理的集中可以增强企业的核心竞争力，从而促进企业的发展
职能化	以往很多公司的采购部门隶属于生产部门。近年来，越来越多的公司采购部门从生产部门或其他部门独立出来，开始直接向总经理、副总经理汇报。相应的，采购部门发挥着越来越大的作用，采购职能也从原来的被动花钱，开始有了节省资金、满足供应、降低库存等一系列目标
专业化	传统采购组织中采购员发挥不了很大作用：一方面是领导对采购认识的局限、采购环境的恶劣，以及对采购舞弊的恐惧；另一方面是采购员和采购组织的软弱无力和技能缺乏，造成采购的低技术性
电子商务化	电子商务是随着因特网技术和新经济管理理论的发展而出现的一种新兴的商务方式。由于采购是企业直接面对市场的第一个窗口，因此电子商务的发展将在未来彻底改变现在的采购管理模式。传统采购管理面临的问题如信息狭窄，不及时、不准确，采购数据流失等，都将在电子商务的实施过程中逐步消失
战略性成本管理	采购管理的关键是降低企业总的采购成本。企业为获取更多的利润或保持较强的竞争力，实施成本降低战略往往是首选。但随着技术、设备等领域成本降低空间的大幅度减小，以往被忽略的采购部门对成本降低的作用越来越明显
战略采购	战略采购源于对物资分类管理的细化。战略采购的关键是与供应商保持密切的合作关系，特别是那些重要的供应商、转换成本高的供应商。事实上，战略采购将直接导致供应链管理

4.2 电子商务仓储管理

仓储管理是对仓库存储物资的管理过程,电子商务仓储管理是对电子商务运营过程中的库存物品的管理过程。在这一管理过程中,电子商务仓库是重要的基础设施。自动化立体仓库、云仓库等新型仓储设施的建立为电子商务仓储管理提供了便利条件,因此电子商务物品入库管理、库存管理及出库管理的过程就是电子商务仓储合理化的过程。

4.2.1 仓储认知

仓储是通过仓库对商品与物品进行储存与保管。"仓"即仓库,为存放、保管、储存物品的建筑物和场地的总称,可以是房屋建筑、洞穴、大型容器或特定的场地等,具有存放和保护物品的功能。"储"即储存、储备,表示收存以备使用,具有收存、保管、交付使用的意思。

仓储是集中反映工厂物资活动状况的综合场所,是连接生产、供应、销售的中转站,对促进生产、提高效率具有重要的辅助作用。仓储是产品生产、流通过程中因订单前置或市场预测前置而使产品、物品暂时存放。同时,围绕着仓储实体活动,清晰准确的报表、单据账目、会计部门核算的准确信息也在进行着,因此仓储是物流、信息流、单证流的合一。

传统仓储是指利用仓库对各类物资及其相关设施设备进行物品的入库、储存、出库活动。现代仓储是指在传统仓储的基础上增加库内加工、分拣、库内包装等环节的活动。仓储是生产制造与商品流通的重要环节,也是物流活动的重要环节。

> **课堂小贴士 4-2 仓储管理的基本原则**
>
> 1. 注重效率
>
> 效率是指在一定劳动要素投入量时的产品产出量。只有较小的劳动要素投入和较高的产品产出才能实现高效率。高效率是现代仓储管理的基本要求。在仓储管理过程中,效率的体现指标主要有仓容利用率、货物周转率、破损率、误差率、进出库时间、装卸车时间等,具体表现就是"快进、快出、多存储、保管好"。
>
> 2. 讲求效益
>
> 企业生产经营的最终目的是获得最大的经济利润。同样,作为参与市场经济活动主体之一的仓储业,也应围绕着获得最大经济效益进行组织和经营。
>
> 3. 确保安全
>
> 在仓储活动中不安全因素很多,有的来自仓储物,有的来自装卸搬运作业过程,有的来自人为破坏。因此要特别加强安全教育,提高安全意识,制定安全制度,贯彻执行"安全第一,预防为主"的安全生产方针。

4. 保证质量

仓储管理的基本原则就是保证质量。仓储管理中的一切活动都必须以保证在库商品的质量为核心。没有质量的数量是无效的,甚至是有害的,因为商品依然占用资金、产生费用、占用仓库空间。因此,为了完成仓储管理的基本任务,仓储活动中的各项作业必须有质量标准,并严格按照标准进行作业操作。

5. 提供服务

仓储活动的目的是向社会提供服务。服务是贯穿仓储管理的一条主线,从仓储定位、仓储具体操作到对储存货物的控制都围绕着服务进行。仓储管理需要围绕着服务进行定位,研究如何提供服务、提高服务质量等,具体包括直接的服务管理和以服务为原则的生产管理。

4.2.2 物品入库管理

物品入库管理是根据物品入库凭证,在接收入库商品时所进行的卸货、查点、验收、办理入库手续等各项业务活动的计划和组织活动。其基本要求是保证入库物品数量准确,质量符合要求,包装完整无损,手续完备清楚,入库迅速。

1. 入库前的准备工作

依据:仓储合同和入库通知单。

具体工作:熟悉入库货物,了解仓库的库场情况,制订仓储计划,妥善安排货位,做好货位准备,准备作业用具,准备验收,设定装卸搬运工艺,准备文件单证。

2. 货物接运

(1)提货。提货方式有四种:到车站、码头提货;到货主单位提取货物;托运单位送货到库接货;铁路专用线到货接运。

(2)仓库收货。货物到库后,仓库收货人员首先检查货物入库凭证,然后根据入库凭证开列的收货单位和货物名称与送交的货物内容和标记进行核对。

3. 物品入库验收

物品验收的基本要求包括及时、准确、严格、经济。物品的验收程序包括验收准备、核对凭证、确定验收比例、实物检验、出具验收报告及处理验收中发现的问题。物品验收要全面了解验收物资的性能、特点和数量,完成物资的数量检验、质量检验、包装检验。

4. 入库

入库物品经过点数、查验之后,可以安排卸货、入库堆码,表示仓库接收物品。完成卸货、搬运、堆垛作业后,要与送货人办理交接手续,并建立仓库台账。

交接手续主要包括接收物品、接收文件、签署单证。物品入库时,仓库应建立物品仓储明细账。登账的主要内容有物品名称、规格、数量、件数、累计数(或结存数)、存货人(或提货人)、批次、金额,还要注明货位号或运输工具、接(发)货经办人。物品入库或上架后,要将物品名称、规格、数量或出入状态等内容填入料卡(又称货卡、货牌），并将料卡插放在货架物品下方的货架支架上或摆放在货垛正面的明显位置。

4.2.3 物品的保管与养护

物品保管指对库存物资进行保存和管理的活动，具体是指对仓库库存物资所进行的堆积排列、翻堆倒垛、检查测试、维护保养、安全防护、登记统计等管理活动。其目的是保证库存物资数量准确，质量完好。

物资保管是仓库管理的中心环节，其主要内容是建立仓库管理责任制，实行专人管理、专人负责，严格出入库手续；对入库物资，按照安全、方便的原则，进行合理分类，便于存、取、查核，实行货位编号。

对不同类型的物资，要进行合理保管，区别一般与贵重物资、大体积与微小零星物资、固体与液体物资、有毒与无毒物资、大宗与小宗物资，采取相应措施，分别妥善存放。在此过程中，必须坚持"预防为主，防治结合"的原则，保持仓库整洁，使仓库符合安全、防冻、防腐、防潮、防火的原则。

物资保管必须根据物资的性能和特点，力争有效防止或控制各种有害因素的影响，保证库存物资符合保管的质量要求、数量要求和安全要求。其主要内容如下。

（1）确定物资存放场所。根据物资的特性和储存设施的条件，按物资分类保管要求，确定物资存放的库房、货场、货棚，合理安排货位。

（2）进行物资码垛、苫垫或密封。根据物资的特性及存放场所的条件，确定物资码垛和苫垫方式，合理选用苫垫材料，安全、可靠地进行码垛、苫垫作业。对温度、湿度要求比较严格的物资通常需要密封处理。

（3）进行物资检查和保养。对库存物资按规定进行检查或盘点，核查库存物资的技术资料及账、卡的完备情况，确保技术资料齐全及账、卡、物相符，按物资保养技术要求维护保养。

（4）实行安全管理。对物资储存安全工作进行全面规划，按要求设置物资安全防护设备并检查安全制度执行、落实情况，确保库存物资的安全。

4.2.4 物品出库管理

物品出库管理主要包括物品出库的基本要求和物品出库过程。

1. 物品出库的基本要求

电子商务物品出库必须依据客户订单进行。不论在何种情况下，仓库都不得擅自动用、变相动用或者外借货主的库存商品。物品出库要求做到"三不三核五检查"。"三不"，即未接单不翻账、未经审单不备货、未经复核不出库；"三核"，即在发货时要核实凭证、核对账卡、核对实物；"五检查"，即对单据和实物要进行品名检查、规格检查、包装检查、件数检查、重量检查。具体来说，物品出库要求严格执行各项规章制度，提高服务质量，使用户满意。具体包括核对品种规格要求，积极与货主联系，为用户提货创造各种便利条件，杜绝差错事故。

2. 物品出库过程

不同仓库在物品出库的操作程序上会有所不同，操作人员的分工也有粗有细，但就整个发货作业流程而言，一般是跟随物品在库内的流向或出库单的流转而构成各工种的衔接。

（1）核单备料。发放物品必须有正式的出库凭证，严禁无单或白条发料。保管员接到出库凭证后，应仔细核对，这就是出库业务的核单（验单）工作。首先，审核出库凭证的合法性和真实性；其次，核对商品品名、型号、规格、单价、数量、收货单位、到站、银行账号；最后，审核出库凭证的有效期等。如属自提商品，还须检查有无财务部门准许发货的签章。

在对"物品调拨通知单"所列项目进行核查之后，才能开始备料。出库物品应附有质量证明书或抄件、磅码单、装箱单等。机电设备等配件产品，其说明书及合格证应随货同到。备料时应本着"先进先出、易霉易坏先出、接近失效期先出"的原则，根据领料数量下堆备料或整堆发料。备料的计量实行"以收代发"原则，即利用入库检验时的一次清点数，不再重新过磅。备料后要及时变动料卡余额数量，填写实发数量和日期等。

（2）复核。为防止差错，备料后应立即复核。出库的复核形式主要有专职复核、交叉复核和环环复核三种。除此之外，在发货作业的各环节上都要贯穿复核工作。例如，理货员核对单货，守护员（门卫）凭票放行，账务员（保管会计）核对账单（票）等。这些分散的复核工作起到分头把关的作用，都有助于提高仓库发货业务的工作质量。复核的主要内容包括品种数量是否准确，商品是否完好，配套是否齐全，技术证件是否齐备，外观和包装是否完好，等等。复核后，保管员和复核员应在"物品调拨通知单"上签名。

（3）包装。出库的货物如果没有符合运输方式所要求的包装，应对其进行包装。根据物品的外形特点，选用适宜的包装材料，其重量和尺寸应便于装卸和搬运。出库物品包装要求干燥、牢固。如有破损、潮湿、捆扎松散等不能保障物品在运输途中安全的，应负责加固整理，做到破包破箱不出库。各类包装容器，若外包装上有水湿、油迹、污损，均不许出库。另外，严禁互相影响或性能互相抵触的物品混合包装。包装后，要写明收货单位、到站、发货号、本批总件数、发货单位等。

（4）点交。物品经复核后，如果是本单位内部领料，则将物品和单据当面点交给提货人，办清交接手续；如系送料或将物品调出本单位办理托运的，则与送料人员或运输部门办理交接手续，当面将物品交点清楚。交清后，提货人员应在出库凭证上签章。

（5）登账。物品点交后，保管员应在出库单上填写实发数、发货日期等内容并签名，然后将出库单连同有关证件资料，及时交给货主，以便货主办理货款结算。保管员把留存的一联出库凭证交给实物明细账登记人员登记做账。

（6）清理。现场清理包括清理库存物品、库房、场地、设备和工具等；档案清理是指对收发、保养、盈亏数量和垛位安排等情况进行分析。

在整个出库业务程序中，复核和点交是两个关键环节。复核是防止差错必不可少的措施，点交则是划清仓库和提货方两者责任的必要手段。

4.3 ABC 分 类 法

企业所采购的物料种类繁多,每个品种的采购数量与价格均不同,有的物料品种不多但价值很大,而有的物料品种很多但价值不高。由于企业的资源有限,对所有采购品种均给予相同程度的重视和管理是不可能的,也是不切实际的。为了充分利用有限的时间、资金、人力、物力等企业资源,应对采购物料进行分类,将成本控制的重点放在重要的物料上,进行分类控制,即依据物料重要程度的不同,进行不同的成本控制,这就是 ABC 分类控制法。

4.3.1 ABC 分类法的标准

ABC 分类法的标准是每种物料每年采购的金额,即该品种的年采购量乘以单价,即为每年采购的金额。将年采购金额最高的划归 A 类,次高的划归 B 类,低的划归 C 类。具体划分标准及各种物料在总采购金额中应占的比重并没有统一的规定,要根据各企业、各车间物料的具体情况和企业经营者的意图来确定。但是,根据众多企业多年运用 ABC 分类法的经验,一般可按各类物料在总采购金额中所占的比重来划分,参考比重如表 4-3 所示。

表 4-3 库存物料 ABC 分类比重

类别	年采购金额百分比 /%	品种数百分比 /%
A	60~80	10~20
B	15~40	20~30
C	5~15	50~70

由表 4-3 可知,占用大部分采购金额的 A 类物料,其数量所占的百分比却很小。因此,经过 ABC 分类,可以使采购人员清楚物料采购的基本情况,分清哪些物料是 A 类、哪些是 B 类、哪些是 C 类,从而采取不同的策略进行成本控制。对 A 类物料必须集中力量进行重点成本控制,对 B 类物料按常规进行成本控制,对 C 类物料进行一般成本控制。

制定 ABC 三类物料的区分标准如下。

(1)先计算每种物料在一定时间,如一年内的采购金额。计算方法是单价乘以采购数量。

(2)按采购金额的大小顺序,排出品种序列。采购金额最大的品种排在第一位,以此类推。然后计算各品种的采购金额占总采购金额的百分比。

(3)按采购金额大小的品种序列计算采购额的累计百分比。将采购金额累计占 70% 左右的物料作为 A 类,累计占 20% 左右的物料作为 B 类,除了以上两种余下的物料分作 C 类。例如,某企业的物料总数为 3 421 种,其采购金额(P)、按采购金额大小的品种序列、占总采购金额的百分比、累计百分比等如表 4-4 所示,其 ABC 分类如表 4-5 所示。

表 4-4　以采购金额排列的物料类别

采购金额(P)的分类/万元	品种数	品种累计数	占总品种数的百分比/%	占总品种数百分比的累计数/%	采购金额/万元	采购金额累计数/万元	占采购总金额的百分比/%	占采购金额百分比的累计数/%
$P>6$	260	260	7.6	7.6	5 800	5 800	69	69
$5<P\leqslant6$	68	328	2	9.6	500	6 300	6	75
$4<P\leqslant5$	55	383	1.6	11.2	250	6 550	3	78
$3<P\leqslant4$	95	478	2.8	14	340	6 890	4	82
$2<P\leqslant3$	170	648	5	19	420	7 310	5	87
$1<P\leqslant2$	352	1 000	10	29	410	7 720	5	92
$P\leqslant1$	2 421	3 421	71	100	670	8 390	8	100

表 4-5　ABC 分类

分类	品种数	占全部品种的百分比/%	采购金额/万元	占采购总金额的百分比/%
A	328	9.6	6 300	75
B	672	19.4	1 420	17
C	2 421	71	670	8

由表 4-5 可以看出，在 3 421 种物料中，采购金额占采购总金额 75% 的，只占全部品种的 9.6%，即 328 种，作为 A 类；而 B 类物料年采购金额在 1 万~5 万元，占采购总金额的 17%，占全部品种的 19.4% 即 672 种；在余下的 C 类中，有 2 421 种物料的采购金额合计只占总采购金额的 8%，而品种占全部的 71%。在具体的计算过程中，我们可以用电子计算机的多重循环程序进行自动分类排序计算。

4.3.2　ABC 分类法控制的准则

在对采购物料进行 ABC 分类之后，采购人员便应根据企业的经营策略对不同类别的采购物料进行不同的管理，以便有针对性地对采购成本进行控制、减轻经营成本。

1. A 类物料

此类物料在品种数量上占 15% 左右，但它们所占的金额相当大。从整个企业来说，应该千方百计降低这类物料的采购量（对商业部门来说，则是增加它们的销售额）。而对于采购人员来说，除了应该协助企业降低这类物料的采购量（或增加其销售额），还要在保障供给的条件下，尽量降低其库存额，减少占用资金，提高资金周转率。A 类物料消耗金额高，提高周转率能获得较大的经济效益。但是，A 类物料恰恰是企业所需的重要物料，若不但不增加其库存额，还要加以降低，就会增加缺货风险，增加影响生产与经营的风险。加强控制 A 类物料的目的，正是要靠管理的力量，使库存量降低，但又能保障供给。只要采用适当的策略，严密监视 A 类物料库存量的变化情况，在库存量降低到报警点时立即采取必要而积极的措施，是可以防止缺货的。

采购人员对 A 类物料的控制如表 4-6 所示。

表 4-6 采购人员对 A 类物料的控制

控 制 内 容	要 点 说 明
勤采购,最好买了就用,用了再买	这样库存量自然会降低,资金周转率就会相应提高。当然,在绝大多数情况下,是采购一批物料,保证一段时间的供给,然后再买。对 A 物料来说,原则上应该尽可能降低一次采购的批量
勤发料,每次发料量应适当控制	减少发料批量,可以降低二级库的库存量,也可以避免以领代耗的情况出现。当然,每次发料的批量应满足工作上的方便与需要
与需用部门勤联系,了解需求动向	企业要对物料需求量进行分析,弄清楚哪些是日常需要,哪些是集中消耗(如基建项目、技改专用项目等的用料量集中发生、批量很大,而且用料时间是可以预知的)。因为后者是大批量的冲击需求,应掌握其需求时间,需求时再进货,不要过早进料造成积压。要掌握生产或经营动态,了解需求量可能发生的变化,使库存量满足这种变化。要与需用部门协同研究物料代用的可能,尽量降低物料的单价
恰当选择安全系数,使安全库存量尽可能减少	恰当选择报警点,对库存量变化要严密监视,当库存量降低到报警点时,要立即行动,采取预先考虑好的措施,以免发生缺货。首先应与供应商联系,了解下一批供货什么时候可以到达,数量有多少;然后计算缺少的数量,通过各种渠道,如补充订货、互相调剂、求援、请上级公司帮助解决等途径解决缺额量。与供应商密切联系,要提前了解合同执行情况、运输可能等。要协商各种紧急供货的互惠方法,包括经济上的补贴办法

2. C 类物料

C 类物料与 A 类物料相反,品种数目众多,而所占的金额数较少。品种如此之多,如果像 A 类物料那样加以控制,费力,经济效益却不高,是不合算的。C 类物料的成本控制原则与 A 类物料相反,不应投入过多的控制力量,宁肯多储备一些,少报警,以便集中力量控制 A 类物料。由于所占金额非常少,多储备 C 类物料并不会占用多少资金。

至于多年来已不采购的物料不属于 C 类物料,而应视作积压物料。这部分库存,除其中某些品种因特殊作用仍必须保留以外,其他应该清仓处理,避免积压。

3. B 类物料

B 类物料的状况处于 A、C 类物料之间,因此,其控制方法也处于 A、C 两种物料的控制方法之间。采用通常的方法控制,或称常规方法管理。

4.3.3 ABC 分类法控制的几个问题

采购人员在对 ABC 三类物料进行采购成本控制时,还必须注意几个问题,即单价的影响问题和物料的重要性问题以及其他一些追加的问题。

1. 单价的影响

ABC 分类标准一如前述,一般是以物料的年采购金额为标准,即单价与年采购量的乘积。年采购金额相同的两个品种,其中一个可能年采购量大,单价小;另一个可能年采购量小,单价大。两者的成本控制策略应略有区别:一般单价很高的物料在成本控制上比单价较低的物料要严格,因为单价高,存量略增一点,占用金额便急剧上升。单价高的品种，在成本控制时应有特殊要求：与需用部门密切联系，详细了解使用方向、需用日期与数量，及时组织采购，控制库存量，力求少积压。同时与需用部门研究替代品的可能与方法，尽量少用高价物料。

2. 物料的重要性

ABC分类时只考虑采购金额的多少是不够的，还必须考虑物料的重要性。所谓物料的重要性有以下三个方面。

（1）缺货会造成停产或严重影响正常生产的。

（2）缺货会危及安全的。

（3）市场短缺物料，缺货后不易补充的。

采购人员不应把ABC分类与物料的重要性混淆，三类物料具有不同的意义。

（1）A类物料固然总是重要的，但其重要首先在于它们的年采购金额相当高，部分A类物料同时具有缺货会影响生产、危及安全或不易补充的性质，但也有一部分A类物料不具备这些性质。某些B类或C类物料虽然年采购金额不高，但具有缺货会影响生产、危及安全、不易补充等性质。因此，B类和C类物料完全可能是重要物料。

（2）对于A类物料，采购人员的成本控制策略是降低安全系数，适当压缩存量，用加强管理的办法补救由此造成的风险。但对于重要物料，采购主管的策略是增加安全系数，提高可靠性，辅以加强管理。

3. 其他问题

采用ABC分类法将物料分为若干类别之前，还要考虑除财务因素以外的其他因素。追加的考虑事项可能强有力地改变物料的分类以及成本控制方式。这些重要因素可能是以下几种。

（1）采购困难问题（前置时间长而不稳定）。

（2）可能发生的偷窃。

（3）预测困难问题（需求量变化大）。

（4）储存期限短（因为会变质或陈旧）。

（5）仓储容量需求太大（体积非常大）。

（6）物料在经营上的急需情况。

4.4 电子商务库存管理

电子商务库存管理本质上仍然是库存管理，只是电子商务的应用，使库存管理更加方便和快捷，其内容仍然是对库存物资的数量、质量，以及库存费用和库存过程的管理。

4.4.1 库存认知

库存有时被称为"存贮"或"储备"，是为了满足未来需要而暂时闲置的资源。物流管理中，库存是指一切当前闲置的、用于未来的、有经济价值的资源。其作用在于防止生产中断，节省订货费用，提高服务质量，防止货品短缺。库存也有一定的弊端：占用大量资金，产生一定的库存成本，掩盖了企业生产经营中存在的问题。

1. 库存分类

根据库存的目的不同，库存一般可以分为以下四类。

（1）周转库存。周转库存是指为满足日常生产经营需要而保有的库存。周转库存的大小与采购量直接相关。企业为了降低物流成本或生产成本，需要批量采购、批量运输和批量生产，这样便形成了周期性的周转库存。这种库存随着每天的消耗而减少，当它降低到一定水平时则需要补充库存。

（2）安全库存。安全库存是指为防止不确定因素的发生（如供货时间延迟、库存消耗速度突然加快等）而设置的库存。安全库存的大小与库存安全系数或者与库存服务水平有关。从经济性的角度看，安全系数应确定在一个合适的水平上。例如，国家为了预防灾荒、战争等不确定情况的发生而进行的粮食储备、钢材储备、麻袋储备等，就是一种安全库存。

（3）调节库存。调节库存是指用于调节需求与供应的不均衡、生产速度与供应的不均衡及各个生产阶段产出的不均衡而设置的库存。

（4）在途库存。在途库存是指处于运输及停放在相邻两个工作或相邻两个组织之间的库存。在途库存的大小取决于运输时间及该期间内的平均需求。

2. 库存费用

库存管理过程中需要一定的资金支出，以保证库存的顺利运行，而库存管理过程中的资金支出即库存费用。其中，订货和保管都会产生库存费用。

（1）订货费。订货费是指在订货过程中发生的全部费用，主要包括差旅费、订货手续费、通信费、招待费及订货人员的有关费用。需要明确的是，订货费中不包括购买物品的费用，只是指购买物品过程中的辅助性支出。同时，每一次订货费的多少与订货量的多少无关，订货费用与订货的次数相关。

（2）保管费。保管费是指在物品保管过程中发生的全部费用，主要包括入（出）库时的装卸搬运、堆码、检验费用，保管用具用料费用，仓库房租、水电费，保管人员有关费用，保管过程中的货损货差，保管物资资金的银行利息。保管费是库存费用的重要组成部分。保管费用多少与保管数量的多少和保管时间的长短有关。保管的数量越多，相应的保管费用越高；保管的时间越长，保管费用也越高。

4.4.2 传统库存控制方法

优秀的库存模式既能保证供给，满足市场要求，又能减少采购次数及降低管理费用，并扩大盈余，这无疑是企业管理者所期盼的。本节介绍几种库存控制模式。

1. 定期观测库存控制模式

定期观测库存控制模式也称定期控制系统或订货间隔期控制系统、固定间隔期系统，是一种以固定订货周期为基础的库存控制方法。这是一种用于限定时间点检查库存水平并做出相应决策的库存决策方法。

定期观测库存控制模式的优点是不需要随时检查库存，简化了库存管理，在规定的时间检查库存，也节省了订货费用。其缺点是不论库存水平降得多还是少，都要按期发出订货。如果某一时期需求量突然增大，有可能发生缺货，所以这种模式主要用于重要性较低物资的库存控制。

在定期观测库存控制模式中，以固定的订货间隔期 T 提出订货。定期控制模式不存在固定的订货点，但有固定的订货间隔期。每次订货的数量不固定，需要根据某种规则补充到目标库存 S 中。目标库存 S 与订货间隔期 T 是事先确定的主要参数，其中目标库存 S 的确定主要考虑为库存设定一个控制限额。订货量由以下规则确定。

设订货的实际库存为 I，则当 I 大于 S 时，不订货；当 I 小于 S 时，需要订货。可按下述公式确定订购量：

订购量 = 平均每日需用量 × （订购时间 + 订购间隔）+
保险储备定额 − 实际库存量 − 订货余额

定期观测库存控制模式库存量动态变化如图 4-1 所示。其中，S 为目标库存，I 为实际库存，T 为订货间隔期，L 为订购时间，B 为保险储备定额。

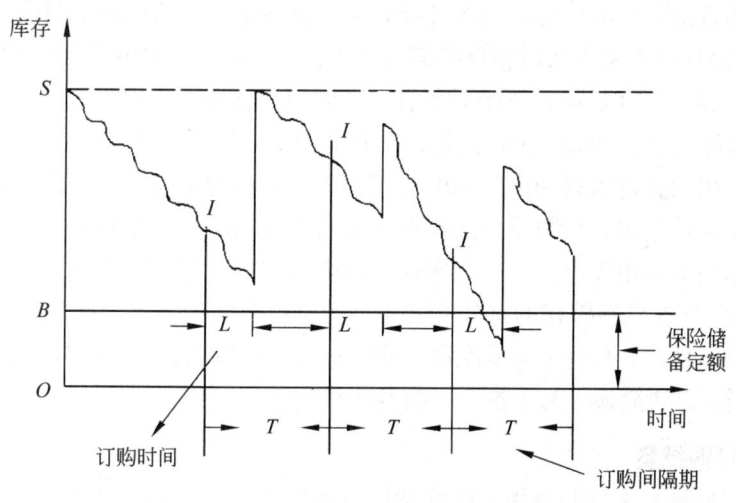

图 4-1　定期观测库存控制模式库存量动态变化

2. ABC 重点控制模式

ABC 重点控制模式是将物资按品种和占用资金大小分类，再按各类重要程度不同分别控制，抓住重点和主要矛盾，进行重点控制。其基本原理是从错综复杂、品种繁多的物资中抓住重点，照顾一般。ABC 重点控制模式的具体做法是先将物资分类，再对重要程度不同的各类物资分别控制。库存物资按企业的物资品种及占用资金多少进行分类排序，可分为 A、B、C 三大类，如表 4-7 所示。

表 4-7 ABC 分类

类别	物 资 特 点	品种占额	销售额	管 理 类 别
A	价值高，销售额高，品种少	10%	70%	重点管理
B	价值适中，销售额适中，品种适中	20%	20%	可重点管理，也可一般管理
C	价值低，销售额低，品种多	70%	10%	一般管理

其中，A 类物资，品种占 10% 左右，占用资金 70% 左右；B 类物资，品种占 20% 左右，占用资金 20% 左右；C 类物资，品种占 70% 左右，占用资金 10% 左右。这三类物资的重要程度不同：A 类物资最重要，是主要矛盾；B 类物资次之；C 类物资再次之。这就为物资库存控制工作抓住重点、照顾一般提供了依据。

对各类物资分别进行控制。对 A 类物资实施重点、严格控制。对 A 类物资的采购订货，必须尽量缩短供应间隔时间，选择最优的订购批量，在库存控制中采取重点措施加强控制。对 B 类物资也应给予重视，适当控制。在采购中，其订货数量可适当照顾到供应企业的生产批量并选择合理的运输方式。对 C 类物资应放宽控制或进行一般控制。由于这类物资品种繁多复杂，资金占用又少，如果订货次数过于频繁，不仅工作量大，从经济效果上也没有必要。一般来说，根据供应条件，规定该物资的最大储备量和最小储备量，当储备量降到最小时，一次订货到最大储备量，以后订购量照此办理，不必重新计算。这样就有利于采购部门和仓库部门集中精力抓好 A 类和 B 类物资的采购和控制。但这不是绝对的，若对 C 类物资绝对不管，有时也会造成严重损失。

ABC 重点控制模式的核心在于决定一个事物众多因素的主次，识别出少数的但对事物起决定作用的关键因素和多数的但对事物影响较小的次要因素。在企业库存管理方面，由于库存品种繁多，少数重要的库存产品对企业的经营能起到关键作用，而大多数库存产品的作用不是很突出，所以在库存管理中 ABC 重点控制方法得到了广泛应用。

实行 ABC 重点控制模式的好处有三：对物资控制做到重点与一般相结合，有利于建立正常的物资秩序；有利于降低库存，节约仓库管理费用，节约资金，加速资金周转，提高经济效益；方法简便，易于推广，有利于简化控制工作。

3. 经济订购批量

经济订购批量是指订购费用与保管费用总和最低的一次订购批量，此时库存控制的存储总费用只包括订购费用和保管费用两项。这两项费用与物资的订购次数和订购数量有密切的关系。在物资总需要量一定的条件下，若订购次数多，每次订购批量就小，订购费用就大，保管费用则少；若每次订购数量大，订购费用就小，保管费用则多。因此，订购费用和保管费用是矛盾的，确定简单条件下的经济订购批量，就是要选择一个适当的订购批量，使订购费和保管费两者总和最低。

下面主要从模型假设与模型建设两方面展开介绍。

（1）模型假设。该模型适用于整批间隔进货，不允许出现缺货的存贮问题，即某种物资单位时间的需求量 D 为常数，存贮量以单位时间消耗数量 D 的速度逐渐下降，经过时间 T 后，存贮量下降到零，此时开始订货并随即到货，库存量由零瞬间上升至最高

库存量 Q，随后开始下一个存贮周期。其存贮参数如下。

T：存贮周期或订货周期（年或月或日）。

D：单位时间需求量（件/年或件/月或件/日）。

Q：每次订货批量（件或个）。

C_1：存贮单位物资单位时间的存贮费（元/件、年或元/件、月或元/件、日）。

C_2：每次订货的订货费（元）。

t：提前订货时间为零，即订货后瞬间全部到货。

（2）建立模型。存贮量变化状态如图4-2所示。

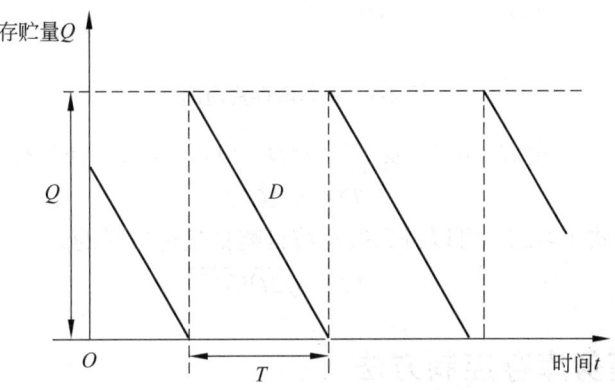

图 4-2　存贮量变化状态

一个存贮周期内需用该种物资 $Q=DT$（个），图4-2中存贮量斜线上每一点表示在该时刻的库存水平，每一个存贮周期存贮量的变化形成一个直角三角形，一个存贮周期的平均存贮量为 $1/2Q$，存贮费为 $1/2C_1QT$，订货一次订货费为 C_2，因此在这个存贮周期内存贮总费用：

$$C = \frac{1}{2} \times C_1 \times Q \times T + C_2 \qquad (4-1)$$

由于订购周期 T 是变量，所以只计算一个周期内的费用是没有意义的，需要计算单位时间的存贮总费用 C_z，即将 $T=Q/D$ 代入式（4-1），得到：

$$C_z = \frac{1}{2} \times C_1 \times Q + \frac{C_2 D}{Q} \qquad (4-2)$$

显然，单位时间的订货费随着订货批量的增大而减小，而单位时间的存贮费随着订购批量 Q 的增大而增大，如图4-3所示。

由图4-3可以直观看出，在订货费用线和存贮费用线相交处，订货费和存贮费相等，存贮总费用曲线取得极小值，即得到经济订购批量：

$$Q^* = \sqrt{2C_2D/C_1} \qquad (4-3)$$

由于 $d^2C_z/dQ^2 = 2C_2D/Q^3 > 0$，故当 $Q^* = \sqrt{2C_2D/C_1}$ 时，C_z 取得极小值。

式（4-3）称为经济订货批量公式。由于威尔逊是该公式推导应用的倡导者，因此

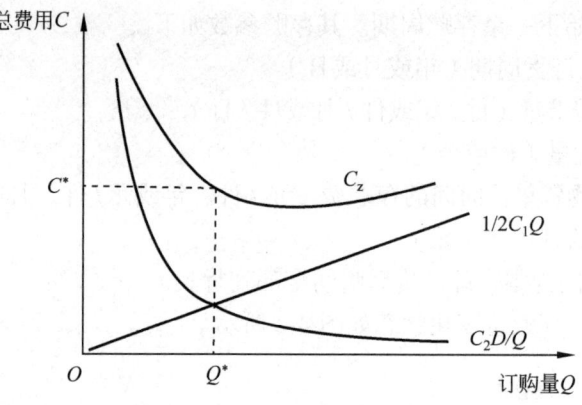

图 4-3 基本库存费用图

该式又称威尔逊公式。由式（4-3）及 $Q^*=T^*D$，可得经济订货间隔期：

$$T^*=\sqrt{2C_2/DC_1} \qquad (4-4)$$

将 Q^* 值代入式（4-2），可以得到按经济订购批量进货时的最小存贮总费用：

$$C^*=\sqrt{2DC_1C_2} \qquad (4-5)$$

4.4.3 电子商务库存控制方法

电子商务环境下的库存控制模式与传统库存控制模式的重要区别在于前者更注重企业内部库存控制，并且强调企业所处的供应链节点成员间有效信息的共享。

1. 供应商管理库存

供应商管理库存是指由供应链上的少数生产商、批发商等上游企业对众多的分销商、零售商等下游企业的流通库存进行统一管理和控制的一种新型管理方式。这种管理方式较好地解决了传统供应链中信息流通不畅及信息扭曲的问题。在这种方式下，供应链的上游企业不再被动地按照下游的订单发货和补充订货，而是根据自己对众多下游要货方需求的整体把握，主动安排一种更合理的发货方式，既满足下游要货方的需求，也使自己的库存管理和补充订货策略更加合理，从而带来供应链上供需双方的成本降低。

在供应商管理库存策略中，供应商要掌握零售商的销售资料和库存量，这样供应商就可以进行市场预测和制定库存补货的解决方法，使供销双方都能更快地掌握市场变化和消费者的需求。因此，供应商管理库存可以用作降低库存量、改善库存周转的措施，进而保持库存水平的最优化。

供应商管理库存对于制造商的好处可以归结为两点：使制造商的品牌更多地出现在零售商的品牌中；制造商能真正对客户需求做出反应。供应商管理库存对于零售商的好处也可以归为两点：保持更高的库存周转率与服务水平；不会因夸大的订货造成存货过多而减少利润。

2. 联合库存管理

联合库存管理是一种在供应商管理库存的基础上发展起来的上游企业和下游企业权

利责任平衡和风险共担的库存管理模式。联合库存管理强调供应链中各个节点同时参与，共同制订库存计划，使供应链过程中的每个库存管理者都从相互间的协调性考虑，保持供应链各个节点之间的库存管理者对需求的预期一致，从而消除需求变异放大现象。

（1）建立供需协调管理机制。为了发挥联合库存管理的作用，供需双方应从合作的精神出发，建立供需协调管理机制，明确各自的目标和责任，建立合作沟通的渠道，为供应链的联合库存管理提供有效机制；建立利益分配、激励机制，对参与协调库存管理中心的各个企业进行有效激励，防止机会主义行为，提高协作性和协调性。

（2）发挥两种资源计划系统的作用。为了发挥联合库存管理的作用，在供应链库存管理中应充分利用目前比较成熟的两种资源管理系统：制造资源计划系统和分销资源计划系统。原材料库存协调管理中心应采用制造资源计划系统，产品联合库存协调管理中心应采用分销资源计划系统。这样供应链系统就把两种资源计划系统很好地结合起来了。

（3）建立快速响应系统。快速响应系统在美国等西方国家的供应链管理中被认为是一种有效的管理策略。快速响应系统经历了三个发展阶段。第一阶段为商品条码化，即通过对商品的标准化识别处理加快订单的传输速度；第二阶段是内部业务处理的自动化，即采用自动补库与电子数据交换系统提高业务自动化水平；第三阶段是采用更有效的企业间的合作，消除供应链组织之间的障碍，提高供应链的整体效率，如通过供需双方合作确定库存水平和销售策略等。

（4）发挥第三方物流系统的作用。第三方物流系统是供应链集成的一种技术手段，也称物流服务提供者，可为用户提供各种服务，如产品运输、订单选择、库存管理等。第三方物流系统是由一些大的公共仓储公司通过提供更多的附加服务演变而来，还有一些是由制造企业的运输和分销部门演变而来。

3. 智能库存管理

随着智能化时代的到来，物流仓储开启智能化应用，企业也开始引入智能库存管理系统来完善操作流程，提升仓库管理水平。一般来说，智能库存管理系统的主要功能如表4-8所示。

表4-8　智能库存管理系统的主要功能

主 要 功 能	要 点 说 明
基础资料管理	对货物的属性进行设置管理，主要功能有添加、编辑、删除及查询仓库中存贮货物的基本属性，同时支持供应商、仓库、库位、货品、数量、标签等信息的录入，方便用户管理
权限管理	不同的人员被赋予不同的权限，由系统管理员进行设置。管理员具有权限分配及数据表单的增加、修改、删除等操作权限。同时系统提供了一键数据备份与恢复功能，进一步保证了业务数据的安全性与连续性
入库管理	收货、质检、上架流程完善，支持先质检后收货，整个流程支持PDA设备扫描入库，工作轻松，准确率高；系统自动推荐合适库位，上架人员将货物运送到指定的位置，按照规则进行摆放并扫描库位标签即可
拣货管理	拣货单提示库位信息，可以快速查找货品；方便的库位标签管理，拣货无须判断；系统排列高效拣货路径，提升拣货效率

主要功能	要点说明
出库管理	拣货、打包、装箱流程完善，配合 PDA 设备扫描审核，出现错误时会发出警报，让工作人员及时处理，最后把数据发送到系统中，更新数据库，完成出库
盘点管理	在系统中创建盘点任务并审核，仓库人员在 PDA 上点开盘点单据并查看盘点任务，然后前往指定盘点地点，利用 PDA 进行货物盘点扫描，并与数据库中的信息进行比对，生成差异信息实时显示在 PDA 上，供盘点人员核查。盘点完成后，盘点的信息与后台的数据库信息进行核对，生成盘盈盘亏报表
报表管理	可自动生成相关报表，如出入库汇总、库存汇总、盘点汇总、绩效汇总、拣货汇总、调拨汇总等报表，能够为管理者与决策者提供及时准确的数据信息

智能库存管理能够实时掌握每种商品的出库入库、销售数量，并进行精准统计，实时同步至系统多仓库、多店铺，使商品调拨实现库存在门店间快速流转，设置库存上下限预警，根据销售情况智能生成采购订单。智能库存管理是以标准化、智能化导向管理的仓储管理系统，能够准确、高效地管理跟踪客户订单、采购订单，完成库存综合管理，具有自动定位、高效盘点、简便灵活等优点，极大提升了企业的库存管理效率。

单元考核

一、填空题

1. 采购管理是对企业采购活动的计划、组织、指挥、_____ 和控制活动。
2. 物品入库管理是根据物品入库凭证，在接收入库物品时所进行的卸货、查点、_____、办理入库手续等各项业务活动的计划和组织活动。
3. 订货费是指在订货过程中发生的全部费用，主要包括 _____、订货手续费、通信费、招待费及订货人员的有关费用。
4. _____ 是将物资按品种和占用资金大小分类，再按各类重要程度不同分别控制，抓住重点和主要矛盾，进行重点控制。
5. _____，是一种在供应商管理库存的基础上发展起来的上游企业和下游企业权利责任平衡和风险共担的库存管理模式。

二、简答题

1. 简述采购的作用。
2. 简述采购管理的基本职能。
3. 简述物品出库的过程。
4. 简述库存的分类。
5. 简述智能库存管理系统的主要功能。

第 5 章

包装与流通加工

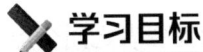
学习目标

知识目标
（1）了解包装的概念与主要功能。
（2）熟悉包装的材料与分类。
（3）掌握流通加工的概念、类型、地位和作用。

技能目标
（1）掌握运输包装标识。
（2）对物品进行合理化包装。
（3）掌握流通加工的内容及其与生产加工的区别。
（4）进行合理化的流通加工。

素养目标
培养学生树立正确的价值观与文化观。

5.1 包　　装

包装对物资的化学变化、破损变形、异物混入等问题起到预防作用，有利于在储存、装卸和搬运过程中保护产品。此外，还可以利用包装上附带的文字、图案或者标签等传递、扩散信息。

5.1.1 包装的概念与主要功能

所谓包装，就是指按一定技术方法，采用材料、容器及辅助物等，使产品在流通过程中方便存储、便于保护、促进销售而进行的操作活动。《中华人民共和国国家标准　物流术语》（GB/T 18354—2021）关于包装的定义是"为在流通过程中保护产品、方便储运、促进销售，按一定技术方法而采用的容器、材料及辅助物等的总体名称。也指为了达到上述目的而采用容器、材料和辅助物的过程中施加一定技术方法等的操作活动"。

包装主要有便利功能、保护功能、促销功能和信息传递功能四大功能。

1. 便利功能

采用合理的包装，不论在哪一个物流环节都会使物流作业的效率大幅提高，使装卸搬运作业、运输作业、仓储作业等环节的操作更加方便，也方便了顾客消费及回收处理等。包装符合仓储设备、运输设备、装卸搬运设备的要求，能够使作业效率、装载效率和保管效率大幅提高。包装对于维护长期客户关系及促进客户消费具有重要作用。同时，合理的包装有利于增加各种玻璃瓶及包装废弃物（木包装、纸包装、金属包装等）的回收利用，保护环境和节约资源。

2. 保护功能

包装的主要作用是保护包装内的商品不受损伤。商品在从生产者到消费者之间会经历很多环节，每个环节都会面临各种不利因素，都有可能受到损伤，如商品发生化学变化（变质、生锈、发霉、受潮等）、商品破损变形、有害生物（虫、鼠、细菌等）损害、污物污染、异物混入、物资零散、物资丢失等。因此，在设计商品包装时，要根据商品特点仔细分析相关因素对商品可能产生的损害，使用能够保护商品的包装。

3. 促销功能

在商品销售过程中，包装设计在众多促进销售手段中占有重要的地位。包装精美能够很好地宣传商品，可以刺激消费者的购买欲望。在物流运输中，考虑到运输要求，一般商品外包装的设计比较注重实用性；在商品销售过程中，考虑到要吸引消费者，一般商品包装的设计比较注重美观大方及符合消费者的审美要求。

4. 信息传递功能

一般商品的包装上会带有商品名称、制造厂商、商品属性与功能、商品代码等的文字或图案。在商品交易过程中，顾客通过这些信息识别商标，利用包装上的条码、二维码等了解商品的属性。物流操作人员也可以通过包装上的条码、RFID等来识别商品，提高物流效率。

5.1.2 包装的材料与分类

包装的基础是包装材料，常用的包装材料有金属、纸、玻璃、木材和复合材料等，各种材料有各自的特点。在包装过程中，应根据物资的特点和物流需求等因素综合考虑选择合适的包装材料。

1. 纸和纸板

在包装中，纸和纸板的消耗量最大，应用也最为广泛。其优点在于重量轻，价格低，易黏合和印刷，耐磨性好，无毒无味，不易受温度影响，易处理和回收等。图5-1所示为纸包装。

第 5 章 包装与流通加工

图 5-1　纸包装

2. 塑料

目前塑料在包装中的应用已经较为普遍，聚乙烯、聚苯乙烯、聚偏二氯乙烯、聚丙烯等都是常用的包装材料。其优点在于气密性好，性能稳定，易于成形和封口，透明度高，防潮，防挥发，防渗漏，耐腐蚀，耐酸碱等；缺点在于难降解，焚烧易产生有害气体，在光热条件下易分解生成有害物质。因此，塑料材料对环境的污染比较严重。图 5-2 所示为塑料包装。

3. 木材

以胶合板、木板、纤维板为原料制成的包装材料即木材包装。随着人们环保意识的提高，开始逐渐控制木材的砍伐，而且木材吸水受潮后容易变形，无法多次使用。因此，目前使用木材作为包装材料的情况较少。但由于木材易于拆装，在出口物品及重物包装等情况下还有使用。图 5-3 所示为木材包装。

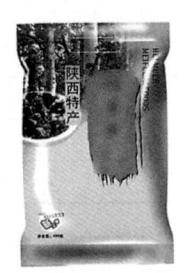 　　　　　　　　　

图 5-2　塑料包装　　　　　　　　　　　　图 5-3　木材包装

4. 金属

金属包装材料包括铁和不锈钢、铝及铝合金等。其优点在于易成形，密封性好，抗压性强；缺点在于易腐蚀、生锈，重量大。图 5-4 所示为金属包装。

5. 玻璃

玻璃包装的优点是不变形，耐风化，耐热，耐酸，耐磨，易清洁，可回收利用等，尤其适用于包装各种液态物品；缺点是重量大，易碎，运输成本高。图 5-5 所示为玻璃包装。

图 5-4　金属包装

图 5-5　玻璃包装

6. 复合材料

为了改进单一包装材料的性能，可将两种或两种以上不同特性的材料复合在一起而形成复合材料，可将多种包装材料的优点进行融合。常见的复合包装材料有纸张与塑料复合材料、金属箔与塑料复合材料、塑料与玻璃纸复合材料等。

包装的分类方法主要有七种，如表 5-1 所示。

表 5-1　包装的分类方法

属　　性	包装的分类
按通用性	可分为通用包装和专用包装
按层次性	可分为个包装（又称销售包装或小包装，是直接接触商品并随商品进入零售网点和消费者手中的包装）、外包装和内包装
按在流通中的作用	可分为运输包装和商业包装
按硬度	可分为软包装、硬包装和半硬包装
按使用次数	可分为周转性包装和一次性包装
按结构	可分为可拆卸折叠式包装和固定式包装
按形状	可分为包装盒、包装箱、包装袋、玻璃罐和包装瓶等

5.1.3　运输包装标识

运输包装标志主要是应物流管理的需要而产生的。商品在物流活动中要经过多环节、多层次的运输和中转，要完成各种交接，就需要利用标志来识别货物。包装货物通常为密封容器，经手人很难了解内装物是什么，同时内部的产品可能性质不同、形态不一、轻重有别、体积各异，保护要求也就不同。物流管理中许多事故和差错常常是标志不清或错误造成的，如错发、错运、搬运装卸操作不当、储存保管不善等。这些都说明包装标志对有效进行装卸、运输、储存等物流活动起着重要的作用。

运输标志可区分为三类：一是运输包装收发货标志（或称包装识别标志），二是包装储运图示标志,三是危险品货物包装标志。

1. 运输包装收发货标志

运输包装收发货标志是外包装件上的商品分类图示标志和其他文字说明排列格式的总称。运输包装收发货标志是为在物流过程中辨认货物,对物流管理中发货、入库以及装车配船等环节具有特别重要的作用。对运输包装收发货标志按包装容器的不同,可以用印刷、刷写、粘贴、拴挂等方式完成,如表5-2所示。

表5-2 完成运输包装收发货标志的方式及要点说明

完成运输包装收发货标志的方式	要 点 说 明
印刷	印刷适用于纸箱、纸袋、塑料袋等。在包装容器的制造过程中,将需要的项目按标志颜色的规定印刷在包装容器上
刷写	刷写适用于木箱、桶、麻袋、布袋、塑料编织袋。应将印模按标志颜色的规定涂写在包装容器上,要求醒目、牢固
粘贴	对于不固定的标志,在收货单位和到达站需要临时确定的情况下,应先将需要的项目印刷在牛皮纸上或白纸上,然后粘贴在包装件有关栏目上
拴挂	对于不便印刷、刷写的运输包装件如筐、篓、捆扎件,将需要的项目印刷在牛皮纸或金属片上,然后拴挂在包装件上

2. 包装储运图示标志

包装储运图示标志是根据产品的某些特性(怕湿、怕震、怕热、怕冻等)确定的,是为了在货物运输、装卸和储存过程中引起作业人员的注意,使其按图示的要求进行操作。

(1)包装储运图示标志内容。根据《中华人民共和国国家标准 包装储运图示标志》(GB/T 191—2008),包装储运图示标志适用于铁路、水路、公路和航空储运中有特殊要求的货物外包装上。

(2)标志尺寸。标志外框为长方形,其中图形符号外框为正方形,尺寸一般分为四种,如表5-3所示。如果包装尺寸过大或过小,可等比例放大或缩小。

表5-3 图形符号及标志外框尺寸规定　　　　　　　　　　单位:mm

序号	图形符号外框尺寸	标志外框尺寸
1	50×50	50×70
2	100×100	100×140
3	150×150	150×210
4	200×200	200×280

(3)标志颜色。标志颜色一般为黑色。如果包装的颜色使标志显得不清晰,则应在印刷面上用适当的对比色,黑色标志最好以白色作为标志的底色。必要时,标志也可使用其他颜色,除非另有规定,一般应避免使用红色、橙色或黄色,以避免同危险品标志相混淆。表5-4列出了包装储运图示标志名称和图形。

表 5-4　包装储运图示标志名称和图形

序号	标志名称	标志图形	含　义
1	易碎物品		运输包装件内装有易碎品，因此搬运时应小心轻放
2	禁用手钩		搬运和运输包装件时禁用手钩
3	向上		表明运输包装件的正确位置是竖直向上
4	怕晒		表明运输包装件不能直接照晒
5	怕辐射		包装物品一旦受辐射便会完全变质或损坏
6	怕雨		包装件怕雨淋
7	重心		表明一个单元货物的重心
8	禁止翻滚		不能翻滚运输包装

续表

序号	标志名称	标志图形	含义
9	此面禁用手推车		搬运货物时此面禁放手推车
10	禁用叉车		不能用升降叉车搬运的包装件
11	由此夹起		表明搬运货物时可夹持的面
12	此处不能卡夹		表明搬运货物时不能夹持的面
13	堆码重量极限		表明该运输包装件所能承受的最大重量
14	堆码层数极限		相同包装的最大堆码层数,n 表示层数极限
15	禁止堆码		该包装件不能堆码并且其上也不能放置其他负载
16	由此吊起		表明起吊货物时挂绳索的位置

电子商务物流

续表

序号	标志名称	标志图形	含义
17	温度极限		表明运输包装件应该保持的温度范围

3. 危险品货物包装标志

危险品货物包装标志又称危险品标志,是警告性标志,是用来标明对人体和财产安全有严重威胁的货物的专用标志,由图形、文字和数字组成,见表5-5。《中华人民共和国国家标准　危险货物包装标志》(GB 190—2009)把危险货物包装标志分为九类,即爆炸品,压缩气体和液化气体,易燃液体,易燃固体,氧化剂和有机过氧化物,毒害品和感染性物品,放射性物品,腐蚀品和杂品。对于不同类别的危险品,应使用不同的危险品标志。危险品货物包装标志必须严格遵照国内和国际的规定办理,稍有疏忽就会造成意外事故。因此,要保证标志清晰,并在货物储运保存期内不脱落。

表5-5　危险品货物包装标志

标 志	标志名称	描 述
	爆炸性物质或物品	爆炸性物质或物品1.1、1.2、1.3(符号:黑色;底色:橙红色)
	爆炸性物质或物品	爆炸性物质或物品1.4(符号:黑色;底色:橙红色)
	爆炸性物质或物品	爆炸性物质或物品1.5(符号:黑色;底色:橙红色)
	爆炸性物质或物品	爆炸性物质或物品1.6(符号:黑色;底色:橙红色)

续表

标　志	标志名称	描　述
	易燃气体	易燃气体 2.1（符号：黑色或白色；底色：正红色）
	非易燃无毒气体	非易燃无毒气体 2.2（符号：黑色或白色；底色：绿色）
	毒性气体	毒性气体 2.3（符号：黑色；底色：白色）
	易燃液体	易燃液体 3（符号：黑色或白色；底色：正红色）
	易燃固体	易燃固体 4.1（符号：黑色；底色：白色红条）
	易自燃的物质	易自燃的物质 4.2（符号：黑色；底色：上白下红）
	遇水放出易燃气体的物质	遇水放出易燃气体的物质 4.3（符号：黑色或白色；底色：蓝色）
	氧化性物质	氧化剂 5.1（符号：黑色；底色：柠檬黄色）

续表

标　志	标志名称	描　述
	有机过氧化物	有机过氧化物5.2（符号：黑色或白色；底色：红色和柠檬黄色）
	毒性物质	毒性物质6.1（符号：黑色；底色：白色）
	感染性物质	感染性物质6.2（符号：黑色；底色：白色）
	一级放射性物质	一级放射性物质7A（符号：黑色；底色：白色，附一条红竖条） 黑色文字，在标签下半部分写上"放射性""内装物_____""放射性强度_____"，在"放射性"字样之后应有一条红竖条
	二级放射性物质	二级放射性物质7B（符号：黑色；底色：上黄下白，附两条红竖条） 黑色文字，在标签下半部分写上"放射性""内装物_____""放射性强度_____"，在"放射性"字样之后应有两条红竖条
	三级放射性物质	三级放射性物质7C（符号：黑色；底色：上黄下白，附三条红竖条） 黑色文字，在标签下半部分写上"放射性""内装物_____""放射性强度_____"，在"放射性"字样之后应有三条红竖条
	腐蚀性物质	腐蚀性物质8（符号：上黑下白；底色：上白下黑）
	杂项危险物质和物品	杂项危险物质和物品9（符号：黑色；底色：白色）

5.1.4 包装的合理化措施

从现代物流观点来看，包装合理化要考虑很多因素，既要考虑成本方面，如包装技术、包装材料、包装方式的合理组合及运用，降低包装成本，还要考虑物流系统效益方面，如何使包装与运输、仓储、装卸搬运等其他物流活动相协调，以达到整体物流效益与微观包装效益相统一，使整个物流系统的成本得以降低。包装的合理化措施主要包括标准化、机械化、绿色化和轻薄化。

1. 标准化

在包装过程中，确定包装的基础尺寸标准即包装标准化。对在物流系统各环节中流通的产品，需要按照规定的尺寸标准进行包装，以便进行装箱、装盘等各种包装的操作。同时，包装还应与物流设施设备的尺寸模数相统一，便于仓储、运输等其他物流环节的操作，使物流作业效率得以提高。包装的标准化提高了包装组合化和集装化的速度，为包装机械化提供了基础条件。

2. 机械化

包装机械化是指对商品的装箱、封口、捆扎等外包装作业利用专门的设备进行机械化操作。在现代物流系统中，包装现代化水平和作业效率的提高必须依赖包装机械化。

3. 绿色化

随着现代新型物流的发展，人们对环保和节能的意识不断提高，绿色包装已经成为现代物流系统包装环节发展的主流趋势。绿色包装是指少污染的、无害的、符合环保要求的各类包装材料，应符合"3R1D"标准，即减量化（reduce）、回收再利用（reuse）、再生或再循环（recycle）及可降解（degradable）。

4. 轻薄化

包装轻薄化即在寿命、强度、成本相同的条件下，尽量选择更薄、更轻、更小、更短的包装。包装轻薄化有利于物流效率的提高，同时对物流成本的降低及保护自然环境方面起到积极的作用。

5.2 流通加工

目前在世界许多国家和地区的物流中心或仓库经营中大量存在着流通加工（distribution processing）业务，在美国、德国等物流发达的国家更为普遍。流通加工业务可以增加运输、仓储、配送等作业的附加值。随着经济的增长和消费者需求的多样化，流通加工已成为物流体系的重要组成部分。

5.2.1　流通加工的概念与类型

流通加工是指商品从生产地到使用地移动过程中，根据客户需求、增加附加值、促进销售等各种需要，施加简单的包装、计量、套裁、分割、组装、分拣、剪切、价格贴付、添加标志、打孔等加工作业的总称。流通加工在物流系统中起到了桥梁和纽带的作用，即通过上述加工作业改变或完善流通对象的形态。

一般来说，企业可以通过生产来改变物品与物资的形式和性质，从而创造产品的价值和使用价值。而企业可以通过流通在保持物资原有形式和性质的基础上转移其所有权和变换空间形式。物资进入物流流通环节后，需要根据用户的要求进行一定的加工活动，以提高物流速度和物资的利用率。

流通加工的类型主要有以下九种。

（1）需求多样化要求下的服务型加工。目前客户需求不断变化，且形式多样，在竞争日益激烈的市场环境下，对客户而言，需要在生产环节缩短流程，以便将更多资源与力量集中于较为复杂的、技术性较强的劳动环节，如此才能提高自身竞争力，而大量简单、初级的加工作业就需要在流通环节中完成。

（2）对生产领域加工不足加以弥补的深加工。在实际生产过程中，有许多因素限制了企业无法完全实现最终加工。例如，如果在产地就将木材制成最终木制品，一方面在运输方面会存在极大的困难，另一方面也会使木材加工企业增加很多加工成本，所以在生产领域只是将木材加工到原木、板方材的程度，之后在流通加工环节完成进一步的切裁、下料、处理等加工。这种流通加工实际上是延续了生产环节，对弥补生产领域加工具有重要的意义。

（3）为物流效率的提高而进行的加工。一些产品的形态不便进行物流操作，如装卸、储存鲜鱼等产品比较困难，搬运、装卸较大的机械设备也比较困难。对这些产品进行流通加工，更易于物流各环节的操作。

（4）为保护产品所进行的加工。产品由生产者向消费者转移过程中，一直都存在产品的保护问题，要防止产品在运输、储存、装卸等物流环节遭受损失，要妥善保护产品的使用价值，延长产品生产和使用寿命。

（5）为提高原材料利用率的加工。综合性强、用户多是流通加工的一个主要特点，利用这一特点，统筹安排规划、套裁等环节，使其合理化以降低成本费用，减少损失浪费，更为有效地提高原材料的利用率。

（6）促进物流各环节合理化的加工。将流通加工环节设置在干线运输及支线运输的节点上，使大批量、长距离、低成本的干线运输与多品种、少批量、多批次的末端运输和集货运输之间的衔接问题得到有效解决，将大批量、定点运输的渠道设立在流通加工点与大生产企业之间，以流通加工中心为核心，配送给各客户。

（7）为促进销售的加工。流通加工也能够起到促进销售的作用。例如，将过大的包装或散装物分装成便于销售的小包装；将鱼类、肉类、蔬菜等产品洗净切块；将运输包装更换为销售包装，以便更好地吸引消费者，促进消费。这种流通加工只对产品进行简单的改装、组装、加工、分块等操作。

（8）为提高加工效率的加工。许多生产企业由于产品数量有限，加工效率低下，不具备利用先进科学技术进行大规模加工的条件。流通加工将各客户的需求进行整合，采取集中加工的形式，有利于单个企业解决加工效率不高的问题。

（9）为增加企业利润、提高经济效益而进行的加工。流通加工也是一种经营方式，在流通加工中已形成了一种"利润中心"的经营形态。通过流通加工，在满足生产和消费要求的基础上赚取利润，从而提高经济效益。

生产流通一体化是目前流通加工领域比较新颖的形式。所谓生产流通一体化，就是生产企业与流通企业联合起来，两者互相融合，对彼此的业务都互相有所涉足，从而形成对生产与流通加工的分工、规划、组织更为合理的统筹安排。这种形式充分发挥了企业集团的经济技术优势，促进产业结构的升级与调整。

5.2.2　流通加工的地位与作用

流通加工在物流系统中的地位，主要体现在以下三个方面。

1. 流通加工使流通环节趋于完善

虽说流通加工在物流系统中没有运输、仓储这两个环节重要，也不是所有物流中必然出现的，但流通加工对于各环节之间的完善、协调、补充作用是运输、储存等其他功能要素无法比拟的。因此，流通加工对于提高物流水平、促进物流向现代化发展是不可或缺的。

2. 流通加工是物流系统中提高利润的重要环节

流通加工具有低投入、高产出的特点，虽然是简单加工，却有利于企业解决大问题。例如，在流通加工环节改变包装，提高了商品档次，大幅提高了利润率，这是采取一般方法难以达到的效果。

3. 流通加工是一种重要的加工形式

流通加工在整个国民经济的组织和运行中是一种重要的加工形式，对推动国民经济的发展、完善国民经济的产业结构和生产分工具有重要作用。

流通加工主要有方便用户，有利于原材料利用率的提高，有利于加工效率及设备利用率的提高，有效利用各种输送手段和提高收益五个方面的作用，如表 5-6 所示。

表 5-6　流通加工的作用

作　　用	要 点 说 明
方便用户	很多小规模用户不具备先进的科技设备，缺乏进行高效率初级加工的能力，流通加工使这些用户节省了在初级加工方面的投入，方便用户
有利于原材料利用率的提高	在流通加工环节将生产厂家直接运来的简单规格产品按使用部门的要求进行集中下料，可以优材优用、合理套裁，提高了原材料的利用率

续表

作 用	要 点 说 明
有利于加工效率及设备利用率的提高	在流通加工中心，采用技术先进、加工效率高、加工量大的先进设备，有利于设备利用率、加工质量和加工效率的提高，降低了加工费用及原材料成本
有效利用各种输送手段	输送手段大体上分为两种：一种是在需要大批量、长距离运输时，采用船舶、火车等运输手段；一种是对于流通加工之后的多规格、小批量、个性化的产品，需要利用汽车或其他类型的车辆进行运输。流通加工可以有效利用各种输送手段，根据客户的要求、产品的类型等多方面因素整合资源，提高运输速度，节省运输成本
提高收益	在流通加工环节通过简单加工来改变产品的某些功能，能够提高产品销售的经济效益

在流通领域，流通加工着眼于提高服务功能、满足用户的需要，能够创造高附加值，是一种低投入、高产出的加工形式。

5.2.3 流通加工的内容及其与生产加工的区别

流通加工的内容主要有食品的流通加工、消费资料的流通加工和生产资料的流通加工。

1. 食品的流通加工

流通加工最多的是食品行业，为了便于保存，提高流通效率，食品的流通加工是不可或缺的，如鱼和肉类的冷冻、蛋品加工、生鲜食品的原包装、大米的自动包装、上市牛奶的灭菌等。食品流通加工的具体项目主要有以下四种，如表5-7所示。

表5-7 食品流通加工的具体项目

具体项目	要 点 说 明
冷冻冷藏加工	冷冻冷藏加工是为了解决鲜肉、鲜鱼及易变质的水果、蔬菜等在流通加工中的保鲜及装卸搬运问题而采取的低温、冷冻方式的加工
分选加工	农副产品的规格、质量差异较大，为获得一定规格的商品，需要采取人工或机械分选的方式加工。这种方式有利于商品的等级划分，从而制定合理的规格，被广泛用于果类、瓜类、谷物等
精制加工	精制加工是在产地或销售地设置加工点，去除无用部分或者进行切分、洗净、分装等加工
分装加工	许多生鲜食品零售起点量较小，而为了保证运输效率，出厂包装较大，在销售地再按客户需求重新进行包装，即将大包装改成小包装、散装改成小包装

2. 消费资料的流通加工

消费资料的流通加工以服务客户、促进销售为目的，如衣料品的标识、家具的组装、地毯的剪接等，主要目的是增加顾客对消费资料商标的认知，促进销售。

3. 生产资料的流通加工

生产资料的流通加工是进行社会再生产的必要环节，能够实现社会再生产的连续性和高效性。具有代表性的生产资料加工是钢材、水泥和木材的流通加工，如钢板的切割、使用矫直机将薄板卷材展平等。在流通加工点原木被锯裁成各种规格的木材，碎木、碎屑被集中加工成各种规格的木板。

流通加工与生产加工的区别如表 5-8 所示。

表 5-8 流通加工与生产加工的区别

区　别	要　点　说　明
加工对象不同	流通加工的对象是进入流通过程的商品，具有商品的属性，以此来区别多环节生产加工中的一环。而生产加工的对象不是最终的产品，是原材料、零配件、半成品
加工程度不同	流通加工大多是简单加工，而不是复杂加工。一般来讲，如果必须进行复杂加工才能形成人们所需的商品，应专设生产加工过程，生产过程理应完成大部分加工活动。流通加工对生产是一种辅助及补充。特别需要指出的是，流通加工绝不是对生产加工的取消或代替
价值不同	从价值观点看，生产加工的目的在于创造价值和使用价值，流通加工则在于完善其使用价值，并在不做大的改变的情况下提高价值
加工责任人不同	流通加工的组织者是从事流通工作的人，能密切结合流通的需要进行这种加工活动。从加工单位来看，流通加工由商业或物资流通企业来完成，生产加工则由生产企业来完成
加工目的不同	商品生产是为交换和消费而生产的，流通加工一个重要的目的是消费（或再生产）所进行的加工，这一点与商品生产有共同之处。但是流通加工有时也以自身流通为目的，纯粹为流通创造条件，这种为流通所进行的加工与直接为消费进行的加工从目的来讲是有区别的，这又是流通加工不同于一般生产的特殊之处

5.2.4 流通加工合理化

在流通加工中也存在很多不合理的表现形式，包括地点设置不合理、方式选择不当、加工环节多余、成本高、效益低等。为避免各种不合理的现象，发挥流通加工环节的最大优势，对流通加工环节设置、流通加工地点选择、加工类型选择、技术装备的采用等方面需要做出合理化的选择。流通加工合理化的主要措施包括以下五个方面。

1. 加工与配送相结合

加工与配送相结合是在配送点设置流通加工，流通加工是配送业务的一个环节，同时按照配送的需要进行加工，将加工后的产品直接投入配货作业，从而省去单独加工的环节，流通加工与配送结合，提高了配送速度与服务水平。这一措施被广泛应用于煤炭、水泥等产品的流通。

2. 加工与配套相结合

有些对配套要求较高的生产单位却没有完整的配套能力，适当利用流通加工，能够补充适当的配套产品，促进产品的最终配套，从而有效促成产品配套。

3. 加工与节约相结合

在流通加工环节考虑能源、人力、设备等方面的节约问题是实现流通加工合理化的重要因素。这些因素对流通加工的经济效益和可行性有直接影响。

4. 加工与合理商流相结合

流通加工可提高销售效率，使商流合理化，这也是流通加工合理化的发展方向之一。例如，组装加工能够解决用户使用前对产品的组装、调试等问题。

5. 加工与合理运输相结合

流通加工将干线运输和支线运输有效衔接起来，更为合理地统筹安排这两种运输形式，使用有效衔接的运输形式必将存在的物资转换停顿环节省略，从而使运输及运输转载的作业水平和效率得到大幅提高。

单元考核

一、填空题

1. 包装，就是指按一定技术方法，采用材料、容器及辅助物等，使产品在流通过程中方便存储、_____、促进销售而进行的操作活动。
2. 包装标志就是指在运输包装外部采用特殊的_____、符号和文字来表达特定的包装要求。
3. 危险品货物包装标志又称_____，是警告性标志，是用来标明对人体和财产安全有严重威胁的货物的专用标志，由图形、文字、和数字组成。
4. _____是为了解决鲜肉、鲜鱼及易变质的水果、蔬菜等在流通加工中的保鲜及装卸搬运问题而采取的低温、冷冻方式的加工。
5. 在现代物流系统中，包装现代化水平和作业效率的提高必须依赖_____。

二、简答题

1. 简述包装的主要功能。
2. 简述影响包装合理化的因素。
3. 简述包装合理化的措施。
4. 简述流通加工的类型。
5. 简述流通加工的作用。

第 6 章

装 卸 搬 运

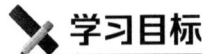
学习目标

知识目标
（1）了解装卸搬运的概念与特点。
（2）熟悉装卸搬运的目的与作用。
（3）掌握装卸搬运的内容与分类。
（4）了解不合理装卸搬运的表现形式。

技能目标
（1）掌握装卸搬运的方法和设备。
（2）掌握装卸搬运的合理化措施。

素养目标
培养学生发现、思考和解决问题的能力。

6.1 装卸搬运概述

装卸搬运在物流活动中起着承上启下的作用。电子商务中的物流系统在各个环节或同一环节的不同活动之间都必须进行装卸搬运作业，运输、储存、包装等都要有装卸搬运作业配合才能进行。例如，对于待运出的物品，要装上车后才能运走，到达目的地后要卸下车后才能入库等。

6.1.1 装卸搬运的概念与特点

在物流系统中，在指定地点以人力或机械等手段将物品装入运输设备或从运输设备卸下即装卸。装卸一般以物品的垂直位移为主。在同一场所内，以人力或机械等手段将物品进行水平移动为主的物流作业即搬运。

装卸与搬运都是在同一地域的小范围内改变物品的位置,两者是量变到质变的关系,当装卸过程中的活动积累到一定程度,就需要搬运活动来解决空间问题,其间并无一个绝对的界限,并且装卸与搬运在实际物流操作中常常是一起发生的。因此,一般在物流学科中对两者的差别基本不做强调,而将其视为一种活动来对待。将两者的定义合二为一,装卸搬运即在某一物流环节中改变物品的存放状态或空间位置的活动。在物流各阶段之间,装卸搬运发挥着转换桥梁的作用,在整个物流系统频繁出现、反复进行,且需要占用时间和消耗劳动。同时,在此环节需要接触物品,有可能造成物品的损耗、破损、混合、散失等问题。因此,装卸搬运已经成为决定物流成本高低的关键,是影响物流效率的重要因素。

装卸搬运在生产过程中不可缺少,在流通过程中更是物流活动的重要内容。作为物流系统中一个必不可少的环节,其特点具体表现在以下四个方面。

1. 附属性与伴生性

在物流每一项活动开始及结束时,必然伴随着装卸搬运活动,有时被认为是其他环节不可或缺的组成部分,但常被忽视。例如,仓储环节中泛指的保管活动都含有装卸搬运,流通加工中也伴有装卸搬运,包装环节中实际也包含了装卸搬运。

2. 支持性与保障性

装卸搬运的附属性与伴生性不是被动的,而是对其他物流活动有一定的影响,装卸搬运活动的质量也决定着其他物流活动的质量和速度。例如,装卸不当,会引起运输过程或仓储环节的损失;搬运不当,也会引起物品由某一环节向下一环节运行的困难。在有效装卸搬运的支持与保障下,才能实现物流系统的高效运行。

3. 衔接性与过渡性

在某一物流环节向下一物流环节过渡时,都需要装卸搬运来衔接。在整个物流系统中,装卸搬运决定了物流各功能之间能否形成有机联系和紧密衔接,这也是决定整个物流系统能否高效运行的关键。有效衔接是建立一个有效物流系统的关键,为保证有效衔接,在现代物流中出现了联合运输这种比较先进的物流系统。

4. 复杂性与安全性

装卸搬运作业的完成需要人与货物、机械、其他劳动工具相结合,存在工作环境复杂、工作量大等情况,存在很多不确定的安全隐患。装卸搬运的安全性不仅涉及人身安全,也涉及物资安全。与其他物流环节相比,装卸搬运环节安全系数较低,因此对装卸搬运的安全生产问题更要加以重视。

6.1.2 装卸搬运的目的与作用

装卸搬运是为了提高生产力,提高库存周转率、降低存货成本,减少设备损耗,提高安全性,提高产品品质和促进配销成效,如表6-1所示。

表 6-1 装卸搬运的目的

目　的	要　点　说　明
提高生产力	装卸搬运系统的顺畅运行，能够提高劳动效率，减少设备闲置，是维持和确保生产水平的重要保障
提高库存周转率、降低存货成本	有效的装卸搬运能够促进货品移动速度的提高及搬运距离的缩短，使总作业时间减少，从而提高了库存周转率，降低了存货存置成本及其他相关成本
减少设备损耗	有效的装卸搬运能够使每位劳工及每个单位货品的搬运成本得以降低，并减少延迟、损坏和浪费
提高安全性	有效的装卸搬运系统能够大幅度改善工作环境，使员工保持良好的工作情绪，保证在物品装卸搬运过程中的安全，降低保险费率，提高装卸搬运活动效率，乃至整个物流系统的安全性
提高产品品质	有效的装卸搬运活动能够使产品毁损减少，提升产品品质，提高客户满意度
促进配销成效	有效的装卸搬运系统能够提高物流系统作业效率，对缩短产品总配销时间、提高客户服务水平具有促进作用，同时还有利于提高空间利用率和公司运营水平

在整个生产和物流系统中，合理化装卸搬运发挥了其他环节无法比拟的作用，具体如下。

（1）保障生产和流通各环节的顺利进行。装卸搬运活动虽然不产生有形产品，不占用大量流动资金，不消耗原材料，也不产生废弃物，但它的工作质量对生产和流通各环节能否有效进行发挥着重要的作用。装卸搬运活动不顺畅，有可能导致生产运行困难或流通不畅。装卸搬运活动是将生产各阶段和流通各环节之间有效衔接起来的桥梁，为生产和物流各环节提供保障和服务。

（2）降低费用。伴随生产和流通各环节进行的装卸搬运活动，在有效进行的情况下，能够缩短生产周期，使生产过程中产生的物流费用大幅降低，进而促进生产效率与物流效率的提高，降低了生产费用和物流费用。

（3）装卸搬运是物流各环节的重要组成部分。物流中的各项活动都受装卸搬运活动的制约，装卸搬运是提高物流效率的关键。无论在生产过程还是在流通过程，装卸搬运活动所能达到的水准都对生产和流通有直接的影响。装卸搬运是与生产和物流中各环节相伴而生的一项活动，人们对其并没有足够重视，但是若忽视了装卸搬运，则会使生产和流通领域运行不畅，甚至可能造成停顿。装卸搬运的工作质量若高，则能将物品本身的价值和使用价值更好地发挥出来。

例如，我国铁路运输曾出现"跑在中间、窝在两头"的现象，就是忽视了装卸搬运的重要性，导致物流效率低下。我国港口曾多次出现压船、压港、港口堵塞的现象，究其原因也是装卸设备、设施不足及装卸搬运组织管理欠缺。因此，装卸搬运可以称为流通和生产领域的"闸门"和"咽喉"，制约着生产和物流各环节的活动。

6.1.3　装卸搬运的内容与分类

装卸搬运一般可分为与运输设备对应的装进、卸下和与储存保管设施的入库、出库两大类，分别伴随商品的堆垛、拆垛、分拣、配货、搬送、移送发生相关的装卸搬运作业，如表 6-2 所示。

表 6-2 装卸搬运的内容

内 容	要 点 说 明
堆垛	堆垛是把商品从预先放置的场所，移动到卡车等商品运输设备或仓库等固定设备的指定位置，再按要求的位置和形态放置商品的作业
拆垛	拆垛是堆垛作业的逆向作业
分拣	分拣是在堆垛、拆垛作业的前后或在配送作业之前发生的作业，是把商品按品种、出入先后、货流分类，再分别放到规定的位置
配货	配货是在卡车等运输设备装货作业前，把商品从所在的位置进行拆垛、堆垛作业，包括把分拣作业拣出的货物按规定分类集中起来，以及送到指定位置的作业
搬送	搬送是为了进行上述各项作业而发生的移动作业
移送	移送是用传送带对商品进行运送的作业

装卸搬运可以按以下六种方式分类。

1. 按物流设施设备分类

按物流设施设备分类，装卸搬运可分为仓库装卸、铁路装卸、港口装卸、汽车装卸等，如表 6-3 所示。

表 6-3 按物流设施设备分类

分 类	要 点 说 明
仓库装卸	仓库装卸需配合出库、入库、装卸搬运维护保养等活动进行，并且以堆垛、上架、取货等操作为主
铁路装卸	铁路装卸是对火车车皮的装进及卸出，特点是一次作业就实现一车皮的装进或卸出，很少有像仓库装卸时出现整装零卸或零装整卸的情况
港口装卸	港口装卸既包括码头前沿的装船，也包括后方的支持性装卸运，有的港口装卸还采用小船在码头与大船之间"过驳"的办法，因而其装卸的流程较为复杂，往往经过几次的装卸及搬运作业才能实现船与陆地之间货物过渡的目的
汽车装卸	汽车装卸一般一次装卸批量不大，汽车的灵活性可以减少或根本减去搬运活动，而直接、单纯地利用装卸作业达到车辆与物流设施之间货物过渡的目的

2. 按机械及机械作业方式分类

按机械及机械作业方式分类，装卸搬运可分为吊上吊下、叉上叉下、滚上滚下、移上移下和散装散卸等，如表 6-4 所示。

表 6-4 按机械及机械作业方式分类

分 类	要 点 说 明
吊上吊下	吊上吊下是用各种起重机械从货物上部起吊，依靠起吊装置的垂直移动实现装卸，并在吊车运行的范围内或回转的范围内实现搬运或依靠搬运车辆实现小搬运。由于吊起及放下属于垂直运动，因此这种装卸属于垂直装卸

续表

分 类	要 点 说 明
叉上叉下	叉上叉下是用叉车从货物底部托起货物,并依靠叉车的运动进行货物位移,搬运完全靠叉车,货物可不经中途落地直接被放置到目的处。这种方式垂直运动不大而主要是水平运动,属于水平装卸
滚上滚下	滚上滚下主要是指港口装卸的一种水平装卸方式,是利用叉车或半挂车、汽车承载货物,连同车辆一起开上船,到达目的地后再从船上开下。利用叉车的滚上滚下方式,在船上卸货后,叉车必须离船,拖车将半挂车、平车拖拉至船上后,拖车离船而载货车辆连同货物一起被运到目的地,再原车开下或拖车上船拖拉半挂车、平车开下。采用滚上滚下方式,需要有专门的船舶,这种专门的船舶称滚装船,对码头也有不同的要求
移上移下	两车(如火车和汽车)靠接,然后利用各种方式不使货物垂直运动,而靠水平移动从一个车上推移到另一辆车上,称为移上移下。采用移上移下方式,需要使两车水平靠接。因此,需对站台或车辆货台进行改变,并配合移动工具实现这种装卸
散装散卸	散装散卸是对散装物不加包装直接进行装卸的作业方式,一般从装点直到卸点,中间不再落地。这是集装卸与搬运于一体的装卸方式

3. 按作业特点分类

按作业特点分类,装卸搬运可分为连续装卸与间歇装卸两类,如表6-5所示。

表6-5 按作业特点分类

分 类	要 点 说 明
连续装卸	连续装卸主要是同种大批量散装或小件杂货通过连续输送机械,连续不断地进行作业,中间无停顿,货间无间隔。在装卸量较大、装卸对象固定、货物对象不易形成大包装的情况下适合采取这一方式
间歇装卸	这种装卸方式有较强的机动性,装卸地点可在较大的范围内变动,主要适用于货流不固定的各种货物,尤其适用于包装货物、大件货物,对散装货物也可采取此种方式

4. 按作业场所分类

按作业场所分类,装卸搬运可分为车间装卸搬运、站台装卸搬运和仓库装卸搬运,如表6-6所示。

表6-6 按作业场所分类

分 类	要 点 说 明
车间装卸搬运	车间装卸搬运是指在车间内部工序间进行的各种装卸搬运活动
站台装卸搬运	站台装卸搬运是指在企业车间或仓库外的站台上进行的各种装卸搬运活动
仓库装卸搬运	仓库装卸搬运是指在仓库、堆场、物流中心等处进行的装卸搬运活动

5. 按作业方式分类

按作业方式分类,装卸搬运可分为垂直装卸和水平装卸,如表6-7所示。

表 6-7 按作业方式分类

分 类	要 点 说 明
垂直装卸	垂直装卸主要是使用各种起重机械，采取提升和降落的方式进行装卸，以改变货物的垂直方向位置为主要特征，应用面最广
水平装卸	水平装卸以改变货物水平方向的位置为主要特征，需要有专门的设施，如汽车水平接靠的高站台、汽车与火车车厢之间的平移设备等

6. 按作业对象分类

按作业对象分类，装卸搬运可分为散货作业、单件作业和集装作业，如表6-8所示。

表 6-8 按作业对象分类

分 类	要 点 说 明
散货作业	散货作业主要是对颗粒、粉末装货物进行装卸搬运，集装卸与搬运于一体
单件作业	单件作业是指单件或逐件装卸搬运，是以人力作业为主的作业方法
集装作业	集装作业主要针对集装箱作业，以集装箱为载体，将货物组合成集装单元，以提高装卸搬运效率

6.2 装卸搬运的方法与设备

6.2.1 装卸搬运的方法

常见的装卸搬运方法有三种，即单件装卸、单元装卸和散装作业。

1. 单件装卸

单件装卸是指将非集装按件计的货物逐个进行装卸操作。单件装卸对机械、装备等装卸条件要求不高，机动性较强。

单件装卸可采取人力、半机械化和机械装卸。逐件处理装卸速度慢，容易出现货损货差，作业对象主要是包装杂货、多品种和小批量的货物及单件大型笨重货物。

2. 单元装卸

单元装卸是用集装化工具将小件或散装物品集成一定质量或体积的组合件，以便利用机械进行作业的装卸方式。单元装卸的装卸速度快，装卸时并不逐个接触货体，因而货损货差小。单元装卸的对象范围较广，一般除特大、特重、特长的货物外，都可以进行单元装卸。粉、粒、液和气状货物则需要经过一定的包装处理，再进行单元装卸。常见的单元装卸如下。

（1）托盘装卸。托盘是按一定规格制成的单层或双层平板载货工具。同时，托盘又是一种随货同行的载货工具。托盘装卸常需叉车与其他设备配合才能完成装卸作业。利用叉车对托盘货载进行装卸，属于叉上叉下方式。托盘以木制为主，但也有塑料、玻璃纤维、金属材料或纸等材料制成的托盘。

托盘装卸的主要特点如表 6-9 所示。

表 6-9　托盘装卸的主要特点

主要特点	要点说明
自重量小	用于装卸、运输托盘所消耗的劳动较少，无效运输及装卸比集装箱运输及装卸要少
返空容易	返空时占用运力很少，由于托盘造价不高，又很容易相互代用，互以对方托盘抵补，因此无须像集装箱那样必有固定归属者，也无须像集装箱那样返空。即使返运，托盘运输也比集装箱运输容易
装盘容易	不需要像集装箱一样深入箱体内部，装盘后可采用捆扎、紧包等技术进行处理。但是，托盘的保护性比集装箱要差，露天存放困难，需要有仓库等配套设施

（2）集装箱装卸。集装箱又称货箱、货柜。集装箱是一种容器，但并非所有的容器都可以被称为集装箱。它必须是有一定强度，专供周转使用并便于机械操作的大型货物容器。

① 集装箱的基本要求。为保证集装箱在装卸、堆放和运输过程中的安全需要，国际标准化组织（International Organization for Standardization，ISO）提出了集装箱的基本要求：具有足够的强度，能长期反复使用；途中转运不需移动箱内货物，可以直接换装；有适当的装置，可以快速装卸，并可以方便地从一种运输工具直接转换到另一种运输工具，便于货物存放和取出；具有 1 立方米以上的容积。

② 集装箱的优点。与托盘相比，集装箱的优点如表 6-10 所示。

表 6-10　集装箱的优点

优点	要点说明
提高装卸效率，加速周转，降低货运成本	集装箱运输是将单件货物集合成组，装入箱内，使运输单位加大，便于机械操作，从而大大提高了装卸效率。例如，对于一个 20 英尺（1 英尺 =0.304 米）型的国际标准箱，每一循环的装卸时间仅需 3 分钟，每小时可装卸货物 400 吨；而传统货船每小时装卸货物仅为 35 吨。因此，采用集装箱运输可将装卸效率提高 11 倍
提高货运质量，减少货损货差	集装箱结构坚固，强度大，对货物具有很好的保护作用，即使经过长途运输或多次换装，箱内货物也不易损坏，而且一般杂物集装箱均为水封，既不怕风吹雨淋日晒，也不怕中途偷窃。例如，我国出口到日本的金鱼缸和其他瓷器按传统方式运输破损率最高达到 50%，而采用集装箱后破损率降为 0.5%，基本保证了货物的完整无损
节省货物的包装用料	货物在集装箱内，集装箱实际上起到一个强度很大的外包装作用。由于集装箱的保护，货物不受外界的挤压、碰撞，因此货物的外包装可大幅简化。例如，原来需要木箱包装的，就可改为硬纸箱；原来需要厚纸箱的，就可以改为厚纸包装，从而节约了木料或其他材料，节省了包装费用。有些商品甚至无须包装，如目前国际上运输成衣服装，采用衣架集装箱。这种集装箱内专门设计了装置，有一排排挂衣架供服装直接吊挂，无须任何包装，集装箱被运达目的地后，收货人从箱内取出服装，无须重新熨烫平整即可直接将服装摆上售货架，既可节省包装用料和费用，又能使商品及时供应市场。据统计，其包装费用一般可节省 50% 以上

单元装卸方式还有货捆装卸、集装网装卸、挂车装卸、滑板装卸等。

3. 散装作业

散装作业是对大批量粉状、粒状货物进行无包装散装、散卸及搬运。装卸可以连续进行，也可以采取间断的装卸方式，但是都需要使用机械化设施、设备。在特定情况下，且货物批量不大时，也可采用人力装卸。散装作业的方法主要如下。

（1）气力输送装卸。气力输送装卸的主要设备是利用管道及气力输送设备以气流运动裹携粉状、粒状货物沿管道运动而达到装、搬、卸的目的，也可以采用负压抽取的方法，使粉状、粒状货物沿管道运动。气力输送装卸的密封性好，装卸能力高，容易实现机械化、自动化。

（2）重力装卸。重力装卸是利用散货本身的质量进行装卸，必须与其他方法配合。首先将粉状、粒状货物提升到一定高度，待其具有一定势能后，再利用其重力进行下一步的装卸。

（3）机械装卸。机械装卸是利用能承载粉状、粒状货物的各种机械进行装卸，有以下两种方式。

① 用吊车、叉车改换不同机具或用专用装卸机进行抓、铲、舀等作业，完成装卸及一定的搬运作业。

② 用皮带、刮板等输送设备进行一定距离的搬运卸货作业，并与其他设备配合实现装货。

6.2.2 装卸搬运的设备

1. 装卸搬运设备的种类

（1）搬运车辆。搬运车辆主要有以下四种。

① 手推车。手推车是以人力进行推拉的搬运车辆，由于造价低廉、维护简单、操作方便、自重轻，能在机动车辆不便使用处工作，在短距离搬运较轻的物品时十分方便，因此在电商仓库中应用较多。图 6-1 所示为四轮手推车。

② 笼车。笼车又称载货台车，是一种安装有四只脚轮的运送与储存物料的单元移动集装设备。笼车装卸十分省力，轮子通常被设计或两只定向轮，可方便人工推行。笼车存放的商品陈列醒目，一方面对商品起到保护作用，另一方面不会使已被分拣配备好的产品杂乱，如图 6-2 所示。

③ 堆高车。堆高车是指对成件托盘货物进行装卸、堆高、堆垛和短距离运输作业的各种轮式搬运车辆。堆高车结构简单、操控灵活、微动性好、安全性能高，适用于狭窄通道和有限空间内的作业，是高架仓库装卸的理想设备。大部分电商仓库使用全电动堆高车，既节能环保，也能大幅度地减轻装卸搬运的作业强度，图 6-3 所示为全电动堆高车。

④ 自动导引搬运车（AGV）。自动导引搬运车是物流系统的重要搬运设备，是指具有电磁或光电导引装置，能够按照预定的导引路线行走，具有小车运行和停车装置、安

全保护装置以及具有各种移载功能的运输小车。自动导引搬运车的活动区域无须铺设轨道、支座架等固定装置，不受场地、道路和空间的限制。图 6-4 所示为自动导引搬运车。

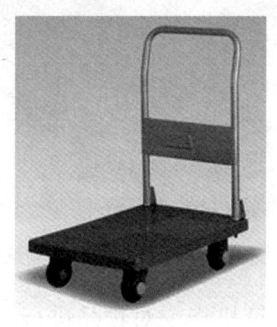

图 6-1　四轮手推车

图 6-2　笼车

图 6-3　全电动堆高车

图 6-4　自动导引搬运车

（2）连续输送设备。连续输送设备主要有以下三种。

① 带式输送机。带式输送机是一种摩擦驱动以连续方式运输货物的机械装置，可以使货物在一定的输送线上从起点到终点形成一种货物的输送流程。带式输送机既可以用于零散件货物的输送，也可以用于整件物品的输送，还可以用于一定倾斜度的上下坡输送。图 6-5 所示为皮带输送机。

② 辊筒输送机。辊筒输送机由一系列等间距排列的辊筒组成，分为动力式辊筒输送机和无动力式辊筒输送机。动力式辊筒输送机呈主动转动状态，可以严格控制物品的运行状态，按照规定的速度精确、平稳地输送物品。无动力式辊筒输送机利用货物的质量或者人力的作用在倾斜的输送机上由上而下运动或水平推动。辊筒输送机适用于有积储、分流、合流和分类等要求的场合。图 6-6 所示为无动力式辊筒输送机，图 6-7 所示为动力式辊筒输送机。

图 6-5 皮带输送机

图 6-6 无动力式辊筒输送机

③ 自动分拣机。自动分拣机是按照预先设定的计算机指令对物品进行分拣,并将分拣出的物品送达指定位置的机械。随着激光扫描、条形码及计算机控制技术的发展,自动分拣机在物流中的使用日益普遍。图 6-8 所示为自动分拣机。

图 6-7 动力式辊筒输送机

图 6-8 自动分拣机

被拣货物经由各种方式(人工搬运、机械搬运、自动化搬运等)进入分拣系统,经合流后汇集到一台输送机上。激光扫描器对物品条形码进行扫描,或采用其他自动识别的方式(如光学文字读取装置、声音识别输入装置等)将分拣信息输入计算机中央处理器。计算机将所获得的物品信息与预先设定的信息进行比较,将不同的分拣物品送到特定的分拣道口位置上,完成物品的分拣工作。分拣道口可暂时存放未被取走的物品。当分拣道口满载时,由光电控制,阻止分拣物品进入分拣道口。

2. 装卸搬运设备选择的影响因素

装卸搬运过程中,根据装卸搬运货物的特性及客观条件,可采用不同的装卸搬运设备,组成不同的机械化装卸搬运系统。为了保证装卸搬运活动的高效性、经济性,要特别注意装卸搬运设备的配置和选择。以下是选择装卸搬运设备时应考虑的因素。

(1)作业性质和作业场合。装卸搬运作业性质和作业场合不同,需配备不同的装卸搬运设备。根据作业是单纯的装卸、搬运还是装卸与搬运兼顾,选择合适的装卸搬运设备。作业场合不同,也需配备不同的装卸搬运设备。例如,在铁路专用线、仓库等场合,可选择龙门式起重机；在库房内，可选择桥式起重机。

（2）作业运动形式。装卸搬运作业运动形式不同时，需配备不同的装卸搬运设备。例如，水平作业时，可配备叉车、输送机、小推车等装卸搬运设备；垂直作业时，可配备堆高车、起重机等装卸搬运设备；倾斜运动时，可配备选用连续输送机。

（3）作业量。装卸搬运作业量的大小关系到设备应具有的作业能力，从而影响所需配备的设备类型和数量。例如，作业量大时，应配备作业能力较高的大型专用设备；作业量小时，最好采用构造简单、造价低廉又能保持相当装卸搬运能力的中小型设备。

（4）货物种类与性质。货物的物理性质、化学性质以及外部形状和包装千差万别，有大小、轻重之分，有固体与液体之分，有散装与整件的区别，所以对装卸搬运设备的要求不尽相同。

（5）搬运距离。中短距离搬运可选用全电动叉车、内燃式叉车等装卸搬运设备，短距离搬运可选用手推车、手拖液压叉车等装卸搬运设备。为了提高设备的利用率，应当结合设备的种类和特点，使货运、装卸、码垛、搬运等作业密切配合。

（6）作业效率。在电子商务仓库中，为了提高商品的出入库速度，如果场地合适，商品体积和质量适中，可选择连续输送机来代替叉车搬运，这样能提高作业效率，降低劳动强度以及提高安全性。如果资金充足，可选择自动化搬运系统，还能提高作业效率。

6.3 不合理装卸搬运的表现形式

要保证装卸搬运作业的有效进行，必须防止不合理的装卸搬运情况的发生。不合理装卸搬运一般是在现有条件的情况下能够实现的装卸搬运水平却没有实现，从而造成装卸搬运作业的低效率，甚至无效情况的出现。具体表现如下。

1. 装卸搬运的次数过多导致损失

在物流系统中，在装卸搬运环节发生货物损失的频率最高，而装卸与搬运又是在整个物流过程中反复进行的，比其他活动出现的频率都要高。因此，装卸搬运的次数越多，可能出现的货物损失就越多。同时，伴随着每一次的装卸搬运活动，都会出现费用的增加。此外，装卸与搬运是衔接各环节的重要节点，节点的多少也对整个物流速度有重要的影响。

2. 包装不合理造成装卸搬运效率低

包装不合理也会造成装卸搬运作业效率低下，过大、过重、过轻、过薄的包装会导致没有必要的劳动力消耗，致使装卸搬运活动效率低下，甚至造成资源的浪费。因此，包装作为物流中不可缺少的辅助作业手段，必须真正有效发挥辅助功能，而不能成为影响物流其他环节的阻碍因素。

3. 无效物质的装卸搬运造成无效作业

当有些物品进入物流过程中时，混杂着与用户需求无关的或根本没有使用价值的各种掺杂物，如矿石中的水分、煤炭中的矸石、石灰中的未燃烧杂质等。这些无效物质在装卸搬运环节会造成劳动的反复消耗。因此，必须减少无效物品的装卸搬运，要剔除物品中含有的水分、杂质或与物品使用无关的物质，提高物品的纯度。物品纯度越高，装卸作业越有效；反之，则增加无效作业，导致装卸搬运效率降低。

6.4 装卸搬运的合理化措施

装卸搬运的合理化措施主要有提高装卸搬运的灵活度、降低能量消耗、重视整个物流系统功能的提高和提高使用装卸搬运机械的组织协调能力。

1. 提高装卸搬运的灵活度

从物品的静止状态向装卸搬运运动状态转变的过程中所体现出来的难易程度即装卸搬运的灵活性。如果在进入下一步装卸搬运活动前不需要做过多的准备工作，很容易就能向下一步装卸搬运状态转变，则灵活度高，反之则灵活度低。为了将灵活度的差别区分开来，并能按照计划提出对灵活度的要求，能够按照一定灵活度的要求进行每一步装卸搬运操作，采用活性指数对不同放置状态的物品做了不同灵活度级别规定，将其分为0~4共五个等级，如表6-11所示。活性指数的级别代表物品进入装卸状态的难易程度，级别越高，灵活度越高。在装卸搬运过程中，要时刻考虑到有利于下次搬运的方法，在本次装卸搬运完成后将物品放置成便于下一环节作业的状态。

表6-11 装卸搬运的活性指数

放置状态	需要进行的作业				活性指数
	整理	支架	提起	托运	
散放在地上	√	√	√	√	0
置于容器中或已捆扎	○	√	√	√	1
集装化	○	○	√	√	2
无动力车	○	○	○	√	3
动力车或传送带	○	○	○	○	4

注：○表示无此步骤，√表示有此步骤。

2. 降低能量消耗

降低装卸搬运过程中的能量消耗，最省力的方式是利用货物使装卸活动存在一定的落差，将装卸动力减至最低。例如，利用滑槽、滑板或倾斜的辊式运输机移动物品；减轻负重，尽量避免由下向上的装卸搬运；如果利用质量和落差不方便，也应尽量实现同一高度的水平装卸搬运等。总之，能下不上，能直不拐，能水平则不上坡，能集装则不分散，能连续则不间断，能机械则不人力，利用重力作用降低能量消耗。

3. 重视整个物流系统功能的提高

装卸搬运在整个物流系统中处于重要地位，尤其是对于运输、仓储等环节更具有重要的辅助功能。装卸搬运作业的顺畅进行，使物流高速、稳定地流动起来，并有序连接了仓储、运输、包装和流通加工等物流活动，从而使整个物流过程更加顺畅、均衡。同时，装卸搬运也受到其他物流环节的制约，需要按照各环节的节奏进行操作。因此，不能单独从装卸搬运的角度考虑问题，要将各方面的因素综合起来，妥善安排。只有重视整个物流系统功能的提高，从整个物流系统的角度来考虑装卸搬运，才能使其与其他物流环节之间的作用达到最优。

4. 提高使用装卸搬运机械的组织协调能力

虽然装卸搬运作业的任务一般会事先有所规划，但并不能排除有临时变动且变动较大的情况发生。因此，需要尽量合理安排装卸搬运设备的使用，提高使用装卸搬运机械的组织协调能力。为此，首先，要尽可能缩小计划任务量与实际装卸搬运作业量之间的差距。同时，要尽量详细规划和安排装卸搬运作业货物对象的品种、规格、数量、质量等指标以及搬运距离等事项。其次，在掌握装卸搬运任务的大小和装卸搬运设备的生产率等因素的基础上，确定需要使用的装卸搬运设备数量和各项技术指标，并根据这些编制装卸搬运作业进度计划。最后，根据实际情况，执行装卸搬运进度计划，对劳动力和作业班次进行适当的安排，对装卸搬运作业取得的成果也要进行统计和分析，最终对装卸搬运作业的效率及产生的经济效益做出评价，并进行相应的改正。装卸搬运的原则如表 6-12 所示。

表 6-12 装卸搬运的原则

原 则	具 体 内 容
规划原则	规划全部的物料搬运和储存活动，以实现最大的整体操作效率
系统原则	将各种搬运活动整合到涵盖供货商、进货、储存、生产、检验、包装、仓储管理、出货、运输和顾客的整体操作系统中
物料流程原则	提供一种最佳的物料流程作业顺序与设备布置
简化原则	利用减少、消除或合并不必要的搬移设备来简化搬运
重力原则	尽量利用重力来搬移物料
空间利用原则	尽量使建物容积的使用最优
单元体积原则	增加单元载重的数量、大小或质量
机械化原则	将搬运作业机械化
自动化原则	提供生产、搬运和储存等功能自动化
设备选择原则	在选择搬运设备时，应考虑所要搬运物料的各种要素，包括使用的搬运方法
标准化原则	将搬运方法和搬运设备种类与型号标准化
适应性原则	采用可以适应各种工作和应用的方法与设备，除非是必须使用达到某种特殊目的的设备
减轻自重原则	减少移动式搬运设备空重与载重的比率
使用率原则	规划搬运设备与人力的使用率
维修保养原则	规划所有搬运设备的定期保养和维修
过时作废原则	当有了更有效率的搬运方法和设备时，应取代过时的搬运方法和设备
管制原则	用物料搬运活动来改善生产、存货和订单处理

原　　则	具 体 内 容
生产能力原则	用搬运设备来改善生产能力
作业效能原则	用单位搬运的费用来决定搬运的绩效
安全原则	提供合适的方法和设备来加强搬运安全

单元考核

一、填空题

1. 有效的装卸搬运能够促进货品移动速度的提高及搬运距离的缩短，使总作业时间减少，从而提高了_____，降低了存货存置成本及其他相关成本。
2. 物流中的各项活动都受装卸搬运活动的制约，装卸搬运是提高_____的关键。
3. 按作业场所分类，装卸搬运可分为车间装卸搬运、_____和仓库装卸搬运。
4. 常见的装卸搬运方法有三种，分别是单件装卸、_____和散装作业。
5. 从物品的静止状态向装卸搬运运动状态转变的过程中所体现出来的难易程度即_____。

二、简答题

1. 简述装卸搬运的特点。
2. 简述装卸搬运的目的。
3. 简述装卸搬运的作用。
4. 简述托盘装卸的主要特点。
5. 简述装卸搬运设备选择的影响因素。

第 7 章

物流配送与配送中心

学习目标

知识目标
（1）了解物流配送的概念与特点。
（2）熟悉物流配送中心的基本情况与类别。
（3）了解物流配送中心选址的原则与主要因素。
（4）掌握物流配送中心选址规划的方法。

技能目标
（1）能够掌握物流配送的作用、功能与作业流程。
（2）能够掌握物流配送中心选址的程序和步骤。
（3）能够掌握物流配送中心布局规划和车辆路径优化。

素养目标
培养学生诚实守信的品格，具备理性思维能力。

7.1 物流配送

7.1.1 物流配送的概念与特点

物流配送是指第三方物流供应商从商品供应者手中接收货物，进行货物配备与仓储（集货、流通加工、拣选、倒装、包装、保管、分货、配货、信息处理），并按照消费者的要求，把商品送到消费者手中，以高水平实现销售和供应服务的过程。通过配送，物流活动最终得以实现，而且配送活动增加了产品的价值，有助于提高企业的竞争力。

随着电子商务的发展，物流配送更多的是消费者网络购物背后的敏捷运作，出现了信息化、自动化、网络化、智能化、柔性化的特点。

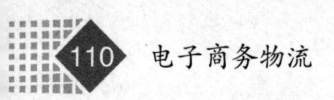

1. 信息化

物流配送信息化，是为了适应经济全球化与市场一体化的要求，物流企业充分运用信息化手段和现代化方式，对物流配送做出快速反应，对资源进行快速整合，并使物流、资金流和信息流最优集成的管理模式与创新。随着信息技术的快速发展，国际、国内各种商业物流配送中心利用信息技术来提升管理水平。例如，目前各企业采用较多的信息管理技术包括产品识别条形码（bar code, BC）、企业资源计划系统（enterprise resource planning, ERP）、管理信息系统（management information system, MIS）、电子数据交换系统（electronic data interchange, EDI）、地理信息系统（geographic information system, GIS）、自动分拣系统（automated sorting system, ASS）、柔性物流系统（automated guided vehicle, AGV）、全球定位系统（global positioning system, GPS）、仓库管理系统（warehouse management system, WMS）等。信息化是物流配送的基础，没有信息化，任何先进的技术设备都不可能应用于配送领域。

2. 自动化

自动化配送系统是根据配送作业的需要，应用现代电子和信息技术及相应的自动化设备，完成货物的自动辨识、分拣、储存和提取，将直接面对服务对象的集货、配货和送货有机结合起来。自动化的基础是信息化，自动化的核心是机电一体化，自动化的外在表现是无人化，自动化的效果是省力化，自动化可以提高物流作业能力、提高劳动生产率、减少物流作业的差错等。先进的物流装备和物流技术不断涌现，除了传统的货架、叉车及其他搬运车辆，诸如自动化立体仓库、各种物流输送设备、高速分拣机、射频识别技术（RFID）、无线射频技术、AGV 等先进物流装备和技术都得到快速发展。

3. 网络化

物流领域网络化的基础是信息化，这里的网络化有两层含义。一是物流配送系统的计算机通信网络。物流配送中心与供应商或制造商的联系要通过计算机网络进行，另外，物流配送中心与下游客户的联系也要通过计算机网络进行。例如，配送中心向供应商下订单这一过程，就可以使用计算机通信，借助增值网（value-added network, VAN）上的电子订货系统（electronic ordering system, EOS）和电子数据交换技术来自动实现。物流配送中心通过计算机网络收集下游客户订货信息的过程也可以自动完成。二是组织网络化及企业内部网。

物流配送的网络化是物流信息化的必然结果，是电子商务下物流配送活动的主要特征之一。全球网络资源的可用性及网络技术的普及，为物流的网络化提供了良好的外部环境。

4. 智能化

物流配送管理智能化是物流科学作业的一个组成部分，它对现行配送模式进行优化，坚持"打破行政区划，按照经济区域进行配送"的原则，综合考虑客户在物流点间的最短距离和配送中心之间资源的匹配能力，精确计算全局近似最优路径。智能化是物流自动化、信息化的一种高层次应用，在物流自动化的进程中，物流智能化是不可回避的技术难题。为了提高物流现代化的水平，物流智能化已成为电子商务背景下物流发展的一个新趋势。

5. 柔性化

柔性化本来是为实现"以顾客为中心"的理念而在生产领域提出的，但要真正做到柔性化，即能根据消费者需求的变化来灵活调节生产工艺，没有配套的柔性化物流系统是不可能做到的。20世纪90年代，国际生产领域纷纷推出弹性制造系统（flexible manufacture system，FMS）、计算机集成制造系统（computer integrated manufacturing system，CIMS）、制造资源系统（manufacturing resource planning，MRP）、企业资源计划系统（ERP）及供应链管理的概念和技术，这些概念和技术实质是将生产、流通进行集成，根据客户的需求组织生产，安排物流活动。因此，柔性化物流正是适应生产、流通与消费的需求而发展起来的一种新型物流模式。这就要求物流配送中心根据消费需求多品种、小批量、多批次、短周期的特点，灵活组织和实施物流作业。

7.1.2 物流配送的意义和作用

物流配送有以下三个方面的意义和作用。

1. 对于配送企业的意义和作用

对于配送企业来说，物流配送的意义和作用主要表现在以下四点。

（1）物流配送将大幅度提高配送企业的配送效率。

（2）物流配送将大幅度提高货物供应的保证程度，降低因缺货而产生的风险，提高配送企业的客户满意度。

（3）物流配送将大幅度提高配送企业的经济效益。一方面，货物供应保证程度和客户满意度的提高，将提高配送企业的信誉和形象，吸引更多的客户；另一方面，将使企业更科学合理地选择配送方式及配送线路，保持较低的库存水平，降低成本。

（4）物流配送有利于提高配送企业的管理水平。

2. 对于用户的意义和作用

对于用户来说，物流配送的意义和作用主要表现在以下两点。

（1）对于需求方用户来说，物流配送可降低库存（甚至可实现这些企业的零库存），减少库存资金，改善财务状况，实现经营成本的降低。

（2）对于供应方用户来说，如果供应方实施自身配送模式，物流配送可提高配送效率，降低配送成本；如果供应方采取委托配送模式，可节约在配送系统方面的投资和人力资源，提高资金的使用效率，降低成本。

3. 对于物流系统的意义和作用

对于物流系统来说，物流配送的意义和作用主要表现在以下三点。

（1）完善了整体物流系统。

（2）强化了整体物流的功能。

（3）提高了整体物流的效率。

> **课堂小贴士 7-1　降低物流配送成本的方法**
>
> 1. 混合策略
>
> 混合策略是指配送业务一部分由企业完成，另一部分外包给第三方物流。合理安排企业完成的配送业务和外包给第三方物流完成的配送业务，能使配送成本最低。
>
> 2. 差异化策略
>
> 差异化策略的指导思想是产品特征不同，消费者服务水平也不同。当企业拥有多种产品线时，不能对所有产品都按同一标准的消费者服务水平进行配送，应按产品的特点、销售量，设置不同的库存、不同的运输方式和不同的储存地点。
>
> 3. 合并策略
>
> 共同配送即合并运送，其目的在于将地域内随机发生且重叠运送的零星货物加以整合。合并策略包含两个层次，一是配送方法上的合并，二是共同配送。配送方法上的合并是指企业在安排车辆完成配送任务时，充分利用车辆的容积和载重量，做到满载满装，这是降低配送成本的重要途径。由于产品品种繁多，不仅包装形态、储运性能不一，在容重方面往往也相差甚远。一辆运输车上如果只装载容重大的货物，往往达到了运输车的最大载重量，但容积空余很多；只装载容重小的货物则看起来车装得满，实际上并未达到车辆载重量。这两种情况实际上都造成了运力浪费。实行合理的轻重配装、容积大小不同的货物搭配装车，不但可以在载重方面达到满载，也充分利用了车辆的有效容积。共同配送是几个中小型配送中心进行联合（由于各配送中心所配物资数量少、车辆利用率低），针对某一地区的用户，几个配送中心将用户所需物资集中起来，共同配送。
>
> 4. 延迟策略
>
> 延迟策略的基本思想就是对产品的外观、形状及其生产、组装、配送，应尽可能推迟到接到订单后再确定。一旦接到订单，相关企业就要快速反应，因此采用延迟策略的一个基本前提是信息传递的速度要快。一般来说，实施延迟策略的企业应具备几个基本条件。①产品特征：模块化程度高，产品价值密度大，有特定的外形，产品特征易于表述,定制后可改变其容积或质量。②生产技术特征：模块化产品设计，设备智能化程度高，定制工艺与基本工艺差别不大。③市场特征：产品生命周期短，销售量波动大，价格竞争激烈，市场变化快，产品的提前期短。
>
> 在配送环节中往往存在着加工活动，所以实施配送延迟策略既可采用加工延迟方式，也可采用时间延迟方式。具体操作时，配送企业常常等到顾客下订单后才进行诸如贴标签（加工延迟）、包装（加工延迟）、装配（时间延迟）和货物运输（时间延迟）。
>
> 5. 标准化策略
>
> 标准化策略就是尽量多地采用标准零部件、模块化产品。如汽车外形差异很大，但内部的零部件（如车门升降器、灯泡等）很多是通用的。采用标准化策略要求企业从产品设计开始就要站在消费者的立场去考虑怎样节省配送成本，而不要等到产品定型、生产出来后才考虑怎样降低配送成本。

7.2 物流配送中心

7.2.1 物流配送中心概述

根据《中华人民共和国国家标准 物流术语》(GB/T 18354—2021),配送中心(distribution center)的定义为从事配送业务的物流场所或组织。

结合配送的定义,物流配送中心的基本情况如表 7-1 所示。

表 7-1 物流配送中心基本情况

条　目	解　释
主要为特定用户服务	一般情况下,配送中心主要服务于某一类用户,或流通企业,或生产企业,或其他类型的特定用户
配送功能齐全	配送几乎包含了物流活动中所有的功能要素,如储存、搬运装卸、流通加工、包装、运送、物流信息等,是物流的一个缩影和综合体现
完善的信息网络	配送活动需要有一个完善的信息系统和信息网络
辐射范围小	配送中心的辐射范围受限于它的经济合理区域
多品种、小批量	指配送中心为了配合生产企业和流通企业满足日益多样化、个性化、迅速多变的市场需求,而采取的物流措施和物流作业
以配送为主,储存为辅	配送中心强调物品的流动,储存只是暂时的

物流配送中心的形成及发展是有历史原因的,一般认为物流配送中心是物流领域社会分工和专业化分工的产物。这里引用日本经济新闻社《输送的知识》中的内容:"由于用户在货物处理的内容上、时间上和服务水平上都提出了更高的要求,为了顺利地满足用户的这些要求,就必须引进先进的分拣设施和配送设备,否则就不可能建立正确、迅速、安全、廉价的作业体制。因此,大部分企业都建造了配送中心。"可见,物流配送中心是物流系统化和大规模化的必然结果,是基于物流合理化和拓展市场两个需要而逐步发展起来的。

7.2.2 物流配送中心的类别

物流配送中心是一种新兴的经营管理形态,具有满足少量多样的市场需求及降低流通成本的作用。但是,由于建造企业的背景不同,配送中心的功能、构成和运营方式有很大区别,因此在规划配送中心时应充分考虑配送中心的类别及特点。物流配送中心的具体分类方式如下。

1. 按配送中心的设立者分类

(1)制造商型配送中心。制造商型配送中心是指以制造商为主体的配送中心。这种配送中心里物品 100% 由企业自己生产制造,用以降低流通费用、提高售后服务质量和及时将预先配齐的成组元器件运送到规定的加工和装配工位。这类配送中心从物品制造到生产出来后条码和包装的配合等多方面都较容易控制，所以按照现代化、自动化的配送中心设计比较容易，但不具备社会化的要求。

（2）批发商型配送中心。批发商型配送中心是指由批发商或代理商所成立的配送中心。这是以批发商为主体的配送中心。批发是物品从制造者到消费者手中之间的传统流通环节之一，一般是按部门或物品类别的不同，把每家制造厂生产的物品集中起来，然后以单一品种或搭配向消费地的零售商进行配送。这种配送中心里的物品来自各个制造商，其所进行的一项重要的活动就是对物品进行汇总和再销售，而配送中心的全部进货和出货都是由社会配送的，社会化程度高。

（3）零售商型配送中心。零售商型配送中心是指由零售商向上整合所成立的配送中心。这是一种以零售商为主体的配送中心。零售商发展到一定规模后，就可以考虑建立自己的配送中心，为专业物品零售店、超级市场、百货商店、建材商场、粮油食品商店、宾馆饭店等提供服务，其社会化程度介于制造商型配送中心和批发型配送中心之间。

（4）专业物流配送中心。专业物流配送中心是指以第三方物流企业（包括传统的仓储企业和运输企业）为主体的配送中心。这种配送中心有很强的运输配送能力，地理位置优越，可迅速将到达的货物配送给用户。专业物流配送中心为制造商或供应商提供物流服务，而配送中心的货物仍属于制造商或供应商所有，配送中心只提供仓储管理和运输配送服务。这种配送中心的现代化程度往往较高。

2. 按配送中心的服务范围分类

（1）城市配送中心。城市配送中心是指以城市为配送范围的配送中心。由于城市范围一般处于汽车运输的经济里程里，这种配送中心可直接配送到最终用户，且采用汽车进行配送。所以，这种配送中心往往和零售经营相结合，由于运距短，反应能力强，因而从事多品种、少批量、多用户的配送较有优势。

（2）区域配送中心。区域配送中心是指以较强的辐射能力和库存准备，向省（州）际、全国乃至国际范围的用户提供配送服务的配送中心。这种配送中心配送规模较大、用户较多、配送批量较大，而且往往是配送给下一级的城市配送中心，也配送给商店、批发商和企业用户，虽然也从事零星的配送，但不是主体形式。

3. 按配送中心的功能分类

（1）储存型配送中心。储存型配送中心有很强的储存功能。例如，美国赫马克配送中心的储存区可储存16.3万托盘。目前我国建设的配送中心多为储存型配送中心，库存量较大。

（2）流通型配送中心。流通型配送中心基本上没有长期储存的功能，仅以暂存或随进随出的方式进行配货和送货。典型方式为大量货物整批进入，按一定批量零出。一般采用大型分货机，其进货直接进入分货机传送带，分送到各用户货位或直接分送到配送汽车上。

（3）加工型配送中心。加工型配送中心是指以流通加工为主要业务的配送中心。

4. 按配送货物的属性分类

根据配送货物的属性，电子商务配送中心可以分为食品配送中心、日用品配送中心、医药品配送中心、化妆品配送中心、家电产品配送中心、电子产品配送中心、书籍产品配送中心、服饰产品配送中心、汽车零件配送中心及生鲜处理中心等。

由于配送的产品不同，配送中心的规划方向也完全不同。例如，生鲜品配送中心主要处理蔬菜、水果与鱼肉等生鲜产品，属于低温型配送中心，由冷冻库、冷藏库、鱼虾包装处理场、肉品包装处理场、蔬菜包装处理场及进出货暂存区等组成，冷冻库温度为−25℃，冷藏库温度为0~5℃，所以又称湿货配送中心。而图书产品配送中心，由于图书有新出版、再版等特性，尤其是新出版的图书或杂志，其中80%不上架，直接理货配送到各书店，其余20%左右的库存在配送中心等待客户再出货。另外，图书或杂志的退货率非常高，有三成到四成。因此在规划图书产品配送中心时，就不能与食品配送中心和日用品配送中心一样。服饰产品配送中心也有淡、旺季及流行性等特性，而且较高级的服饰必须使用衣架悬挂，其配送中心的规划也有特殊性。

7.2.3 物流配送中心的功能

物流配送中心的具体功能如下。

1. 货物保管功能

货物保管功能是物流配送中心的主要功能之一，但物流配送中心与一般的仓库不同，其仓库形式、平面布置、设备组成等，首先要有利于货物的拣选作业。为了充分利用仓库的面积和空间，为了提高保管货物的入出库频率，随着科技和生产的进步，货架向高层化发展，作业向机械化、自动化发展，保管机械向短通道或无通道发展，库存账目管理和货位管理向计算机化（WMS，MRP-2）发展，物流配送中心与相关企业的信息交换向网络化（ERP）发展。

2. 货物周转功能

物流配送中心必须及时将各种原材料送到生产商手中，同时，要把生产好的成品送到中间商手中，这就是货物周转功能。货物生产流通是连续进行的，任何一个环节的疏忽，都会造成不可估量的后果，这在客观上要求配送中心起到货物周转的作用。

3. 货物分类功能

货物在物流配送中心进行保管时，一般按保管单元分区域存放。但货物出库时，首先按客户订单商品目录进行拣选，同一张订单中的货物可能只有一种，但通常是若干种；同一订单中的货物可能在一个区域内存放，但通常是在不同的区域内存放；客户所需货物的数量可能是一个保管单元，但有时不是一个保管单元。配送作业人员在进行货物拣选作业时应根据具体情况，是采用一张订单，按顺序到有关保管区去一一拣选，还是先分解若干张订单，让有关保管区的人员分别拣选有关货物，然后按订单一一汇总。这些都会影响物流配送中心设计的复杂性。

4. 货物加工功能

经济高效的运输、装卸、保管一般需要大的包装。但在物流配送中心下游的零售商、最终客户，一般需要小的包装。为解决这一矛盾，有的物流配送中心设有流通加工功能。流通加工与制造加工不同，它对货物不做性能和功能的改变，仅改变货物的尺寸、数量和包装形式。例如，粮油配送中心是将大桶包装的油加工成瓶装小包装的油，饲料配送中心则是将多种饲料的大包装加工成混合包装的小包装。

5. 货物信息处理功能

物流配送中心利用现代化的信息技术，如计算机网络技术、车载通信系统、联络系统，形成一个完整的信息流管理系统，将商品信息通过计算机硬件、网络和通信设备、计算机软件、信息资源、信息用户和规章制度组成以处理信息流为目的的人机一体化系统。

7.2.4 物流配送中心作业流程

物流配送中心的作业流程是规划物流配送中心的基础。物流配送中心的作业主要有收货、验收入库、储存、拣选配货、配装、加工、送货和信息处理等。

1. 收货

收货是物流配送中心运作周期的开始。收货包括订货和接货两个过程。物流配送中心收到和汇总门店的订货单后，首先要确定配送货物的种类和数量，然后要查询物流配送中心现有库存中是否有所需的现货。如果有现货，则转入拣选流程；如果没有现货或虽然有现货但数量不足，则要及时向总部采购部门发出订单，进行订货。通常在商品资源宽裕的条件下，采购部门向供应商发出订单以后，供应商会根据订单的要求很快组织供货，物流配送中心接到通知后，就会组织有关人员接货。接货时要在送货单上签收，还要对货物进行检验。

2. 验收入库

采用一定的手段对接收的货物进行检验，包括数量的检验和质量的检验。若与订货合同要求相符，则可以转入下一道工序；若不符合合同要求，物流配送中心将详细记录差错情况，并拒绝接收货物。按照规定，质量不合格的商品将由供应商自行处理。

经过验收之后，物流配送中心的工作人员随即要按照类别、品种将货物分开，分门别类地存放到指定的仓位和场地，或直接进行下一步操作。

3. 储存

储存主要是指常备储存，是为了保证销售需要，但要求合理库存，同时要注意在储存业务中做到确保商品不发生数量和质量变化。还有一种储存形态是暂存，是指具体执行日配送时，按分拣配货要求，在理货场地所做的少量储存准备；或是在分拣配货之后，形成的发送货物的暂存。其作用主要是调节配货与送货的节奏，储存时间不长。

4. 拣选配货

拣选配货是指物流配送中心的工作人员根据信息中心打印出的要货单上所要的商

品、要货的时间、储存区域，以及装车配货要求、门店的位置，将货物挑选出来的一种活动。拣选的方法一般是摘果式分拣和播种式分拣。

5. 配装

为了充分利用载货车厢的容积和提高运输效率，物流配送中心常常把同一条送货路线上不同门店的货物组合、配装在同一辆载货车上，这样不但能降低送货成本，而且可以减少交通流量、改变交通拥挤状况。一般对一家门店配送的商品集中装载在一辆车上，这样既减少了配送事项，也有利于保护环境。

6. 加工

加工主要是对生鲜品进行切、垛、去除老叶等作业，或给服装等加标签，对促销品进行捆绑等简单的劳动。

7. 送货

送货是物流配送中心的最终环节，也是物流配送中心的一个重要环节。送货包括装车和送货两项活动。一般情况下，物流配送中心都使用自备的车辆进行送货作业。同时，物流配送中心也借助社会上专业的运输组织力量，联合进行送货作业。此外，为适应不同客户的需要，物流配送中心在进行送货作业时常常做出多种安排：有时是按照固定时间、固定路线为固定用户送货；有时是不受时间、路线的限制，机动灵活地进行送货作业。

8. 信息处理

信息处理主要是物流配送中心与客户进行信息沟通，在配送的各个环节传递信息，如接收门店订货，并对订货信息进行处理，打印拣选单等。另外，为保障物流配送中心整体的正常运作，在业务上还需要进行信息处理、业务结算、退货、废弃货物处理等作业。

7.3 物流配送中心选址

物流配送中心在配送系统中处于枢纽位置，对整个系统起着承上启下的作用。因此，物流配送中心选址方案的合理与否，关系到整个物流系统的发展。物流配送中心的建设对电子商务企业的发展有着极其重要的影响，所以企业必须高度重视物流配送中心的选址工作，并要与企业战略目标保持一致。

7.3.1 物流配送中心选址的原则

物流配送中心的选址，实际上是一个多种因素平衡和协调的过程，要选出投资省、占地少、建设快、运营费用低且具有最佳经济效益、社会效益和环境效益的方案。这是物流配送中心选址的基本原则。在具体选址过程中，应遵守以下四个原则。

1. 适应性原则

物流配送中心的选址应与国家或地区的经济发展方针、政策相适应，与所在地区的城市规划、交通规划、产业规划等相适应，与物流资源分布和需求分布相适应。

2. 协调性原则

物流配送中心的选址应将国家或地区的物流网络作为一个大系统来考虑，使配送中心的设施设备在地域分布、作业能力、技术水平、运输通道等方面与周边的物流系统相协调。

3. 经济性原则

在物流配送中心日后的运营过程中，有关选址的费用，主要包括建设费用、物流配送费用和经营管理费用三部分。物流配送中心选址定在市区、近郊区或远郊区，未来这三部分费用是不一样的，应综合考虑，选在使总费用最低的地址建设物流配送中心。

4. 可持续发展的原则

选址的可持续发展原则有三层含义：一是选址要节约土地；二是注意尽量不影响周边的居民生活、城市景观、城市交通等，将环境污染等负面影响降到最低；三是既要考虑目前的实际需要，又要考虑日后的发展，所用土地应具有可扩展性。

7.3.2 物流配送中心选址的主要因素

影响物流配送中心选址的因素很多，既有微观的又有宏观的，既有定量的又有定性的。归纳起来，物流配送中心选址应该考虑的影响因素大致可分为以下六种。

1. 自然环境因素

自然环境因素主要包括气象条件、地理条件和水文条件三个方面。

（1）气象条件。配送中心选址主要考虑自然环境中的湿度、盐分、降雨量、降雪量、风向、风力等，特别要考虑地震、山洪、泥石流、台风等自然灾害对配送中心的影响。选址时还要避开风口，以免加速露天堆放商品的老化。

（2）地理条件。配送中心应选择建在地势较高、地形平坦之处，且应具有适当的面积与外形。地形坡度应在1%~4%，外形上可选择长方形，不宜选择狭长或不规则形状。另外，还要考虑地质情况，要求土壤承载力高，因为某些容重很大的物品堆码起来会对地面造成很大压力。

（3）水文条件。配送中心选址需远离容易泛滥的河川流域与上溢的地下水区域，要认真考察水文条件，地下水位不能过高，洪泛区、内滞区、干河滩等区域应禁止使用。

2. 经营环境因素

经营环境因素主要包括货物流量、货物流向、商品特性、物流费用、服务水平、人力资源条件和城市的扩张与发展七个方面。

（1）货物流量。物流配送中心设立的根本目的是降低社会物流成本，如果没有足够的货物流量，规模效益就不能得到充分发挥。所以，物流配送中心的建设一定要以足够的货物流量为基础。

（2）货物流向。货物流向决定着物流配送中心的工作内容和物流设施、设备等的配置。对于供应物流来说，物流配送中心主要为生产企业提供原材料、零部件，应选择靠近生产企业的地点，便于减少生产企业的库存，随时为生产企业提供服务，同时可以为生产企业提供暂存或发运工作。对于销售物流来说，物流配送中心的主要职能是将产品集中、分拣、配送到门店或客户手中，故应选择靠近客户的地点。

（3）商品特性。物流配送中心应该根据经营商品的不同特性来选址，需考虑分布在不同地域的产业结构、产品结构和产业布局。

（4）物流费用。物流费用是物流配送中心选址的重要考虑因素。大多数物流配送中心应选择接近物流服务需求地，如接近大型工业、商业区，以便缩短运距、降低运费等。

（5）服务水平。在电子商务环境下，能否实现准时运送是物流配送中心服务水平高低的重要指标。因此，在物流配送中心选址时，应保证客户在任何时候向配送中心提出物流需求，都能获得快速满意的服务。

（6）人力资源条件。在高效的配送作业中，数量充足和素质较高的劳动力也是很重要的因素。因此，物流配送中心选址时必须考虑专业技术工人、熟练工人和其他劳动力的来源、数量及质量能否满足配送中心的需求。

（7）城市的扩张与发展。物流配送中心的选址，既要考虑城市扩张的速度和方向，又要考虑节省物流总费用和减少装卸搬运次数。

3. 基础设施状况

基础设施状况主要包括交通条件和公共设施状况两个方面。

（1）交通条件。交通条件是影响配送成本及效率的重要因素，交通不便将直接影响物流配送。因此，物流配送中心一般选址在靠近交通枢纽的位置，如紧邻港口、交通主干道枢纽、铁路编组站或机场等，而且要便于两种或两种以上交通方式的联运。

（2）公共设施状况。物流配送中心所在地要求城市道路、通信等公共设施齐备，有充足的动力、能源供应条件，且周边具备污水、废物处理能力。

4. 社会环境因素

社会环境因素主要包括政策环境、环境保护要求和居民生活状况三个方面。

（1）政策环境。政策环境也是影响物流配送中心选址的重要因素。如果有国家政策的支持，将更有利于物流配送中心的发展。政策环境包括企业优惠措施、城市规划、地区产业政策等。

（2）环境保护要求。物流配送中心选址既要考虑保护自然环境与人文环境等因素，还要尽可能降低对城市生活的干扰。

（3）居民生活状况。该因素主要是指当地居民的生活情况，包括教育发展情况、宗教信仰、生活水平等。

5. 客户分布状况

电子商务客户分布范围广泛，而且具有不确定性，因此需要根据历史统计资料，分析客户的分散程度，并对客户的数量和位置进行预测，选择客户最集中的区域建立物流配送中心。

6. 地区的网络化发展水平

网络是电子商务的重要组成部分,电子商务的许多环节都是依靠网络来完成的。如果地区网络化水平低,则会阻碍电子商务业务在该地区的发展,配送需求也会大大减少。另外,电子商务配送采用先进的计算机技术和自动化设备为客户提供服务,如果网络化水平低,也会阻碍先进技术的运用。因此,应该考虑在网络化水平较高的地区设立物流配送中心。

7.3.3 物流配送中心选址的程序和步骤

物流配送中心选址的程序如图 7-1 所示。

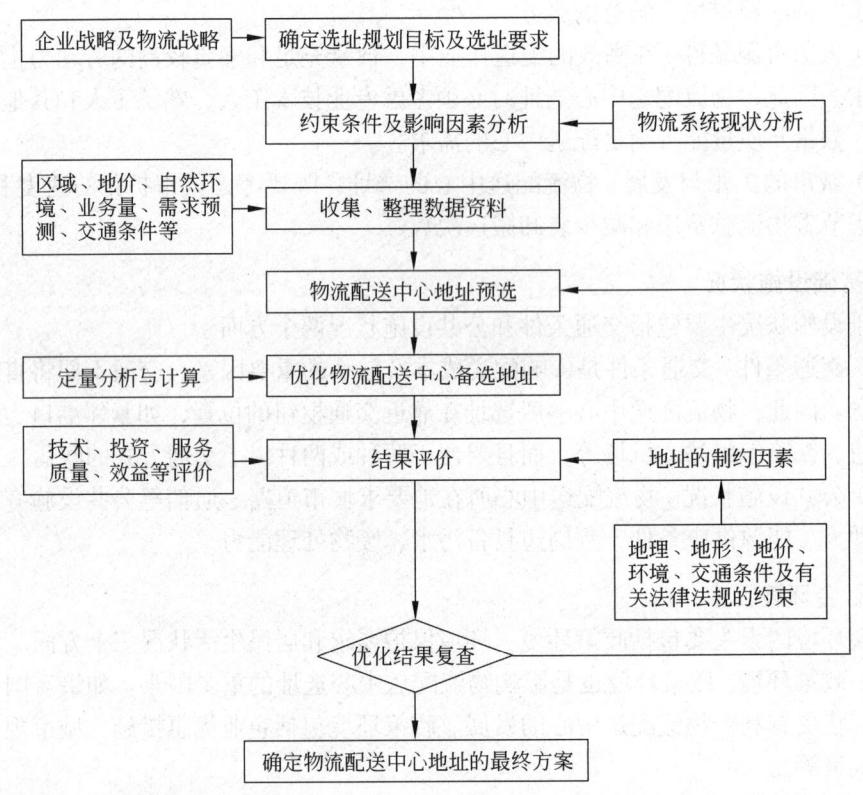

图 7-1 物流配送中心选址的程序

1. 确定选址规划目标及选址要求

首先,分析企业战略及物流战略,明确企业发展方向及物流系统在企业发展中的地位。其次,进一步明确物流配送中心在物流系统中的地位,明确现有物流设施的布局,分析新建物流配送中心的必要性和意义,确定新建物流配送中心选址规划目标。最后,详细界定企业对物流配送中心选址的具体要求。

2. 约束条件及影响因素分析

在对企业物流系统现状进行分析的基础上，确定物流配送中心选址的约束条件，并分析影响物流配送中心选址的各类因素，包括需求条件、运输条件、配送服务的条件、用地条件、区域规划、流通加工职能条件等。不同类型的物流配送中心对选址的要求有所不同，如农产品配送中心、建材配送中心、化工产品配送中心等对选址都有特殊要求。此外，还需要根据实际情况确定影响物流配送中心选址的关键因素。

3. 收集、整理数据资料

物流配送中心的选址方法一般是通过把运输费用、配送费用及物流设施费用模型化，根据约束条件及目标函数建立数学模型，从中寻求费用最低的方案。但是，采用这种方法寻求最优选址方案时，必须对业务量、费用等资料进行正确的分析和判断。

（1）业务量资料。物流配送中心选址时，应掌握的业务量数据主要包括以下几类：物流配送中心向客户配送的货物类型及数量；物流配送中心储存的货物类型及数量；供应商向物流配送中心供应的货物类型及数量；配送路线上的业务量。由于这些数据在不同时期会有波动，因此要对所采用的数据进行研究。除对有关企业现状的各项数据进行分析外，还必须确定物流配送中心投入使用后的预测数据。

（2）费用资料。物流配送中心选址时，应掌握的费用数据包括以下几类：供应商到物流配送中心的运输费用；物流配送中心到客户的运输费用；与设施、土地有关的费用及人工费、业务费等。由于前两项费用会随着业务量和运距的变化而变动，所以必须对吨/公里的费用进行分析。第三项包括固定费用和可变费用，最好根据固定费用与可变费用之和进行成本分析。

（3）其他资料。物流配送中心选址时，还需要用缩尺地图表示客户的位置、现有设施的位置和供应商的位置，并整理备选选址的配送路线及距离等资料；必备车辆数、作业人员数、装卸方式、装卸费用等资料要结合成本分析来确定。

4. 物流配送中心地址预选

物流配送中心选址要根据上述各影响因素进行定性分析和评估，大致确定几个备选地址。在确定备选地址时，首先要确定区域范围，如在全球范围内选址，要先确定国家；在某一国范围内选址时，要先确定某个省份。然后进一步将物流配送中心的位置确定在某个城市或商业区内。备选地址的选择是否恰当，将直接影响最优方案的确定。备选地址过多，候选方案的优化工作量将过大，成本较高；备选地址过少，可能导致最终方案远离最优方案，选址效果差。所以，合适的备选地址是物流配送中心选址规划中非常关键的一步。

5. 优化物流配送中心备选地址

物流配送中心备选地址确定后，下一步要做的就是优化备选地址。这就要针对不同情况，确定选址评价方法，得出优化后的地址。若对单一物流配送中心进行选址，可以采用重心法等；若对多个物流配送中心进行选址，可以采用鲍莫-瓦尔夫模型等。近年来，选址理论发展迅速，计算机技术在其中也得到了广泛应用，这些都为优化备选地址提供了有力的支持。

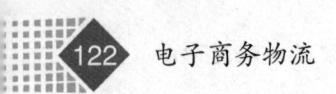

6. 结果评价

定量分析方法主要考查影响选址的经济因素，所以依据定量模型得出的结果选择经济上最为可取的物流配送中心地点，实际中却行不通。这是因为除经济因素外，还有很多非经济因素影响着物流配送中心的选址，如气象、地形等。因此，要结合自然环境、经营环境、法律法规等对计算结果进行评价，看结果是否具有现实可行性。

7. 优化结果复查

分析各影响因素对计算结果的影响程度，分别赋予其相应的权重，采用权重因素分析法对计算结果进行复查。如果复查通过，则进入下一个阶段；如果复查发现原计算结果不合适，则返回物流配送中心地址预选阶段，重新分析，直至得到合适的结果为止。

8. 确定物流配送中心选址的最终方案

如果优化结果通过复查，即可将优化结果作为最终选址结果。但是，所得方案不一定为最优方案，可能只是符合企业现实需求的满意方案。

7.4 物流配送中心规划

物流配送中心一旦确定便会长期运行，合理的选址不仅能够节约运行费用，还能提高物流作业效率乃至整个物流系统的服务水平。所以，在建设物流配送中心时，要考虑到物流配送中心建成后的企业物流运营状况，先将各方面情况综合考虑，然后选择合适的物流配送中心，避免将来运营时出现规划不善导致的闲置或不能满足需求等状况。

7.4.1 物流配送中心选址规划

物流配送中心选址规划是指在包含若干供应点及需求点的区域内，选择合适的位置设置配送中心的过程。

一般来说，较优的物流配送中心选址方案是使物品通过配送中心的汇集、中转、分发，直至配送到需求点的全过程效益最好。物流配送中心拥有众多设施及物流设备，一旦建成很难搬迁，如果选址不当，将付出长远代价。因此，物流配送中心的选址规划是物流配送中心规划与设计的关键环节。物流配送中心的选址决策是物流系统中具有战略性意义的决策问题，其选址是否合理，对整个物流系统的合理化、社会效益和企业命运都起着决定性的作用。

物流配送中心选址常见的方法有最优化规划方法、解析方法、启发式方法、仿真方法和综合因素评价法。

1. 最优化规划方法

在实际的选址过程中，人们通常会遇到一些约束条件，如时间约束、路线约束和成本约束等。最优化规划方法就是指在某些特定的约束条件下，从给定的几个可用的选择中挑选出一个最佳的方法。随着计算机计算速度和能力的增强，人们可以用最优化规划方法求解复杂的配送中心选址问题。最优化规划方法中，目前应用最多的是0~1整数规划技术及线性规划技术。

2. 解析方法

解析方法是指以距离、需求量、时间中的某一个变量或者是三个变量的结合为坐标系，以配送中心的位置为因变量，解析出若干自变量来，再用相应的数学方法求出配送中心的位置坐标。解析方法考虑的影响因素比较单一，主要适用于简单情况下单个配送中心的选址问题。对于选址时运输成本并不是主要考虑因素的，解析方法通常并不适用，需要借助其他方法来解决选址问题。

3. 启发式方法

启发式方法是一种逐次逼近最优解的方法。大部分启发式方法是在20世纪中叶提出的，如遗传算法、模拟退火算法等。用启发式方法选址时，第一步要定义目标函数，即计算总费用，然后规定判别规则、改进途径，接下来需要给出初始方案，最后迭代求解。启发式方法不是精确算法，不能保证给出的解决方案一定是最优的，但只要规则设立恰当，获得的可行解就会非常接近最优解。随着计算机的广泛运用，借助计算机来实现启发式方法的计算过程变得十分容易。启发式算法不能保证得到最优解，但通常可以得到满意解，而且启发式算法相对最优化方法计算简单、求解速度快，因此在实际中是一种使用频率很高的方法。

4. 仿真方法

兴建物流配送中心是一项投资额较大的工程。在实际操作中，时间、配送成本等各个因素都会变化，如果不考虑这些变化，往往会造成投资的失败，损失巨大。在物流配送中心的选址问题上，仿真方法可以通过反复改变和组合各种参数，多次试行，评价不同的选址方案。仿真方法可以描述多方面的影响因素，因此具有较强的使用价值，常用来求解较大规模的、难以计算的问题。其不足主要有两点，一是需要进行比较严格的模型可信性和有效性检验；二是不能提出初始方案，只能对各个已存在的备选方案进行评价，从中找出最优方案。所以，在运用这项技术时必须首先借助其他技术找出各初始方案，初始方案的好坏会对最终决策结果产生较大影响。同时，仿真方法对人和机器的要求往往较高，要求设计人员具备丰富的经验和较高的分析能力，而复杂的仿真系统对计算机硬件的要求也较高。

5. 综合因素评价法

综合因素评价法是指全面考虑各种影响因素，并根据各影响因素的相对重要性对各备选方案进行评价、打分、择优，从而确定最终的选址方案。综合因素评价法有层次分析法、模糊综合评价法等。层次分析法和模糊综合评价法在物流配送中心的选址研究中有较为广泛的应用，但这两种方法都是基于线性的决策思想，在当今复杂多变的环境下，线性决策思想逐渐暴露出一定的局限性，所以非线性决策方法将成为今后研究的重点和趋势。

7.4.2 物流配送中心布局规划

1. 物流配送中心布局规划内容

物流配送中心布局规划包括作业区域划分与区域功能规划。

（1）作业区域划分。根据作业区域的性质，物流配送中心的作业区域可分为物流作业区域、辅助作业区域和建筑外围区域。辅助作业区域和建筑外围区域统称周边辅助活动区域。物流配送中心的作业区域还可进一步细分为一般性物流作业区、退货物流作业区、换货补货作业区、流通加工作业区、物流配合作业区、仓储管理作业区、厂房使用配合作业区、办公事务区、劳务活动区、厂区相关活动区。

划分作业区域可借助物流配送中心作业区域分析表（见表7-2）。该表详细列举了作业类型、作业项目、作业性质及承担各作业项目的作业区域。

表 7-2 物流配送中心作业区域分析表

作业类型	作业项目	作业性质	作业区域
仓储管理作业	定期盘点	定期对整个物流配送中心的物品进行盘点	□仓储区 □拣选区 □散装拣选区
	不定期抽盘	不定期按物品种类轮流抽查盘点	□仓储区 □其他区域
	到期物品处理	针对已超过使用期限的物品所做的处理作业	□仓储区 □废品暂存区 □其他区域
	即将到期物品处理	针对即将到期的物品所做的分类标识或处理作业	□仓储区 □其他区域
	移仓与储位调整	配合需求变动与品项变化调整仓储区域或储位分配	□仓储区 □调拨仓储区 □其他区域

（2）区域功能规划。在作业区域划分的基础上，针对不同作业区域的特点，可详细设定各作业区域的功能及作业能力需求。规划区域功能可借助区域功能规划表（见表7-3）。

表 7-3 区域功能规划表

作业区域	规 划 要 点		
进出货平台	□进出货口共享与否 □装卸货车辆型号 □装卸货车辆回车空 □配送客户数量	□进出货口临近与否 □有无装卸货物配合设施 □装卸货所需时间 □进货时段	□装卸货车辆进出频率 □物品装卸载特性 □供应商数量 □配送时段
进货暂存区	□每日进货数量 □进货点的作业内容	□托盘使用规格 □进货等待入库时间	□容器流通程度

续表

作业区域	规 划 要 点		
理货区	□ 理货作业时间 □ 容器流通程度	□ 进货品检作业 □ 有无拆盘配合设施	□ 品检作业时间
仓储区	□ 最大库存量需求 □ 储区规划原则 □ 自动化程度需求 □ 盘点作业方式	□ 物品特性 □ 储位指派原则 □ 物品使用期限 □ 物品周转效率	□ 物品品项 □ 存货管制原则 □ 储存环境需求 □ 未来需求变动趋势
拣选区	□ 物品特性 □ 订单处理原则 □ 客户订单数量资料 □ 自动化程度需求	□ 配送品项 □ 订单分割条件 □ 订单拣取方式 □ 需求变动趋势	□ 每日拣出量 □ 订单汇总条件 □ 流通加工作业需求

2. 物流配送中心区域布局规划方法

物流配送中心区域布局规划主要有以下四种方法。

（1）摆样法。摆样法是利用二维平面比例模拟方法，将按一定比例制成的样片放在同一比例的平面图上表示设施的组成、设施、设备或活动，通过相互关系分析，调整样片位置可得到较好的布局方案。这种方法适用于简单布局规划与设计问题，对复杂问题则不大适用，且花费的时间较多。

（2）图解法。图解法有螺线规划法、简化布局规划法和运输行程图等。该方法的优点在于将摆样法与数学模型法相结合，但现在应用较少。

（3）系统布局规划法。系统布局规划法以大量的图表分析和图形模型为手段，通过引入量化的关系密级的概念，建立各作业单元的物流相关关系图与非物流相关关系图，从而构成布局规划模型。该方法是当前布局规划与设计的主流方法。该方法最早应用于工厂的平面布局规划，后来逐渐应用到物流配送中心的区域布局规划与设计中。

（4）数学模型法。这是指把物流系统抽象为一种数学模型，通过求解数学模型找到最优解，运用运筹学、系统工程中的模拟优化技术研究最优布局问题，用数学模型提高物流配送中心区域布局的精确性和效率。但数学模型的求解往往比较困难，需要借助计算机的强大运算能力，解决布局规划的复杂任务。计算机辅助求解的布局方法有很多，大体可分为两大类。

① 构建型算法。根据 SLP 理论，从物流和非物流信息出发，逐一对设施进行选择和放置决策，从无到有，生成比较好的或最优的平面布局图。

② 改进型算法。对初始布局方案进行改进，交代待布局部门的位置，通过对布局对象之间有规律的交换，保留新的优化方案，寻找一个成本最低的布局方案。

目前人工智能技术的发展为平面布局提供了功能强大的算法。由于物流配送中心的区域布局规划与设计是典型的未解难题，因此人工智能技术成为在有效时间内寻找满意解的可行算法。人工智能技术应用快速并行处理，一则可以同时得到多个解，丰富了备选方案；二则其允许代价更高的解出现，从而可以跳出局部最优点，解决对初始解敏感的问题。

7.4.3 物流配送中心车辆路径优化

配送路径优化是建立在一般路径优化的基础之上，由丹齐格（Dantzig）和拉姆泽（Ramser）于 1959 年提出的，被归纳为 vehicle routing problem，简称 VRP。配送路径优化是指在一定的约束下，根据已知的信息，如待服务客户的网点布局、物流配送中心的位置、车辆的最大负荷等信息，为车队制定适当的行车路线分送货物，在满足客户需求的同时，达到既定的目标，实现路程最短、成本最低、耗时最少等目标。

1. 物流配送中心车辆路径优化问题的考虑因素分析

在对电子商务环境下的配送路径进行优化之前，要对电子商务影响配送路径优化问题的各要素有清晰的了解。传统的配送路径优化问题往往只考虑一些常规要素，如运输网络、配送中心、客户、货物、目标函数、约束条件和优化算法等，研究的内容一般局限于算法的改进优化，大部分研究仍将最短路径作为目标函数的基础，以降低成本和节约时间。研究电子商务环境下的物流配送问题时，除要考虑影响 VRP 问题的常规要素，还要考虑与电子商务相关的要素，如配送车辆的经济车速、城市的交通条件、道路条件，甚至是当天的天气状况等。物流配送中心车辆路径优化需要考虑的因素具体如下。

（1）运输网络。运输网络主要由物流配送中心、客户和运输路线三方面组成。运输路线将物流配送中心和客户连接起来，构成一张平面图。对运输网络的了解是路径优化的基本条件。

（2）物流配送中心。物流配送中心作为配送的始发点，其数量和选址对配送路径优化有着至关重要的影响。

（3）客户。客户作为配送路径中的一个节点，其位置分布、收货时间、所需货物的量都是路径优化中要考虑的问题。

（4）货物。由于载货车辆的载重量或容积有限，路径优化要考虑到货物的载重量或容积。

（5）目标函数。VRP 问题的目标主要有以下五种：①最小化总运输成本；②最小化配送车辆总配送里程；③最小化配送车辆数；④最大化客户服务水平；⑤其他目标，如最小化配送车辆空载里程、最小化违约时间等。

（6）约束条件。VRP 问题的约束条件主要有以下三种：①车辆能力约束，如载重量和容积有限；②配送里程约束，如每种配送车辆都有自己的最大配送距离约束；③任务时间约束，如客户要求货物送达的时间是一定的。

（7）优化算法。VRP 问题一直是物流和算法研究领域的热点问题，它对提高配送系统效率和节约物流成本有重要的理论和实际意义。目前对 VRP 问题的求解方法非常多，一般可以分为两大类：精确算法和启发式算法。

（8）经济车速。经济车速是指汽车行驶中以最节省的方式消耗燃料的速度。车辆在行驶时，耗油量随着车速的变化而变化。根据汽车燃油的特性，当车辆低速行驶时，耗油量随着车速的增加而减少；当车速过了某个临界值时，耗油量又会随着车速的增加而增加。这个临界值就是经济车速。

（9）交通条件。在城市配送中，影响车辆车速的一个主要因素就是交通条件，也就是拥堵。目前在人们生活的城市，拥堵已经司空见惯，不同程度的拥堵每天都在发生，尤其是每天早晚高峰道路交通量大，导致车辆行驶缓慢。

（10）道路条件。道路条件是指由道路状况决定的，并影响汽车运行的因素。车辆的行驶速度不仅受交通条件的影响，还受道路条件的影响。道路条件对车速的影响主要来自以下几个方面：车道干扰情况、车道宽度、车道数、车流密度、路口数及施工路段等。此外，路面质量对车辆配送也有一定的影响。因此，在进行电子商务物流路径优化时，一定要先熟悉各种备选路径的道路条件。

（11）天气状况。天气状况对车速的影响主要体现在以下两个方面。①对驾驶员心理上的影响。天气的阴晴、气候的冷暖都对驾驶员的心情有一定的影响。晴空万里常常给人带来不错的心情，阴天却可能使驾驶员心情沮丧，尤其是低温和酷暑天气，容易使驾驶员疲劳、心情不佳、动作迟缓、反应迟钝，从而影响车速，甚至导致事故。②对交通状况的影响。相较于心理变化对车速的影响，恶劣天气对车速的影响要明显得多。众所周知，暴雨、暴雪、冰雹等恶劣天气都会对车速有不同程度的影响。

（12）配送的时效性。电子商务企业之间竞争的加剧让消费者对电子商务配送提出了更高的要求，消费者已经不仅要求电子商务企业在恰当的地点将正确数量的商品完好送达，更要求企业尽量缩短配送时间。鉴于此，当前很多B2C电子商务企业提供了"次日达"和"今日达"服务，以确保配送的时效性。

（13）客户配送点的随机性。在传统配送模式中，客户收货地址往往是一定的，商品的需求量往往也是一定的，因此每天的配送路径不会有太大的变化。而在电子商务配送模式中，配送企业面对的客户是最终消费者，这些最终消费者分散在城市各处，只有这些客户下订单后，才能最终确定配送点的最终位置，因此电子商务每天所面对的客户配送点在城市中是零星随机分布的，这也给配送的时效性带来一定的困难。

2. 物流配送中心车辆路径优化的目标

电子商务环境下物流配送中心车辆路径优化的目标一般有以下四个。

（1）配送总成本最低。成本是企业最为关注的问题，因此成本也是配送路径优化中常见的优化目标。在以往的路径优化中，人们总认为配送总路程和配送总成本成正比，通常将二者等同于一个目标。但由于现实生活中拥堵问题的普遍存在，目前城市配送中最短路径并不一定是最优路径，也就是说，配送总路程最短的路径也许并不是配送总成本最低的路径。

（2）配送总等待时间最少。与其他行业的配送相比，电子商务配送中客户对配送时间的要求极为苛刻，配送的快捷性已成为电子商务企业间竞争取胜的有力武器。因此，将配送总等待时间量化为成本有一定的现实意义。

（3）配送所用车辆最少。车辆的使用会产生一定的费用，而且在没有必要的情况下增加车辆的使用数量，会导致运输成本的大幅上升。由于增加车辆所需的费用一般比增加车辆运行距离的成本要高，因此要求使用最少的运输车辆也是比较常见的优化目标。

（4）客户满意度最高。在电子商务行业，配送的个性化十足，提升客户的满意度能有效吸引更多的客户，因此将客户满意度作为优化目标是 VRP 的发展方向之一。

除此之外，电子商务环境下的配送路径优化还必须考虑配送对环境的影响，即实现企业节能减排的目标。目前正处于低碳经济的宏观大背景下，政府和社会要求企业为社会经济发展作出贡献的同时还要注重环境保护，实现可持续发展。因此，电子商务企业在进行配送路径优化时，不仅要考虑车辆运输的成本，还要考虑配送过程中碳排放量产生的成本，力求在保证完成任务的前提下将碳排放量降到最低。

单元考核

一、填空题

1. 物流配送中心是一种新兴的经营管理形态，具有_____的市场需求及降低流通成本的作用。
2. 在物流配送中心日后的运营过程中，有关选址的费用，主要包括_____、物流配送费用和经营管理费用三部分。
3. 物流配送中心选址规划是指在包含若干供应点及需求点的区域内，选择_____设置配送中心的过程。
4. 根据作业区域的性质，物流配送中心的作业区域可分为物流作业区域、辅助作业区域和_____。
5. 经济车速是指_____。

二、简答题

1. 简述物流配送的特点。
2. 简述物流配送中心的功能。
3. 简述物流配送中心选址的原则。
4. 简述物流配送中心选址常见的方法。
5. 简述物流配送中心车辆路径优化的目标。

第 8 章

电子商务物流模式

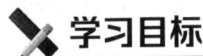
学习目标

知识目标
(1) 了解自营物流的概念、优势和劣势。
(2) 了解第三方物流的概念、特征、优势和劣势。
(3) 熟悉企业选择第三方物流要考虑的因素。
(4) 熟悉第三方物流的发展前景。
(5) 了解第四方物流的概念及特点。

技能目标
(1) 掌握自营物流的电商企业类型。
(2) 了解第三方物流模式的选择。
(3) 掌握第四方物流的运作模式。

素养目标
培养认真踏实、细心耐心、注重合作、积极上进的工作作风,具备良好的服务意识。

8.1 自 营 物 流

我国传统的储运公司经过发展形成目前的物流公司,很多物流公司的专业程度不够,在实际运营中存在各种问题,企业的实际物流需求无法得到满足,因此许多具有雄厚经济实力的大型企业,尤其是传统的制造企业纷纷开展自营物流,一方面提高了顾客满意度,另一方面能够增加企业收益。

8.1.1 自营物流的概念

自营物流是生产、流通或综合企业(集团)广泛采用的一种物流模式,物流的运输工具、储存仓库等基础设施皆由企业投资建设，并由企业负责经营管理。自营物流是电子商务企业沿用旧有的物流系统或自行组建物流系统的模式。目前采取自营物流模式的电子商务企业主要有以下两类。

1. 传统的大型制造企业或批发企业经营的电子商务网站

这类公司已在长期的传统商务中建立了初具规模的营销网络和物流配送体系，只要在开展电子商务时将其加以改进、完善，就可以满足电子商务条件下物流配送系统的要求。

2. 业务规模较大且资金实力雄厚的电子商务公司

电子商务对国内第三方物流的服务水平要求很高，在我国刚兴起电子商务时能够满足电子商务公司需求的第三方物流企业很少。一些大型电子商务公司手中持有大量外国风险投资，于是这类公司动用大量资金，在一定区域甚至在全国范围内建立自己的物流配送系统，用以抢占市场的制高点。

自营物流是一种现代化新型物流配送中心，集物流、商流、信息流于一体，电子商务企业在自建物流配送中心时，需满足电子商务对物流配送提出的各种要求，为此应广泛利用电子订货系统（EOS）、条形码技术、电子数据交换（EDI）、数据库技术、快速反应（QR）以及有效客户反应（ECR）等信息技术和先进自动化设施。

8.1.2 自营物流的优势和劣势

现代自营物流是一个新兴概念，是针对目前国内大型生产企业的物流需求提出的。现代自营物流区别于传统的自营物流，也与第三方采购物流有所差别。企业采取自营物流模式有一定的优势和劣势，具体如下。

1. 自营物流的优势

自营物流模式是由电子商务平台筹资组建的物流配送系统，从客户网上订单的签订到货物最终到达用户手中，采用"一条龙"服务，没有第三者的参与，一般是在订单量较密集地区设置仓库中心和配送点。自建物流系统最大的好处是拥有对物流系统运作的有效控制权，借此提升为企业顾客提供服务的专用性，因此配送速度及服务都是很好的。另外，自营物流模式有利于企业内部各部门之间的协调，对于获得第一手市场信息也有辅助作用，同时可以有效防止企业商业秘密的泄露。自营物流的优势如下。

（1）可以有效控制物流业务的运作。在自营物流环境下，电子商务企业可以通过内部行政权力控制自营物流运作的各环节，对供应链有较强的控制能力，可与其他业务环节密切配合，可以使企业的供应链更好地保持协调、稳定，提高物流运作效率，可以较好地保证信息流和资金流的安全，很好地支持货到付款业务。

（2）可以使服务更加快速灵活。与第三方物流相比，自营物流作为企业的一个组成部分，能够更好地满足企业在物流业务上的时间、空间和个性化要求，特别是对于有配送频繁要求的企业，自营物流能更快速、灵活地满足需求。

（3）可以加强客户沟通，提升企业形象。电子商务企业利用自己的物流系统送货，能与客户面对面接触，更好地了解客户的需求，同时让客户更好地了解自己。与客户的良好沟通和为其提供的优质服务有利于企业形象的提升和品牌的塑造。

2. 自营物流的劣势

对大部分电子商务企业来讲，企业自建物流配送体系会分散企业的财力、人力、物力，影响主营业务的发展，不利于培养企业的核心业务。如果电子商务平台订单量有限，配送达不到规模效应，就没有规模经济，会导致配送成本变高。因此，电子商务企业选择自营物流，存在以下几方面的劣势。

（1）一次性固定投入较高。由于物流体系涉及运输、仓储、包装等多个环节，建立物流系统的一次性投资较大。相关调查显示，对于不少新建电子商务企业，自建物流配送系统的物流费用常占企业成本的 30% 以上，远远高于物流外包所产生的成本。因此，自建物流配送系统必须考虑企业的短期目标与长远规划。

（2）对物流管理能力要求高。自营物流的运营需要企业工作人员具有专业化的物流管理能力和物流人才储备，否则就算有好的硬件，也无法高效运营。例如，许多自建物流配送体系的电子商务企业员工大部分是原有的富余人员，对物流配送并不了解，要想让他们适应新的工作条件和工作环境，需要对他们进行再培训，这既浪费了大量的资源，又不能顺利地开展物流配送工作。

（3）需要不断的后续投入。在电子商务企业创建初期，由于订单量、市场占有率较少，自营物流可以很好地运转，但随着企业规模的扩大和市场范围的扩宽，所涉及人力、物力、财力的管理将成倍增长，这对企业内部的协调管理提出了较高的要求，并且需要持续的投入来保持自营物流的优势。

8.1.3 自营物流的电子商务企业类型

采取自营物流模式的电子商务企业主要有以下两大类。

1. 资金实力雄厚且业务规模较大的电子商务企业

这类企业着眼于企业的长远发展，投入巨资自行组建物流配送体系，并对整个企业内的物流运作进行计划、组织、协调、控制，从而为客户提供优质的服务，提升客户体验，代表性的企业有京东、亚马逊等。

2. 传统的大型制造企业或流通企业经营的电子商务网站

由于传统的大型制造企业或流通企业在长期的传统商务中已经建立了初具规模的营销网络和物流配送体系，在开展电子商务时只需将其加以改进、完善，即可满足电子商务条件下对物流配送的要求，代表性的企业有海尔、苏宁易购等。

此外，电子商务在我国刚兴起时，由于国内第三方物流的服务水平远不能满足电子商务企业的要求，且初创时期的电子商务企业规模不大，因而企业大多选择自营物流模式，代表性的企业有京东商城（京东早期名称）、一号店（2016 年被京东收购，现更名为 1 号会员店，系京东旗下会员制购物平台）等。

8.2 第三方物流

随着全球经济一体化及新经济的迅速发展,企业面临着复杂的生存与发展环境,企业为了获得竞争优势,必须不断更新经营理念与技术能力,不断在物流领域挖掘潜在效益。衡量一个国家的综合国力,物流发展水平是重要的判断指标。企业在生存与发展过程中要尽可能降低物流成本,因此将物流功能部分或全部外包给第三方物流企业这一做法已经普及到各类有物流需求的企业。已有越来越多的企业采用第三方物流管理、策划与运作。第三方物流业务这一巨大市场已经初具规模。

8.2.1 第三方物流的概念及特征

第三方物流是指接受客户委托,为客户提供专项或全面的物流系统设计及系统运营的物流服务模式,也称合同物流。

第三方物流主要有五个特征,分别是与企业关系合同化、服务功能专业化、提供服务个性化、服务技术信息化和企业效益规模化。

1. 与企业关系合同化

第三方物流不仅能够为企业提供单项服务,更加能够提供多功能甚至全方位的物流服务,将客户物流体系的整体运作效率与效益放在重中之重。同时,第三方物流与发货方和收货方之间通过合同的形式来规范各方的行为,第三方物流企业根据合同的要求提供物流服务,并按照合同的要求管理和执行所提供的全部物流服务及其内容和过程。

2. 服务功能专业化

第三方物流企业所提供的物流管理、物流设计操作过程,以及物流设施设备均是专业化、标准化的。专业化运作能够有效提高物流水平,降低成本,从而大幅度地提高经济效益。

3. 提供服务个性化

第三方物流公司针对不同的服务对象,制订具有差异性的服务方案,根据第三方物流公司的实力,服务企业数量不同,但不论服务多少企业,基本上服务的时间较长,往往长达几年。其原因在于不同企业需要的业务流程及要求有所差异,这就要求第三方物流公司按照业务流程来制定服务方案。第三方物流企业应从客户的角度出发制定物流服务内容与增值服务项目,为客户提供定制化、个性化的服务。

4. 服务技术信息化

第三方物流的出现和发展是以信息技术的发展为必要条件的。现代信息技术传递数据既快速又准确,提高了订单处理、仓库管理、采购订货、配送发运、装卸运输等各项物流服务环节的自动化水平,现代信息技术使客户企业与物流企业方便地进行交流和协作。同时，计算机软件的迅速发展使人们能够精确计算出物流活动的成本，促使客户企业把有可能在内部完成的物流活动交由物流公司运作。第三方物流能够快速响应客户需求，与其使用先进的信息处理工具和系统是分不开的。目前常用的信息技术包括实现资金快速支付的电子资金转账（electronic funds transfer，EFT）技术、实现信息快递交换的 EDI 技术、实现网上交易的电子商务技术和实现信息快速输入的条形码技术等。

5. 企业效益规模化

第三方物流集多家企业的物流业务于一身，扩大业务规模，可以使企业的人力、物力、财力等资源得到充分利用，综合效益得到有效提高。第三方物流最重要的一个效益源泉是规模效益。第三方物流企业扩大规模的主要途径，就是努力提高物流市场的覆盖率，增加物流业务量、增加客户数。规模大小与运输车辆的多少成正比，规模越大，需要的运输车辆越多，需要的装卸搬运设施越多、越先进，需要的仓储能力和吞吐能力越大，同时也越需要更强的通信能力和更先进的技术。

8.2.2 第三方物流的优势和劣势

1. 第三方物流的优势

第三方物流给企业或客户带来了众多益处，其优势主要表现在以下五个方面。

（1）具有专业水平和相应物流网络。通过专业化的发展，第三方物流公司已经有了一定的信息网络并且积累了针对不同物流市场的专业知识，包括运输、仓储和其他增值服务。

对于第三方物流公司，获得这些信息方便而经济。对于非物流专业公司，获得这些信息和专长的费用就会非常昂贵。

（2）拥有规模经济效益。由于拥有较强大的购买力和货物配载能力，一家第三方物流公司可以从运输公司或者其他物流服务商处得到比其客户更为低廉的运输报价，可以从运输商处大批量购买运输服务，然后集中配载很多客户的货物，大幅度地降低了单位运输成本。

（3）有助于减少资本投入。通过物流外包，制造企业可以降低运输设备、仓库投资和其他物流过程中所必需的投资，从而改善公司的赢利状况，把更多的资金投在公司的核心业务上。许多第三方物流公司在国内外都有良好的运输和分销网络。希望拓展国际市场或其他地区市场以寻求发展的公司可以借助这些网络进入新的市场。

（4）资源优化配置。第三方物流企业还可以使企业实现资源优化配置，将有限的人力、财务集中于核心业务，进行重点研究，发展核心技术，努力开发出新产品参与世界竞争；同时还能为企业节省费用，减少资本积压，减少库存，提升企业形象。

第三方物流提供者与顾客不是竞争对手，而是战略伙伴，他们为顾客着想，通过全球性的信息网络，顾客的供应链管理变得完全透明化，顾客随时可以通过互联网（Internet）了解供应链的情况。第三方物流提供者还是物流专家，他们利用完备的设施和训练有素的员工对整个供应链实现完全控制，减少物流的复杂性。他们通过遍布全球的运送网络和服务提供者（分承包方）大大缩短了交货期，帮助顾客改进服务质量，树立品牌形象。第三方物流提供者通过"量体裁衣"式的设计制定出以顾客为导向、低成本高效率的物流方案，为企业在竞争中取胜创造有利条件。

（5）第三方物流公司拥有信息技术。许多第三方物流公司与独立的软件供应商结盟或者开发了内部信息系统，这使其能够最大限度地利用运输和分销网络有效进行货物追踪，进行电子交易，生成提高供应链管理效率所必需的报表和提供其他相关的增值服务。

许多第三方物流企业已在信息技术方面进行了大量投入，因此可以帮助客户确定哪种技术最有用处、如何实施，以及如何跟上日新月异的物流管理技术。与合适的第三方物流公司合作，可以使企业以最低的投入获得更好的信息技术。

2. 第三方物流的劣势

与自营物流相比，第三方物流也会给企业带来诸多不利，主要存在以下三方面的劣势。

（1）企业不能直接控制物流职能，不能保证供货的准确性和及时性，可能降低企业在顾客心目中的形象。

（2）企业可能放弃对物流专业技术的开发，依赖第三方物流，不利于自营物流的发展。

（3）不能保证顾客服务质量，可能不利于维护与顾客的长期关系。例如，第三方物流公司的员工经常与某企业的客户发生交往，此时，第三方物流公司会通过在运输工具上喷涂自己的标志或让公司员工穿着统一的服装等方式提升第三方物流公司在顾客心目中的整体形象，从而取代该企业。

8.2.3　第三方物流模式的选择

1. 综合物流代理模式的提出

物流企业在考虑策略问题的同时，还应该积极探索适合中国国情的第三方物流运作模式。这里简单介绍一下综合物流代理模式。

从第三方物流服务的需求方来看，开展综合物流代理模式，有利于降低产品成本，提高效益，增强企业竞争力，有助于企业走向国际市场。国有大中型企业要走出目前的困境，不仅需要生产适销对路的产品、采取正确的营销策略，以及强有力的资金支持，更需要加强"品质经营"，即强调"时效性"，其核心在于服务的及时性、产品的及时性、信息的及时性和决策反馈的及时性。这些都必须以强有力的物流能力作保证。自我国加入世界贸易组织后，我国企业必然要直接面对国际竞争，开拓跨国经营，这对国际物流业提出了新的要求。

从第三方物流的供给方来看，即从物流企业或物流代理企业的角度来看，开展综合物流代理模式，具有一定的现实性和迫切性。从目前中国物流业的现状来分析，物流企业虽然在数量上供大于求，但是物流服务质量不高，不能满足市场需求；物流网络资源丰富，但是利用率和管理水平低下，缺乏有效的物流管理者；行业内普遍不景气，资产闲置，职工下岗。解决问题的思路就是尽快探索出一种两全其美的、有效的物流管理运作方式，一方面，能够提供高质量的物流服务，满足市场需求；另一方面，充分利用闲置物流设施、设备，解决人员下岗问题。

从综合物流代理模式来看，该模式的管理思路就是充分利用社会上现有的物流设施、设备、人才，运用自己成熟的物流管理经验，为客户提供多样化的、定制的物流服务。在目前的经济形势下，我国物流企业完全可以不进行或者很少进行固定资产的再投资，采用委托代理的形式，满足物流市场的需求。

2. 综合物流代理的开展

国际上专门从事第三方物流的代表性企业有美国的联邦快递，其1995年的营业额达到了125亿美元；日本的佐川急便，其1995年的营业额达到57亿美元。国内专业化的物流企业主要是一些国有大型仓储运输企业和中外合资或独资企业，如中储发展股份有限公司、中外运物流有限公司、大通、敦豪、天地快运、中国邮政、宝隆洋行等。近年来，上述各公司的营业额均在亿元以上，营业范围涉及全国配送、国际物流服务、多式联运和邮件快递等。其实上述公司都已经不同程度地进行了综合物流代理运作模式的探索实践。尤其是一些与外方合资或合作的物流企业，充分发挥国外公司在物流管理、人才、技术观念和理论上的优势，率先进行综合物流代理运作。

从事综合物流代理业务的主要思路如下：①企业以不进行大的固定资产投入的低成本经营为原则；②将成本部门及产品服务生产部门的大部分工作委托他人处理，注重建立自己的销售队伍和管理网络；③实行特许代理制，将协作单位纳入自己的经营轨道；④企业经营的核心能力就是综合物流代理业务的销售、采购、协调管理及组织设计的方法与经验，并且注重业务流程创新和组织机制创新，使企业营收不断产生新的增长点。

为了提高管理效率、降低运作成本，企业不但要给出具有竞争力的服务价格，还必须采取以下措施：①坚持品牌经营、产品（服务）经营和资本经营相结合的系统经营模式；②企业的目标和发展与员工、供应商、经营商的目标和发展充分结合；③重视员工和外部协作经营商的培训，协助其实现经营目标；④建立和完善物流网络，进行分级管理，使物流活动和营销分开；⑤开发建设物流管理信息系统，应用EDI、GPS、RF、EOS、CODE BAR等技术，对货物实施动态跟踪和信息自动处理；⑥实行内部优先认股的管理机制，促进企业不断发展；⑦组建客户俱乐部，为企业建立一个稳定的客户群等。

8.2.4 企业选择第三方物流的考虑因素

在企业做出物流决策时可以考虑以下六个因素。

1. 企业规模

一般而言，大中型企业在资金、实力、规模上都具有优势，有能力自建物流体系，可以根据自己的实际需要，制订适合公司发展的物流计划，保证物流服务质量。小型企业受人员、资金和管理资源的限制，采用第三方物流服务是比较合理的选择。

2. 企业物流活动的性质和地位

如果企业的物流活动规模较小，频率较低，而且操作简便，则可以考虑物流外包。如果企业的物流活动复杂多样、范围较广、环节众多、组织严密，而且具有相当大的特殊性，则需要慎重考虑选择何种物流模式。如果要将物流活动外包给第三方，则要在企业考察、合同洽谈、执行监控、业绩考核等方面十分仔细，尽量避免管理漏洞。在某些情况下，物流是企业体现核心价值的环节，对企业的生存有着重大的意义。例如，沃尔玛一直坚持自营物流，因为物流对这家全球最大的连锁超市集团有着非同寻常的意义，沃尔玛在物流方面投资巨大，同时沃尔玛的物流系统非常先进。一方面，是因为沃尔玛的物流系统非常复杂，对物流的时效要求极为严格；另一方面，也是考虑物流的重要性，如果把物流业务委托给第三方，则需要避免第三方掌握大量的客户信息而对沃尔玛造成威胁的情况。

3. 企业对供应链的管理能力

企业是否有专门的人才和具备管理经验的人能够对供应链进行全局性把控。从企业的外部环境来说，有一些问题需要考虑，如市场是否成熟，是否有合适的第三方物流企业可供选择，交易成本和交易风险有多高，第三方物流企业所提供的服务是否处于企业可控的范围内等。

4. 成本与服务水平的平衡

随着市场竞争日趋激烈，同类企业间在产品、制造、营销甚至广告方面都出现了同质化的趋势。只依靠产品质量已经不足以构成领先优势。越来越多的企业认识到客户服务的重要性，因此，许多企业将提高服务水平作为企业的长期战略目标之一。但是，在一般情况下，服务水平的提高与成本的降低存在背反现象。在把物流委托给第三方的情况下，成本通常会降低，但是如果一味地压低物流企业的报价，挤压其利润空间，必然导致服务质量下降。长期来看，这会对企业造成十分不利的影响。因此，企业需要考虑成本和服务水平的平衡问题。

5. 物流职能与企业内部其他业务部门的关系

如果物流职能相对独立，而且形成了一定的可量化的衡量参数，则外包的过程相对容易。如果物流职能与其他业务密不可分，业务多而复杂，业务流程互相交叉，并且有很多无法量化的职能夹杂在里面，这样的物流活动就不好从企业内部剥离出去。

6. 企业的长期发展目标

企业的业务范围、业务量和业务重点不是一成不变的，而是需要随着内外部因素的变化而不断调整。这样企业的灵活性就变得非常重要。物流模式需要随着企业目标的调整而变化，物流模式不仅要满足当前的服务需求，而且要和企业的长期目标保持一致。一般说来，企业自营物流的灵活性相对差一些，一旦进行业务调整，已经成形的物流模式很难适应企业的发展，需要进行较大的调整，而如果将物流活动外包，物流模式的灵活性较大，可以随时根据企业业务重点和业务量的变化进行不同的外包组合。所以，企业在选择物流模式时，一定要有长远的目光，对企业的长期目标做到心中有数，并预留调整和发展的余地。具体到企业选择时，需要考虑的细节非常多，具体情况需要具体分析。

以上是一些基本的决策依据，根据这些因素，企业可以大致清楚自己的物流模式处于什么阶段，是否具有外包的可能性，然后结合自身情况，进行周密的分析和做出慎重的决定。

8.2.5　第三方物流的发展前景

近些年，我国经济发展迅速，在国际上的地位日渐提高，很多企业实施了国际化路线，积极参与国际竞争，同时进入国内物流市场的外资物流供应商也逐渐增多，我国第三方物流业的发展面临着严峻的挑战。具体可从以下五个方面来分析我国第三方物流发展的趋势。

1. 行业和市场的变化使运营能力得到提高

从物流行业的整体发展来看，管理和运营能力的提高离不开不断变化的市场环境。无论是基础物流服务商，还是综合物流服务商，均在应对市场环境变化方面做出了积极的尝试，基础服务商更加关注服务链和增值服务方面，综合物流服务商则侧重服务的提升。在物流服务的运作中，使用互联网的情况增加，这不仅提升了各环节的运作速度，也使服务商的管理和运营能力得到提高。

2. 改革产权制度，提高企业竞争力

我国很多国有仓储、运输企业经过转型，成为现在目前的第三方物流，并且这类第三方物流企业在我国占大多数。在物流服务运作中，这类第三方物流企业还有许多计划经济的痕迹，难以与国际市场接轨，在国际市场竞争中也不占优势。因此，必须改革产权制度，实现政企分开、所有权和经营权分离，促进股权多元化的股份制企业和完善的法人治理结构的建立，理顺权益关系，使企业在市场规则下运作，盘活企业发展动力，向现代物流企业转变。要想改革产权制度，一方面，企业要进行内部整合，优化内部资源配置；另一方面，企业要改制上市，借助资本市场的力量吸收和利用社会闲散资金，增加企业实力，建立现代企业制度，提高企业的竞争力。

3. 移动互联网的发展促使物流服务更加智能化

移动互联网和各种智能终端的普及速度非常快，第三方物流依托移动互联网形成了新的发展思路。物流公司为适应迅速发展的移动互联网形势，不断调整自身的运作方式，加快智能化进程。

（1）移动互联网改变了供应链。在对等程度更高、信息流动速度更快的移动互联网时代，供应链扁平化趋势更加明显。

（2）物流服务商对互联网的使用和智能终端的开发更加重视。客户对物流服务的跟踪更加透明，客户可以利用各类物流应用软件（App）、微信公众号等信息化手段便捷地查询和追踪物流信息。如此物流服务的整体运营更加透明，能够更加及时地将货物配送至客户手中，大幅提升了物流服务水平。

（3）在互联网便捷、公开等优势的辅助下，第三方物流公司能够实现服务和品牌的增值。

（4）物联网和云计算在物流服务中被广泛使用，条形码技术、RFID技术等的应用使服务更加便捷，而且通过信息的及时导入和共享，能够随时且及时地追踪物流动态。物流服务商的运作模式被移动互联网彻底改变，在供应链的各环节都加入了各种先进的技术，促使物流服务更加智能化。

4. 物流专业人才的培养受到重视，专业教育培训体系得以建立和完善

现代物流作业对技术要求高、信息量大、环节复杂，各种物流信息难以确定。因此，现代物流企业属于人才与技术密集型企业。第三方物流企业要想在行业中立于不败之地，拥有一批懂得生产管理、熟悉现代物流规律的专业人才是重中之重。企业的竞争离不开人才，专业的人才已经成为企业竞争的关键。专业物流人才的缺失问题已经为很多第三方物流企业所重视，应积极采取措施，引入高科技物流人才。积极促进物流企业与高校合作，邀请教师和学生走进企业。学生到企业参观或实习，企业借此机会留住有能力、有知识的物流专业学生；聘请高校物流专业的教师走进企业，为员工讲解供应链管理、物流供应链、物流运输、供应链系统等相关知识，提高员工对物流行业的理论认识。同时，还要建立和完善专业教育培训体系。这主要依靠高校对物流行业人才的培养，在社会发展的需求之下，高校所开办的物流相关专业是否能够真正适应行业的发展，为物流企业输送人才，是否能够真正解决岗位上的工作问题，都是高校在办学过程中需要重点考虑的问题。企业应该与高校展开紧密合作，为高校物流人才的培养提供准确、明确的方向。

5. 信息技术是物流信息系统建设的核心

快速发展的信息技术使物流服务更加快捷，送货延时、库存积压、运输缓滞等现象大大减少。信息化程度已经成为对现代物流企业实力的评价标准。随着市场环境的不断变化，企业要在物流信息系统建设方面下足功夫。一是准确判断实际情况并建立有形网络。二是促进物流信息系统的建立和完善，通过管理信息系统、数据交换技术、互联网等信息技术，促进物流企业和客户资源共享，实时跟踪物流服务各环节，对物流服务实现全程管理与有效控制，形成相互依赖的市场共生关系。

电子商务与现代物流相互渗透、共同发展，电子商务物流发展迅速。网上订货、签单、结算已经非常普遍，企业已经基本全面实现对客户的个性化管理。在电商模式的推动下，第三方物流开发新线上线下（online to offline，O2O）平台已经势在必行。目前我国有很多企业在积极尝试建立新型O2O平台，并且一些企业已经取得了一定成果。例如，福佑卡车物流软件的设计理念是"互联网+物流"，整合了物流经纪人、货主资源等平台，使用人可以在线发布信息，车主可自主选择适合的物流公司合作，从而提高物流效益。再如，"运吧"App由浙江嘉兴的一家物流公司开发并推行，货运司机能够利用这款App对货主位置、运输任务等进行查阅。福佑卡车物流软件和"运吧"App等的应用对电商模式下信息不对称问题的解决有一定的效果。因此，第三方物流应该利用信息技术构建新型O2O平台，形成全国物流配送中心网络系统，以使各物流配送中心实现信息互通、共享，并使货运车与物流区间无缝衔接，进而实现物流服务的高效性。

8.3 第四方物流

第三方物流由于缺乏对企业物流系统的决策规划，缺乏对整个物流系统及供应链进行整合规划所需的技术战略知识，无法有效解决电子商务环境下的物流瓶颈，因此需要发展一种新的、能够为物流系统提供战略决策的，由服务商参与、规划并整合的物流系统，于是第四方物流应时而出。

8.3.1 第四方物流的概念及特点

第四方物流的英文为 fourth party logistics，FPL 或 4PL，其概念最早由管理咨询公司埃森哲（又名安盛咨询）提出，并且将第四方物流作为专有的服务商标进行了注册，并将其定义为：一个调集和管理、组织自身及具有互补性服务提供商的资源、能力与技术，提供全面的供应链解决方案的供应链集成商。

第四方物流不仅控制和管理特定的物流服务，而且对整个物流过程提出方案，并通过电子商务将这个程序集成起来，因此第四方物流商的种类很多，变化程度亦可以很大。

第四方物流的关键在于为客户提供最佳的增值服务，即迅速、高效、低成本和个性化服务等。而发展第四方物流需平衡第三方物流的能力、技术及贸易流畅管理等，但亦能扩大本身营运的自主性。

第四方物流具有以下两个特点。

（1）第四方物流主要通过影响整个供应链来获得价值，且能够为整条供应链的客户带来利益。第四方物流将第三方物流服务商的能力和管理咨询集成、融合起来。当然，只有通过技术公司、咨询公司与物流公司的协作，才能准确、完整、科学地设计、运作和实施一套客户价值最大化的、统一的技术方案。第四方物流企业通过发挥自身的特长，帮助客户规划、制定适合客户的个性化物流系统。客户可以将自身的资源与精力集中于核心业务，而物流的规划功能完全可以外包给第四方物流。第四方物流为客户及自身带来的整体效益是惊人的，这是因为第四方物流跳出了仓储或运输单方面的效益，重点关注整条供应链，具体如下。

① 随着服务质量的提高、物流成本的降低和实用性的增加，采用第四方物流，可实现利润增长。

② 提高运作效率、增加流程和降低采购成本，以达到降低运营成本的目的。

③ 采用现代信息技术、标准化管理和科学的管理流程，使存货和现金流转次数减少而实现工作成本的降低。

④ 通过第四方物流，客户能够减少固定资产占用，实现资产利用率的提高，客户可以将更多的资源投入产品开发、研究设计、销售与市场拓展等方面，从而获得更高的经济效益。

（2）第四方物流提供了一个综合性供应链的解决方案，以有效满足需求方多样而复杂的需求，集中资源解决客户问题。第四方物流充分利用了各种服务提供商（包括第三方物流、呼叫中心、合同物流供应商、电信增值服务商、信息技术供应商等）的能力。总之，第四方物流通过提供一个综合性的、全方位的供应链解决方案，以满足客户广泛而复杂的需求，具体如下。

① 功能转化。功能转化主要是物资采购、销售和操作规划、客户响应、配送管理以及供应链技术等，通过流程再造、战略调整、提高技术和改变管理，实现客户间供应链运作的一体化。

② 再建供应链。在第四方物流的运作中，供应链管理的传统模式被改变，将商贸战略与供应链战略连成一线，创造性地设计了参与者之间的供应链，使其达到一体化标准。

③ 再造业务流程。可在客户与技术系统和供应商信息之间建立紧密联系，把人的因素和业务规范有机结合起来，从而有效贯彻实施整个供应链规划和业务流程。

目前电子商务、运输企业、第三方物流、网络工程等大批服务者都受到第四方物流的影响。实施第四方物流，联结客户，通过合作或联盟，可开展多功能、多流程的供应链业务，提供多样化服务。第四方物流可以高质量、高速度、低成本地完成各种服务。随着社会经济的不断发展，第四方物流将得到更加广泛的运用。

> **课堂小贴士　第四方物流与第三方物流的区别**
>
> 在服务内容方面，第四方物流服务的质量更高，内容更多，覆盖范围更广。同时，需求方企业对第四方物流企业的要求也更高，如在服务领域方面要求更广，在增值服务方面的要求也更加广泛。
>
> 在组织形式方面，第四方物流由客户及其合作伙伴以长期合同或合资的形式建立起来，第三方物流则由供需双方以外的第三方完成物流服务。
>
> 在信息平台利用方面，第四方物流打造了一个信息应用平台，更重视物流信息系统建设，利用条形码技术、射频技术、企业资源计划和全球定位系统等物流管理软件有效整合供应链，充分满足客户日益增长的信息化需求。第四方物流可以充分利用自身的管理经验、资源优势和资本规模，集成很多物流企业的资源，打造一个规范、统一的信息应用平台。第四方物流通过这一平台可以为各参与方改善物流管理程序。第三方物流则不具备巨大的资源、技术等优势，既难以担当这种信息平台的"领导者"角色，也难以发挥"枢纽"的作用。
>
> 在协同能力方面，第四方物流提供的供应链解决方案更具综合性和独特性，在整合所有资源的基础上能够为客户提供更完善的解决方案。第三方物流能够为企业解决物流发展中的部分问题，但不具备整合社会所有物流资源的能力，第三方物流企业各自为政，难以实现协同效应。

8.3.2　第四方物流的运作模式

在实际运用中，企业会根据不同的要求或者具体的情况选择相应的第四方物流运作模式。目前第四方物流企业面对的客户也会提出个性化的定制需求，这些定制方案的制作基础源于三种典型运作模式,即协同化运作模式(synergy plus,SP)、方案集成商运作模式(solution integrator,SI)和行业创新运作模式(industry innovator,II)。

1. 协同化运作模式

协同化运作模式也称知识密集型模式,是第四方物流和第三方物流共同开发市场,两者由合同绑定或者以联盟的形式形成协作关系,规划与整合物流系统的解决方案,并利用双方的能力和市场范围形成优势互补、互相协作,以共同从中获取利益。在这种模式中,第四方物流向第三方物流提供一系列第三方物流缺少的战略技能和技术指导,如供应链策略、技术、项目管理的专业能力和市场进入能力等。第四方物流通过第三方物流这样一个具体实施者来实现自己的思想和策略,共同服务其客户。图 8-1 所示为第四方物流协同化运作模式示意。

2. 方案集成商运作模式

方案集成商运作模式是第四方物流的核心发展模式。该模式中,由第四方物流利用其成员的资源、技术和能力进行整合与管理,为客户提供全面、集成的供应链运作和管理服务。在这种模式中,第四方物流与客户成立合资或合伙公司,并由第四方物流作为领导者,整合自身和第三方物流的资源、技术和能力,集成多个服务供应商的资源,为客户提供全面的、集成的供应链方案。一般在同一行业范围内多采用这种运作模式,供应商与制造商等成员处于相关业务范围内或供应链上下游,彼此间的业务联系紧密,熟悉彼此专业,具有一定的依赖性。图 8-2 所示为第四方物流方案集成商运作模式示意。

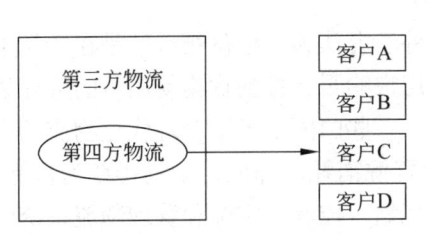

图 8-1　第四方物流协同化运作模式示意　　图 8-2　第四方物流方案集成商运作模式示意

3. 行业创新运作模式

行业创新运作模式的特点是过程复杂,但回报丰厚。该模式中,第四方物流的提供者为多个行业的参与者建立和管理供应链解决方案,以组织参与者之间的同步和协作为重点,整合整个供应链,通过运作策略、技术和整个供应链的实践来实现效益。第四方物流作为连接上游第三方物流和下游客户的纽带,联合第三方物流及其他服务供应商,向下游客户提供运输、配送、仓储等全方位的高端服务,通过高超的技术能力和运作策略来提高整个行业的效率。图 8-3 所示为第四方物流行业创新运作模式示意。

总之,上述三种第四方物流的运作模式都突破了第三方物流的局限性,最大化地整合资源,做到真正的高效率、低成本以及实时运作。之所以能具有这些优势,是因为第四方物流拥有跨越整个供应链运作以及真正整合供应链流程所需的战略专业技术,而第三方物流独自或者通过与自己有密切关系的转包商来为客户提供服务,不太可能提供具有整合性、综合性、集成性的技术、运输与仓储等服务。上述三种第四方物流运作模式适用于不同类型的行业、企业，为其提供个性化的服务。

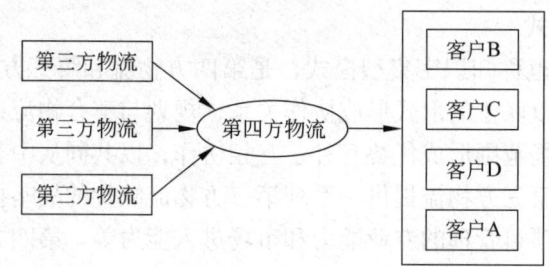

图 8-3　第四方物流行业创新运作模式

8.4　新型物流

目前我国的新型物流主要包括绿色物流、冷链物流、实体分仓物流、应急物流、危险品物流、电子物流等，还包括云物流、逆向物流等。此处重点介绍绿色物流、冷链物流、危险品物流和云物流。

8.4.1　绿色物流

绿色物流是近些年出现的一个新概念。一些国外学者认为，绿色物流就是在产品生产到原材料的获取、运输、包装、仓储，再到最终用户购买，直到货物使用后的废弃物回收与处理等环节中，使用对环境负责的物流系统。一些国内学者结合现代化物流的内涵和可持续发展的原则，认为绿色物流是指以减少资源消耗、降低污染物排放为目标，通过面向环境管理的理念和先进的物流技术，合理规划、控制、实施和管理物流系统的过程。

1. 绿色物流产生的背景

（1）人类环境保护意识的觉醒。世界经济的迅速发展带来人类生存环境的不断恶化，如资源枯竭、臭氧层空洞扩大、能源危机等情况不断加深，生态系统失去平衡、环境遭受污染。在此背景下，人类逐渐认识到生态环境保护的重要性。20世纪60年代以来，人们的环境保护意识开始觉醒，从而带动了绿色消费运动在世界各国兴起。消费者在关心自身健康和安全的同时，也关注地球环境的改善，开始倾向于使用有利于环境保护的服务、产品及相应的消费方式。

（2）世界经济一体化潮流的推动。世界经济一体化使一些传统的关税和非关税壁垒逐渐淡化，环境壁垒逐渐兴起。企业进入国际市场必须通过 ISO 14000 认证。预防污染和持续改进是 ISO 14000 的两个基本思想，要求建立环境管理体系，以最大限度降低产品和服务、经营活动中每一个环节对环境的影响。ISO 14000 适用于所有产业，包括物流业。物流企业进入国际市场的基本条件就是发展绿色物流。

（3）各国政府和国际组织的倡导。世界上绿色物流发展较快的国家，其政府对绿色物流和环境保护都采取了积极倡导的态度。因此，绿色物流的发展速度与政府行为密切相关。各国政府积极推动绿色物流发展，表现主要包括为环保事业增加资金投入、组织力量监督环保工作的进行以及为引导企业的环保行为而制定专门的政策和法令等。国际组织在环境保护和绿色物流发展方面也做出了积极努力，并取得显著成效。联合国于1992年在第27届联合国大会中通过决议，把每年的6月5日作为世界环境日，且规定有专门的活动主题，对世界环境保护工作的开展起到了重要的推动作用。联合国环境署、世贸组织环境委员会等国际组织也举行了许多国际性会议，关注环保方面的发展，签订了许多环保方面的国际公约与协定，这些都对绿色物流的发展起到了促进作用。

（4）现代物流业可持续发展的需要。现代物流业的可持续发展一定要与绿色营销、绿色生产、绿色消费等绿色经济活动紧密衔接。人类的经济活动不能因物流而过分地破坏环境、消耗资源，以至于造成重复污染。此外，绿色物流还是企业最大限度降低经营成本的必由之路。一般认为，产品从投产到销出，制造加工时间仅占10%，而几乎90%的时间用在仓储、运输、分装、装卸、信息处理、流通加工等物流过程。因此，绿色物流必然是现代物流业可持续发展的方向。

2. 绿色物流系统的构成

从物流作业环节来看，绿色物流系统包括绿色运输、绿色包装、绿色流通加工等；从物流管理过程来看，主要是从环境保护和节约资源的目标出发，改进物流体系，既要考虑正向物流环节的绿色化，又要考虑供应链上逆向物流体系的绿色化。绿色物流的最终目标是可持续发展，实现该目标的准则是经济利益、社会利益和环境利益的统一。具体来看，绿色物流系统的构成主要包括以下四个方面。

（1）绿色运输。在运输过程中产生燃油消耗和尾气排放，是物流活动造成环境污染的主要原因之一。因此，绿色物流系统的首要构成部分就是绿色运输，绿色运输的主要特点是在运输过程中最大限度节约能源、减少废气排放，合理布局与规划运输路线，合理选择运输路线和运输工具，缩短运输路线、提高车辆装载率，同时注重养护运输车辆，使用清洁燃料，实现节能减排。

（2）绿色仓储。绿色仓储，一方面要求仓库布局合理，以便减少运输里程、节约运输成本。仓库布局过于密集会导致运输次数增加，消耗能源，污染物排放量增大；布局过于疏松，则会增加空载率，降低运输效率。另一方面，仓储内部布局要科学，要充分利用有限的仓储空间，实现仓储面积利用的最大化，降低仓储成本。

（3）绿色包装。包装是物流活动中的重要环节。绿色包装是采用节约资源、降低废弃物排放、保护环境的包装方式。绿色包装实现途径如下：绿色化包装设计，尽量使用可降解材料；绿色化包装实施过程，简化包装生产过程；鼓励包装废弃物回收再利用，提倡包装反复使用、合理处理废弃包装。

绿色包装可以提高包装材料的回收利用率，有效避免环境污染，控制资源消耗。

（4）绿色流通加工。为使流通中的商品成为更加符合消费者需求的最终产品，一些企业会在流通过程中对商品进行生产性加工。实现绿色流通加工主要有以下两个途径：采取专业集中加工的方式，进行规模性作业，以提高资源利用效率，减少环境污染；将消费品加工中产生的边角废料集中处理，以减少消费品分散加工所产生的废弃物污染。

8.4.2 冷链物流

随着经济的不断发展，人民的生活水平日益提高，人们的食品消费观念随之发生转变，从传统的单一性、缓慢性向多样性、快捷性转变。在此背景下，冷链物流业发展迅速。

1. 冷链物流的概念

冷链物流是指冷藏冷冻类食品在生产加工、运输、储藏、配送、销售等环节中始终处于规定的低温技术环境下，以在更长的时期内保持食品质量的安全性，减少此类食品在各环节中的质量损耗的一种系统工程。冷链物流要求对生产、运输、销售、经济和技术性等各要素进行综合考虑，协调相互间的关系，以确保冷冻冷藏类食品在生产、加工、销售和运输过程中保值增值。随着科学技术的进步、制冷技术的发展而建立起来的冷链物流是以冷冻工艺为基础，以制冷技术为手段的低温物流运输过程，其不仅需要特别装置，还需要注意对运送过程的监管、时间的掌控、运输形态的控制等，是占成本比例非常高的一种特殊物流形式。

2. 冷链物流的特点

冷冻冷藏类食品的含水量高，极易腐烂变质，影响了运输半径和交易时间，因此对物流各环节的保存条件有很高的要求。由于冷链物流的首要目的是保证冷冻冷藏等易腐食品的品质，是以保持低温环境为核心要求的供应链系统，所以与一般常温物流相比，冷链物流的要求更为严格，也更加复杂。其特点如下。

（1）建设冷链物流系统，要比建设常温物流系统投入更多的资源，技术也更为复杂，这是一项庞大的系统工程。

（2）冷冻冷藏食品的时效性对冷链各环节的组织协调性具有更高的要求。

（3）冷链物流系统的运作始终与能耗成本紧密相关，从效益的角度上，要做到既保证冷链系统的正常运作，又要有效控制运作成本。

3. 冷链物流的适用范围

冷链物流的适用范围包括以下三个方面。

（1）加工食品和速冻食品，包括禽、水产、肉等包装熟食，冰激凌、奶制品、巧克力等食品，以及快餐原料等。

（2）初级农产品，包括蔬菜、肉、禽、蛋、水果、花卉、水产品等。

（3）特殊商品和药品、需要冷藏冷冻的化工危险品等。

4. 冷链物流的运作条件

冷链物流系统由控温储藏、冷藏加工、冷藏运输、冷藏销售四方面构成。

（1）控温储藏。控温储藏包括食品的冻结储藏和冷却储藏，以及蔬菜、水果等食品的气调储藏，通过这三种方式，使食品在储存和加工过程中保持低温保鲜环境。在此环节中，涉及的储藏工具主要有各类冷藏库、加工间、冻结柜、冷藏柜和家用冰箱等。

（2）冷藏加工。冷藏加工包括冷却与冻结肉禽类、鱼类和蛋类等，以及在加工作业过程中需要低温环境的情况，也包括果蔬的预冷，奶制品和速冻食品的低温加工等过程。在这一环节中，涉及的设备主要有冷链装备、速冻装置和冻结装置等。

（3）冷藏运输。冷藏运输包括保证在低温状态下中、长途运输和短途配送货物的过程。在冷藏运输过程中，保证食品品质的主要方法之一即温度控制，因此运输工具应具有良好的性能，既能保持规定的低温，更要保持稳定的温度，长途运输尤其要注意温度控制。在冷藏运输中，涉及的设备主要有冷藏汽车、铁路冷藏车、冷藏集装箱、冷藏船等低温运输工具。

（4）冷藏销售。冷藏销售包括进入批发零售环节的各种冷链食品的冷冻储藏和销售，要依靠生产厂家、批发商和零售商共同完成。目前我国大中城市各类连锁超市的发展迅速，各种连锁超市成为冷链食品的主要销售渠道。在这些零售端，大量使用了冷藏、冷冻陈列柜和储藏库，冷藏销售已经成为完整的食品冷链中不可或缺的环节。

8.4.3 危险品物流

危险品物流是一种特殊商品的物流，是物流行业的一个特殊组成部分。相对普通物流，危险品物流更需要全面、准确、可靠的信息管理和控制。

1. 危险品运输的特点

危险品一般都是工业原料或产品，具有特殊的物理、化学性能，在接触和处理时必须遵守相应的规则，以免发生事故，造成灾害，其运输环节是一项技术性很强的工作，主要具有如下五个特点。

（1）品类繁多，性质各异。按照危险货物的危险性，《危险货物分类和品名编号》（GB 6944—2012）将危险品分为九类，其中第一类至第六类再被分成项别。

（2）危险性大。危险货物作为一种特殊品类，在运输中具有很大的危险性，容易造成人员伤亡和财产损失。

（3）运输管理方面的相关规章、规定多。危险品运输是整个道路货物运输的一个重要组成部分，除要遵守道路货物运输共同的规章，还要遵守许多特殊规定。

（4）专业性强。危险品运输不仅要满足一般货物的运输条件，严防超载、超速等危及行车安全的情况发生，还要根据货物的物理和化学性质满足特殊的运输条件。通常危险品运输的专业性主要表现在车辆专用、人员专业、业务专营等方面。

（5）仓储场地专储。对危险品的储存和报关也必须加以特别的管理。仓库和场地必须符合所储存货物的要求，如干燥通风、防火等。

2. 我国危险品物流存在的主要问题

（1）物流效率低，存在不合理现象。由于危险品运输配装存在诸多限制，运输过程中难以选择合适承载能力的运输工具,因此危险品运输容易造成严重超载,产生安全隐患,或者实载率低、重复运输、浪费运力的现象。

(2)多头管理,效能不足。危险品物流行业同时受公安、交通、质检、环保、卫生以及工商、税务、海关等部门的监督和管理,各部门都制定了相关的法规和规定。

(3)事故应急机制落后。道路运输部门对危险货物运输事故处理尚无快速反应的有效机制,一般是通知发货人、收货人来处理,而且由于对危险货物的危害认知不足,相关防范、救援措施不能及时跟上,往往贻误施救时机,造成不必要的损失。

8.4.4 云物流

云物流是基于云计算应用模式的物流。在云平台上,所有的物流公司、代理服务商、设备制造商、行业协会、管理机构、行业媒体等被集中整合成资源池,各资源相互展示和互动,按需交流,达成意向,从而降低成本、提高效率。

云物流平台是面向各物流企业、物流枢纽中心及各类综合型企业的物流部门而建立的平台,是满足信息化要求的技术平台。该平台依靠的是强大的云计算处理能力。此外云物流流程的标准化、业务覆盖的广泛性、环节控制的精确化以及信息共享的实现等优点也为该平台的可操作性提供了支持。

云物流平台可以根据物流业信息化状况分为公共信息平台、物流管理平台和物流园区管理平台三部分。公共信息平台针对客户服务层,包括会员注册、在线交易、物流咨询和综合查询等,获取信息能力强。物流管理平台针对的是用户作业层,具体工作内容包括订单管理、配送管理、仓储管理、运输管理等,能提高工作效率,进而拓展业务领域。物流园区管理平台针对的是决策管理层,具有物业管理、车场管理、财务结算、用户管理、视频监控等功能。

1. 云物流的特征

物流公司有些类似自来水公司,需要水池、自来水管道、水龙头等设备。而快递公司就是"水池",提供全国各地发货公司的货单,在"水池"中将货单信息按照时间、地点、紧急程度分类,然后通过特定的"自来水管道"和"水龙头",即通过航空、公路、铁路等运输途径以及配送公司将货单送到收件人手中。全国各地的货单在"水池"中被分类处理正是依靠拥有强大计算能力的云计算平台,快递公司通过计算机访问云物流平台获取配送信息,进而完成配送货服务。云计算具有以下五个特征。

(1)服务动态化。云物流平台能够按需为客户提供物流服务,客户只需在该平台发布需求信息,平台就能够动态地对客户需求做出回应,为其提供所需服务。

(2)信息共享。在云物流平台上,公司之间可以共享客户的需求信息(该平台引入了物联网、虚拟化等技术,所形成的标准物流作业流程支持不同物流服务间的互操作性),即具有共享信息的能力。

(3)提高自组织能力。这是指云物流之间出于对共同利益的追求,对资源进行整合而完成整个物流服务过程的一种能力。在物流服务链中各企业也能够在物流服务过程中提升自身的服务水平以及市场适应能力。

（4）提高服务协同能力。现代物流的发展趋势是为客户提供一体化服务。云物流的服务协同能力是指针对多个物流服务环节进行服务的协同，通过对不同物流服务的整合，协同完成一体化的物流服务。

（5）贯穿整个生命周期。云物流的运作模式贯穿客户物流需求的整个生命周期，通过对智能信息技术如物联网、云计算、语义 Web 和数据挖掘等的运用，实现服务链整个生命周期的智慧物流服务。

2. 云物流应用于快递行业的依据

（1）物流模式的转变。在传统的物流配送中，需求是由物流配送中心中的任意一个且只能由一个物流配送中心来配送，即配送点与需求点之间是一对一或一对多的关系，物流资源并不是集成管理，也不存在一体化调度，物流配送中心之间资源独立、运营独立。然而，云物流模式打破了物流配送中心之间的壁垒，在虚拟资源池内对物流资源进行一体化调度，向用户提供标准化的物流服务。资源池是对物流资源和能力的集成与整合。

在新的资源分配模式下，云物流模式可以跨越企业边界，物流资源和物流服务之间关系是松散的，不同物流配送中心的物流资源可以实现以总成本最低为目标的调度和匹配。物流配送中心和需求点之间的服务映射关系是多对多的关系。因此，云物流能充分调动闲散物流资源，提高物流资源的利用率，实现全社会物流资源的优化配置。

（2）运输条件的改善。基于云计算的云物流通过物流平台的构建在资源池内实现信息共享，同时能高效找到匹配的订单，进而根据订单进行配送。然而在配送过程中，若只依靠某一种运输方式，则很难满足人们对现代物流发展的要求，因此要因地制宜、综合发挥不同运输方式的优势，实现各种运输方式的有机结合。

目前我国综合交通运输体系已初步形成，公路运输、铁路运输、航空运输等运输效率随着科技的发展不断提高，港口、机场的建设和物流技术装备的更新也大大缩短了快递行业的运输时间，为门到门服务提供了便利。

（3）互联网的发展使信息更易获得。云物流将运单按照时间、地点、货物种类和紧急程度进行分类整理，然后将运单挂在物流平台上，快递公司只需一台计算机就可以访问云物流平台，方便地找到匹配的订单，发货单位也可方便地在平台上找到合适的物流公司。在整个过程中所有公司和客户的信息都被公开挂在平台上，实现了整个物流过程的公开化和透明化。

单元考核

一、填空题

1. 第三方物流是指接受客户委托为客户提供专项或全面的物流系统设计及系统运营的物流服务模式，也称_____。

2. 如果企业的物流活动规模较小，频率较低，而且操作简便，则可以考虑_____。

3. _____模式是第四方物流的核心发展模式。
4. 绿色包装是采用节约资源、_____、保护环境的包装方式。
5. _____是一种特殊商品的物流,是物流行业的一个特殊组成部分。

二、简答题

1. 简述自营物流的优势。
2. 简述第三方物流的特征。
3. 简述绿色物流系统的构成。
4. 简述冷链物流的运作条件。
5. 简述危险品运输的特点。

第 9 章

供应链管理

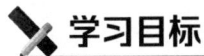 学习目标

知识目标
（1）了解供应链管理的概念和特点。
（2）掌握推动式供应链管理和拉动式供应链管理。
（3）熟悉牛鞭效应的概念。
（4）了解供应链管理环境下的库存问题。

技能目标
（1）能够掌握供应链管理的内容和要素。
（2）能够了解牛鞭效应的成因和缓解方法。
（3）能够掌握库存管理的基本原理和方法。
（4）能够掌握供应链库存管理策略。

素养目标
紧跟时代潮流，争做有为青年。

9.1 供应链管理概述

长期以来，企业出于管理和控制生产资源的目的，对为企业提供原材料、半成品或零部件的其他企业一直采取投资自建、投资控股或兼并的"纵向一体化"（vertical integration）管理模式。实行"纵向一体化"的目的在于加强核心企业（core company）对原材料供应、产品制造、分销和销售全过程的控制，使企业在市场竞争中掌握主动，从而达到增加各个业务活动阶段利润的目的。

"纵向一体化"模式在传统市场竞争环境下有其存在的合理性，然而在信息化、科技化发展的今天，在市场竞争日益激烈、顾客需求不断变化的现代社会，这种模式已逐

渐显示出无法快速、敏捷地响应市场机会的弊端。因此，越来越多的企业对传统管理模式进行改革或改造，把原来由企业自己生产的零部件外包出去，充分利用外部资源，与外包企业形成一种水平关系，人们形象地称为"横向一体化"。

9.1.1 供应链管理的概念

供应链管理就是要对传统的、自发运行的供应链进行人为的干预，使其能够按照企业（核心企业）的意愿，对相关合作伙伴的工作流程进行整合，从而达到供应链整体运作最佳的效果。因此，供应链管理反映的是一种集成管理思想和方法。

《中华人民共和国国家标准 物流术语》（GB/T 18354—2021）中对供应链管理进行了定义："利用计算机网络技术全面规划供应链中的商流、物流、信息流、资金流等，并进行计划、组织、协调与控制。"

9.1.2 供应链管理的特点

供应链管理具有以下四个特点。

1. 供应链管理是一种基于流程的、纵横的、一体化经营的集成化管理模式

供应链管理以流程为基础，以价值链的优化为核心，强调供应链整体的集成与协调，通过信息共享、技术交流与合作、资源优化配置和有效的价值链激励机制等实现经营一体化，打破了以职能部门为基础的传统管理模式，摆脱了职能矛盾、利益目标冲突、信息分散等造成的整体目标难以最优化的弊端。

2. 供应链管理是全过程的战略管理

供应链中的各环节不是彼此分割的，而是环环相扣的一个有机整体。从总体上考虑，如果只依赖部分环节的信息，容易出现决策失误、计划失效、管理失效。因此，最高管理层要充分认识到供应链管理的重要性和整体性，积极运用战略管理思想，这样才能有效实现供应链的管理目标。

3. 供应链管理提出了全新的库存观

传统的库存只是企业与其上下游企业之间在不同市场环境下实现的货物的转移，整个社会库存总量并未减少。在买方市场的今天，供应链管理的实施可以加快产品通向市场的速度，尽量缩短从供应商到消费者的距离。再者，供应链管理把供应商看作伙伴，而不是对手，从而使企业对市场需求的变化反应更快、更经济，总体库存得到大幅度降低。

4. 供应链管理以最终客户为中心

不论供应链中的企业有多少类型，也不论供应链的长度有多长或多短，供应链都是由客户需求驱动的，企业创造的价值只能通过客户的满意度并产生利润来衡量。只有客户取得成功，供应链才得以存在、延续并发展。因此，供应链管理以最终客户为中心，以客户服务、客户满意与客户成功为管理的出发点，并贯穿供应链管理的全过程，将提高客户服务质量、实现客户满意、促进客户成功作为创造竞争优势的根本手段。

9.1.3 供应链管理的内容

供应链管理主要涉及五个主要领域：需求（demand）、计划（plan）、物流（logistics）、供应（sourcing）、回流（return）。由图 9-1 可知，供应链管理是以同步化、集成化生产计划为指导，以各种技术为支持，尤其以互联网和内部网络为依托，围绕供应、生产作业、物流（主要指制造过程）、需求来实施的。供应链管理主要包括计划、合作和控制从供应商到用户的物料（零部件和成品等）和信息。供应链管理的目标在于提高用户服务水平和降低总的交易成本，并且寻求两个目标之间的平衡（这两个目标往往有冲突）。

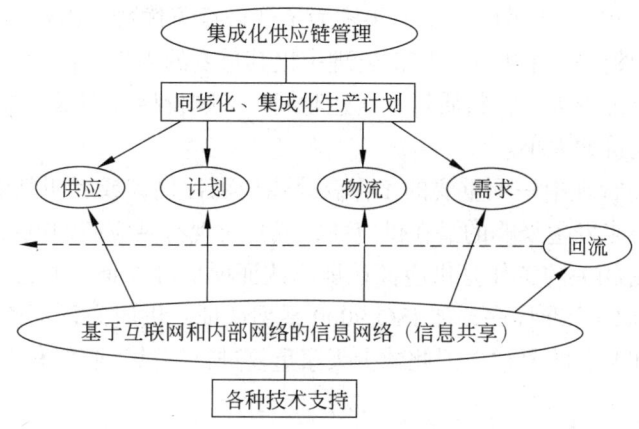

图 9-1 供应链管理涉及的领域

以这五个领域为基础，可以将供应链管理细分为基本职能领域和辅助职能领域。基本职能领域主要包括产品工程、产品技术保证、采购、生产控制、库存控制、仓储管理、分销管理等。辅助职能领域主要包括客户服务、制造、设计工程、会计核算、人力资源、市场营销等。

除了企业内部与企业之间的运输问题和实物分销，供应链管理还包括以下内容。
（1）战略性供应商和用户合作伙伴关系管理。
（2）供应链产品需求预测和计划。
（3）供应链的设计（全球节点企业、资源、设备等的评价、选择和定位）。
（4）企业内部与企业之间物料供应与需求管理。
（5）基于供应链管理的产品设计与制造管理、生产集成化计划、跟踪和控制。
（6）基于供应链的用户服务和物流（运输、库存、包装等）管理。
（7）企业间资金流管理（汇率、成本等问题）。
（8）反向物流（回流）管理。
（9）基于互联网和内部网络的供应链交互信息管理等。
供应链管理注重总的物流成本（从原材料到最终产成品的费用）与用户服务水平之

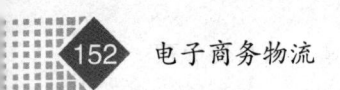

间的关系，为此要把供应链各项职能活动有机结合在一起，从而最大限度发挥供应链整体的力量，实现供应链企业群体获益。

9.1.4 供应链管理的要素

在供应链管理活动中，有几个要素是非常重要的，分别是采购要素、运营要素、配送要素和整合要素。

1. 采购要素

传统的买家—供应商关系注重多重采购、竞标，使用短期合同，这就导致买家与供应商之间经常处于敌对关系，买家只关心采购价格，而不是供应商的能力和其对买家长期竞争力的贡献。进入21世纪以来，买家为了获得竞争优势，出现了与供应商建立长期战略合作伙伴的趋势。采购是供应链管理中极其重要的因素，因为买家—供应商关系和供应商的能力决定着进货物料质量、送达时间、采购价格等因素。供应商的问题决定了最终客户付出代价的大小。

因此，供应商管理中一项重要的工作就是供应商评估，或者叫判明供应商的能力。这种评估是针对将来发生采购的潜在供应商，或是对现有供应商的执行能力进行阶段性评估。另一项紧密相关的工作是供应商认证，认证项目可以是企业自己制定并执行的，也可以是国际公认的标准程序，如ISO 9000系列认证。供应商认证使得买家默认供应商符合产品质量和服务的要求，因此减少买家重复进行测试、监督和更深入的评估。

2. 运营要素

当物料、零部件和其他产品被运到买方处，在组装或者将零部件成品化的过程中，一系列的内部运营工作变得十分重要。内部运营工作要确保所生产的产品数量准确，并满足特定的质量、成本和客户服务的要求。

在一年当中，需求经常发生季节性变化。根据历史需求模型，企业可以预测这种变化何时发生，并利用预测技术指导周和月度生产计划。如果需求与预测不相符，那么企业要么是出现大量库存（或服务能力过剩），要么是无法满足需求。这两种情况都会导致资金损失甚至永久丢失将来的生意。为使损失最小化，企业依靠需求管理战略和系统，以生产能力和需求相匹配为目标，改进生产计划、压缩需求、延期交货，或者增加生产能力。

控制和管理库存是运营管理的一个重要方面，对公司有重要价值。企业一般使用物料需求计划软件系统管理库存。该系统可以通过企业资源规划贯穿整个企业并连接供应链伙伴，为供应链参与者提供实时销售数据、库存和生产信息。同时还可以根据产品的复杂程度和供应链的设计对系统结构进行调整。

3. 配送要素

产品生产出来后，会通过各种运输方式送到客户手中。按照规定的时间、质量和数量将产品运送给客户，需要公司和客户之间高水平的计划与协作，涉及各种配送要素或服务（如运输、仓储、拆分和再包装服务）。许多情况下，服务是在同一时间被生产和传递给客户的，所以服务非常依赖服务者的能力和成功的服务传递，以满足客户要求。

配送需要输出的是客户服务。为了提供客户所急需的服务,企业必须明确客户需求，并提供运输、仓储、包装和信息服务的正确组合，成功地满足客户需求。通过与客户经常性的联系，企业总结出客户关系管理战略，包括如何满足预定日期的送货、如何解决客户投诉、如何与客户沟通、如何决定所需要的配送服务等。从供应链管理的角度，这些应对客户的行为也为配送的重要性增添了砝码，因为在供应链中第二级、第三级和最终产品的客户都直接受益于供应链内部各个阶段配送的效率。

4. 整合要素

供应链中的各种行为需要协同运作，因为供应链的参与者一起工作，制定的生产、仓储、运送和采购决策会影响供应链利润。如果其中的一个行为失败或运转很差，链条的供应就会中断，会危害整个供应链的效率和效益。同时也需要企业内部职能的整合，这样供应链才会成为一个整体。这种供应链整合与原有各家企业追求本利润最大化的目标常常相反，致使在许多供应商—买家—客户关系中供应链整合很难被接受。因此，企业需要克服困难、转变观念、改变敌对关系、减少冲突，在企业内部和企业之间架设桥梁，直至供应链整合成为现实。

9.2 供应链管理模式

供应链管理模式常被划分为推动式和拉动式两种。推动式供应链管理以生产企业为中心，即产品的供需是由生产企业的生产能力决定的，这样的供应链管理在发展初期适应了以制造业为主的市场经济的发展。随着市场需求日益多样化，推动式供应链管理不再适应市场经济的发展，随之产生了拉动式供应链管理。拉动式供应链管理以市场需求为动力，是适应客户需求个性化的发展而产生的。

9.2.1 推动式供应链

1. 推动式供应链的概念

推动式供应链是一种以制造商为核心企业，根据产品的生产和库存情况，有计划地把商品推销给客户的供应链模式。其驱动力源于供应链上游制造商的生产，整个供应链上的生产和分销决策都是基于长期预测的结果做出的。

2. 推动式供应链的特点

（1）预见性和前瞻性。推动式供应链基于对未来需求的预见性和前瞻性思维建立，通过预测市场需求来安排生产计划。

（2）需求驱动。虽然以制造商为核心，但生产决策仍在一定程度上受到市场需求预测的影响。

（3）批量生产。适合规模生产，通过批量生产降低成本。

（4）库存驱动。分销商和零售商通常采取提高安全库存量的办法来应对需求变动，因此整个供应链上的库存量较高。

（5）集成度较低。供应链上各节点企业之间的集成度较低，通常处于被动接受地位。

3. 推动式供应链的优势

（1）成本控制。通过规模生产和批量采购，推动式供应链能够降低生产成本和采购成本。

（2）生产效率高。由于生产决策基于长期预测，制造商可以优化生产计划，提高生产效率。

（3）适应稳定需求。对于需求相对稳定的产品，推动式供应链能够保持供应链的稳定性，减少因需求波动带来的不确定性。

（4）资源共享。通过与供应链伙伴的紧密合作，企业可以实现资源共享和协同生产，进一步提高生产效率和质量。

4. 推动式供应链的实施方法

（1）需求预测。准确的需求预测是推动式供应链成功实施的关键。制造商需要收集和分析来自零售商、分销商和市场的数据，以制定准确的需求预测。

（2）生产计划制订。基于需求预测，制造商需要制订详细的生产计划，包括生产数量、生产时间和生产地点等。

（3）库存控制。为了应对需求变动，分销商和零售商需要保持一定的安全库存量。同时，制造商也需要通过优化库存控制策略来降低库存成本。

（4）供应链协同。推动式供应链的成功实施需要供应链上各节点企业的紧密协同。制造商需要与分销商、零售商等合作伙伴建立长期稳定的合作关系，共同应对市场变化。

（5）技术支持。利用现代信息技术手段，如ERP系统、供应链管理系统等，可以提高供应链的透明度和协同效率，降低运营成本。

综上所述，推动式供应链是一种适用于需求相对稳定、适合规模生产的产品的供应链模式。通过准确的需求预测、详细的生产计划制定、合理的库存控制以及供应链协同等实施方法，可以充分发挥推动式供应链的优势，提高企业的竞争力和市场地位。

9.2.2 拉动式供应链

在当今竞争激烈的市场环境中，供应链管理的模式对于企业的生存和发展起着至关重要的作用。其中，拉动式供应链管理作为一种以客户需求为导向的先进管理模式，正逐渐受到越来越多企业的关注和应用。

1. 拉动式供应链管理的概念

拉动式供应链是指在供应链中，消费者的实际需求引发产品的生产和供应链上各环节的活动，生产是受需求驱动的，也称为需求驱动型供应链。

2. 与推动式供应链的对比

（1）推动式供应链是根据预测进行生产，然后将产品推向市场；而拉动式供应链是根据实际需求进行生产。

（2）推动式供应链容易导致库存积压，而拉动式供应链能够降低库存水平。

（3）推动式供应链对市场变化的响应相对较慢，而拉动式供应链能够快速响应客户需求。

3. 拉动式供应链管理的特点

（1）需求响应迅速。由于生产是根据实际需求进行的，所以能够更快速地响应市场变化和客户需求的波动。企业可以在短时间内调整生产计划，满足客户的紧急需求。

（2）降低库存水平。生产是在有实际需求时才进行，避免了库存积压和过时的问题。企业可以通过精确的需求预测和供应链协同，实现库存的最小化。

（3）提高产品质量。各环节更加注重满足客户的特定需求，对质量的把控也更加严格。生产过程中会进行更加精细的质量检测和控制，以保证产品的高品质。

（4）促进供应链协同。要求供应链各环节之间紧密合作、信息共享。从零售商准确地将客户需求信息传递给制造商，到制造商与供应商协调原材料的供应，整个供应链需要高效协同才能实现快速响应客户需求。

4. 拉动式供应链管理的优势

（1）提高客户满意度。能够快速响应客户需求，提供个性化的产品和服务，从而提高客户满意度。

（2）降低成本。减少库存积压和过时的风险，降低库存成本。同时，由于生产更加精准，避免了浪费，降低了生产成本。

（3）增强企业竞争力。在快速变化的市场环境中，能够更好地适应市场需求，提高企业的灵活性和应变能力，增强企业的竞争力。

5. 拉动式供应链管理的实施方法

（1）建立准确的需求预测机制。通过市场调研、数据分析等方法，建立准确的需求预测模型，为供应链的决策提供依据。

（2）加强供应链协同。建立信息共享平台，实现供应链各环节之间的信息实时传递和共享。加强与供应商、零售商的合作，共同应对市场变化。

（3）采用先进的生产技术。如精益生产、敏捷制造等，提高生产效率和灵活性，满足客户的个性化需求。

（4）优化库存管理。采用零库存管理、供应商管理库存等方法，降低库存水平，提高库存周转率。

拉动式供应链管理是一种以客户需求为导向的先进管理模式，具有需求响应迅速、降低库存水平、提高产品质量、促进供应链协同等特点和优势。企业可以通过建立准确的需求预测机制、加强供应链协同、采用先进的生产技术和优化库存管理等方法，实施拉动式供应链管理，提高客户满意度，降低成本，增强企业竞争力。在未来的市场竞争中，拉动式供应链管理将成为企业取得成功的关键因素之一。

9.2.3 两种模式的比较

推动式供应链与拉动式供应链的主要区别如表 9-1 所示。

表 9-1 推动式供应链与拉动式供应链的主要区别

比较内容	推动式供应链	拉动式供应链
驱动力量	制造商	客户需求
需求变化	需求稳定且不会有剧烈波动	需求大且几乎难以预测
提前预测期	长（以年、季度为单位）	短（以月、周为单位）
集成度	高（生产计划刚性）	低（生产计划柔性）
缓冲库存	大（牛鞭效应明显）	小（按订单生产和交付）
响应速度	慢（很难根据需求进行调整）	快（可以根据需求进行调整）
关注对象	资源配置（规模效应明显）	快速响应（规模效应低）
数据共享	差	好且快速
服务水平	不高（不允许个性化需求）	高（允许个性化定制）
供应链风险	较低	较高（容易发生供应链断裂）

特定的产品应当采用什么样的供应链模式？前面主要从市场需求变化的角度出发，分析了供应链如何处理需求不确定的运作问题。而在实际的供应链管理中，企业不仅要考虑需求端的不确定性问题，还要考虑企业生产和分销规模经济的重要性。在其他条件相同的情况下，需求不确定性越高，就越应当采用拉动式模式（根据实际需求管理供应链的模式）；需求不确定性越低，就越应该采用推动式战略（根据长期预测管理供应链的模式）。同样，在其他条件相同的情况下，规模效益对降低成本起着重要的作用，组合需求的价值越高，就越应当采用推动式模式（根据长期需求预测管理供应链）；规模经济不那么重要，组合需求也不能降低成本，就应当采用拉动式模式（根据实际需求管理供应链）。

推—拉组合模式中，供应链的某些层次（如最初的几层）以推动的形式经营，其余的层次采用拉动式模式。推动式与拉动式的接口处被称为推—拉边界。虽然一个产品需求具有较大的不确定性，规模效益也不十分突出，理论上应当采取拉动模式，但实际上计算机厂商并不完全采取拉动模式。以戴尔为例，戴尔计算机的组装完全是根据最终客户订单进行的，此时戴尔执行的是典型的拉动模式。但戴尔计算机的零部件是按预测进行生产和分销决策的，此时戴尔执行的是推动模式。也就是说，供应链的推动部分是在装配之前，而供应链的拉动部分是从装配之后开始的，并按实际的客户需求进行，是一种前推后拉的组合供应链模式，如图 9-2 所示。推—拉边界就是装配的起始点，也称推拉结合点（CODP）。推—拉组合模式的另一种形式是前拉后推的供应链组合模式，适用于那些需求不确定性大，但生产和运输过程中规模效益十分明显的产品和行业。家具行业就是这种情况。事实上，一般家具生产商提供的产品在材料上差不多，但在家具外形、颜色、构造等方面差异很大，因此家具需求的不确定性相当大。同时，家具产品的体积大，因此运输成本非常高，此时就有必要对生产、分销策略进行区分。从生产角度看，由于需求不确定性大，企业不可能根据长期需求预测进行生产计划，所以生产要采用拉动式模式。另外，这类产品体积大，运输成本高，所以分销策略必须充分考虑规模经济的特性，通过大规模运输来降低运输成本。许多家具厂商正是采取这种策略，就是说家具制造商是在接到客户订单后才开始生产的，当产品生产完成后，再与其他所有需要运输到本地区的产品一起送到零售商的商店里，进而送到客户手中。因此，家具厂商的供应链模式是这样的：采用拉动式模式按照实际需求进行生产，采用推动式模式根据固定的时间表进行运输，是一种前拉后推的组合供应链模式。

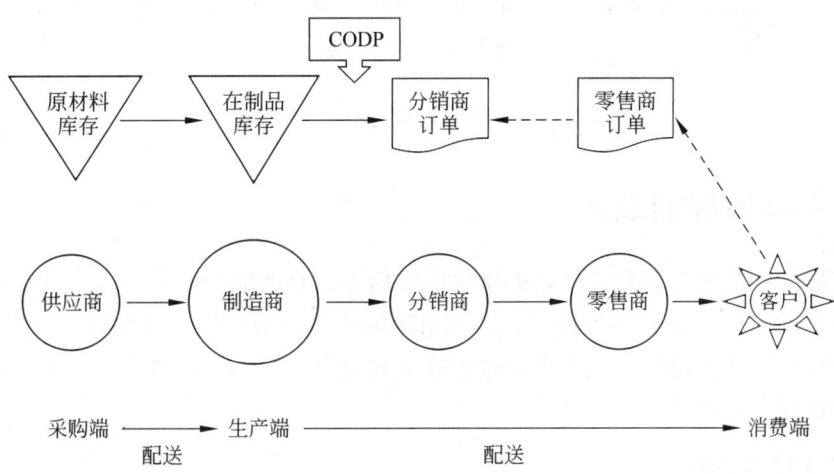

图 9-2　前推后拉的组合供应链

9.3　牛鞭效应

在供应链上，常常存在着预测不准确、需求不明确、供给不稳定等造成的缺货、生产与运输作业不均衡、库存居高不下、成本过高等现象。其主要原因之一是牛鞭效应（bullwhip effect）。

9.3.1　牛鞭效应的概念

牛鞭效应就是指供应链下游消费需求轻微变动而导致的上游企业生产、经营安排的剧烈波动。当市场上一种商品的消费需求发生细微变动时，这种波动会沿着零售商、批发商、分销商直至制造商逆流而上，并逐级扩大，在达到最终源头供应商时，其获得的需求信息和实际消费市场中的顾客需求信息发生很大的偏差。这种信息扭曲的放大作用在图形显示上很像一根甩起的赶牛鞭，因此被形象地称为牛鞭效应。最下游的客户端相当于鞭子的根部，而最上游的供应商端相当于鞭子的梢部，在根部的一端只要有一个轻微的抖动，传递到末梢端就会出现很大的波动。在供应链上，越往上游，这种效应变化就越大，距终端客户越远，影响就越大。这种信息扭曲如果与企业制造过程中的不确定因素叠加在一起，将导致巨大的经济损失。图 9-3 所示为某产品订单在供应链中的波动情况。

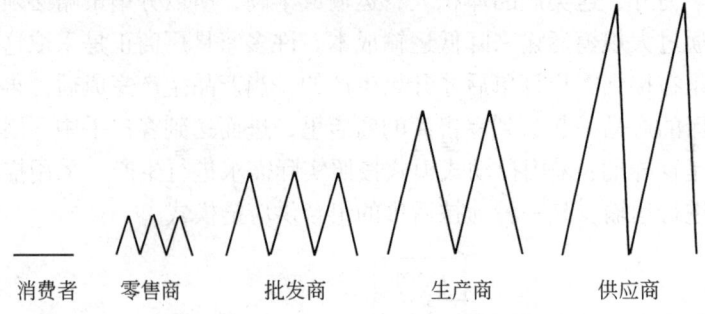

图 9-3　某产品订单在供应链中的波动情况

9.3.2　牛鞭效应的成因

对市场的响应速度而言，越是处于供应链后端，企业响应速度越慢。其结果是当市场需求增加时，供应商往往产能不足；当市场需求放缓时，供应商往往继续过量生产，造成库存积压。总体说来，是需求信息传递失真引发的后果。具体来看，牛鞭效应的成因主要来自以下七个方面。

1. 放大需求预测

当处于不同供应链位置的企业预测需求时，都会包括一定的安全库存，以应对变化莫测的市场需求和供应商可能的供货中断。当供货周期长时，这种安全库存的数量将非常显著。例如，某手机制造商预测到某款手机的市场需求是 50 万台，但可能向美国的供应商下 52 万台的零件订单；同理，美国供应商可能向其供应商订购 54 万台的原材料。以此类推，供应链各节点库存将逐级放大。

另外，有些预测方法也会扭曲需求。以移动平均法为例，前三个月的趋势是每月递增 10%，第四个月的预测将在前三个月的平均值上递增 10%。但市场增长不是无限的，总有一天实际需求会降低，其间的差额就成了多余库存。如果供应链上各个企业采用同样的预测方法，并且根据上级客户的预测需求来更新预测，这种系统性的放大将非常明显。

2. 价格浮动和促销

企业在面对价格波动剧烈时，往往会采取加大库存量的做法，使订货量远远大于实际的需求量。另外，企业会推出各种促销措施，其结果是买方大批量买进，导致部分积压。价格浮动和促销往往只能把未来的需求提前实现，会使市场需求更加不规律，加剧需求变化幅度。

3. 订货批量

为了达到生产、运输上的规模效应，企业往往采用批量订货的方式，以积压一定库存的代价换取较高的生产效率和较低成本。企业在一个周期或者汇总到一定数量后再向供应商整批订货，这也使其上游供应商看到的是一个不真实的需求量。

4. 供货不足的博弈

在供应不足的情况下，供应商一般会根据下游企业的订货单进行限量供应，而下游企业为了获得更大的供应量，会夸大订货量，同时也可能传递虚假需求信息，导致供应商错误地解读市场需求，从而过量生产。随着市场供需渐趋平衡，下游企业有些订单会消失或被取消，导致供应商产生大量的多余库存，也使供应商更难判断需求趋势。

5. 信息传递不及时

由于缺少信息交流和共享，企业无法掌握下游的真正需求和上游的供货能力，只好自行多储货物。同时，供应链上无法实现存货互通有无和转运调拨，只能各自持有高额库存，这在一定程度上增加了需求量。

6. 交货提前期过长

需求的变动随提前期的增长而增大，且提前期越长，需求变动引起的订货量就越大。如果交货提前期经常发生变动，或者提前期较长，为了避免缺货，企业往往希望对交货日期留有一定的余地，进而导致订货量的增加。同时提前期过长，应对市场需求变化的反应能力就会减弱。

7. 环境变异

政策和社会等环境变化所产生的不确定性造成了订货需求放大。一般应对环境变异最主要的手段是持有高库存，且不确定性因素越大，库存就越高，但这种高库存并不代表真实的需求。

9.3.3 牛鞭效应的缓解方法

牛鞭效应是从下游客户端逐级向上游转嫁风险的结果，因而会危害整个供应链的运作，导致总库存增加、生产无序和失衡、业务流程阻塞、资源浪费、市场混乱和风险增大。为此，必须运用先进的管理技术和信息技术对此效应加以妥善解决，消除需求信息的扭曲和失真现象。缓解牛鞭效应的方法如下。

1. 提高预测的精确度

这需要考虑历史资料、定价、季节、促销和销售额等因素，有些数据掌握在零售商和分销商手中，必须与他们保持良好的沟通，及时获得这些数据，采取上下游间分享预测数据并使用相似的预测方法进行协作预测，以提高预测的准确性。

2. 实现信息共享

这是缓解牛鞭效应最有效的措施。供应链成员间通过互联网来实现实时交流和共享信息，减少和消除信息的不对称性，从而准确把握下游企业的实际需求。

3. 订货分级管理

从供应商的角度看，并不是所有销售商的地位和作用都是相同的。按照2/8原则，他们有的是一般销售商,有的是重要销售商,有的是关键销售商。供应商应根据一定标准对销售商进行分级,对他们的订货实行分级管理,通过管住关键销售商和重要销售商来减少变异概率,在供应短缺时可以优先确保关键销售商的订货。

4. 缩短提前期

缩短订货提前期可以从两个方面入手:一是订单处理周期,二是运输周期。一般来说,订货提前期越短,订量越准确。沃尔玛的相关调查显示,如果提前26周进货,需求预测误差为40%;如果提前16周进货,需求预测的误差为20%;而在销售时节开始时进货,需求预测的误差为10%。

5. 建立伙伴关系

实施供应链战略伙伴关系可以有效缓解牛鞭效应。供需双方在战略联盟中相互信任,公开业务数据,共享信息和业务集成。这样相互都了解对方的供需情况和能力,避免了供货不足情况下的博弈行为。

在电子商务环境下,信息技术是缓解牛鞭效应的主要手段。例如,在企业内部采用ERP系统,在企业间采用供应链管理系统,运用互联网技术,开展电子商务,对各信息系统进行集成,实现企业间业务数据的集成和信息共享,都能有效缓解牛鞭效应。采用互联网和EDI、电子商务和企业应用集成(enterprise application integration,EAI)等技术,也能有效消除价格补货、环境变异和短缺博弈等造成的牛鞭效应。

9.4 供应链管理环境下的库存控制

供应链管理环境下的库存控制问题是供应链管理的重要内容。由于企业组织与管理模式的变化,供应链管理环境下的库存管理同传统的库存管理相比有许多新的特点和要求。本节论述供应链管理环境下库存管理中出现的新问题,从系统理论、集成理论的角度出发,提出了适应供应链管理的新的库存管理策略与方法。这些方法与策略集中体现了一种思想:通过加强供应链管理环境下的库存控制来提高供应链的系统性和集成性,增强企业的敏捷性和响应性。这些方法与策略体现了供应链管理的新思维和新思想,并且具有实用性和可操作性。

9.4.1 库存管理的基本原理和方法

1. 库存管理的基本原理

"库存",译自英语词汇 Inventory,表示用于将来目的的资源暂时处于闲置状态。一般情况下,人们设置库存是为了防止短缺。另外,库存还具有保持生产过程的连续性、分摊订货费用、快速满足用户订货需求的作用。在企业生产中,尽管库存是出于种种经济考虑而存在的,但库存也是一种无奈的结果。库存是由于人们无法预测未来需求的变化,才不得已采用这一应对外界变化的手段。

在库存理论中，一般根据物品需求的重复程度分为单周期需求问题和多周期需求问题。单周期需求问题也称一次性订货问题，这种需求的特征是具有偶发性和物品生命周期短，因而很少重复订货。如报纸，很少会有人买过期的报纸来看；再如月饼，人们也基本不会在农历八月十六预订中秋月饼，这些都是单周期需求问题。多周期需求问题是在长时间内需求反复出现，库存需要不断补充，在实际生活中这种需求现象较为多见。

多周期需求又分为独立需求与相关需求。所谓独立需求，是指需求变化独立于人们的主观控制能力，因而其数量与出现的概率是随机的、不确定的、模糊的。相关需求的数量和需求时间与其他变量存在一定的关系，可以通过一定的结构关系推算得出。对于一个相对独立的企业而言，其产品是独立的需求变量，因为其需求的数量与需求时间对于系统控制的主体——企业管理者而言，一般是无法预先精准确定的，只能通过一定的预测方法得出。生产过程中的在制品以及需要的原材料，则可以通过产品的结构关系和一定的生产比例关系准确确定。

在库存管理活动中，无论是独立需求库存控制还是相关需求库存控制，都要回答以下问题。

（1）如何优化库存成本？
（2）怎样平衡生产与销售计划来满足一定的交货要求？
（3）怎样避免浪费，避免不必要的库存？
（4）怎样避免缺货损失和利润损失？

归根结底，库存控制要解决以下三个主要问题。

（1）确定库存检查周期。
（2）确定订货量。
（3）确定订货点（何时订货）。

2．基本库存控制方法

下面针对独立需求库存和相关需求库存控制问题的特点，简要介绍基本库存的控制方法。

独立需求库存控制多采用订货点控制策略，订货点库存控制的策略有很多，基本的策略有以下四种。

（1）连续性检查的固定订货量、固定订货点策略，即（Q，R）策略。图 9-4 所示为（Q，R）策略的示意图。该策略的基本思想是对库存进行连续性检查，当库存降低到订货点水平 R 时，即发出一次订货，每次的订货量保持不变，都为固定值 e。该策略适用于需求量大、缺货费用较高、需求波动性很大的情形。

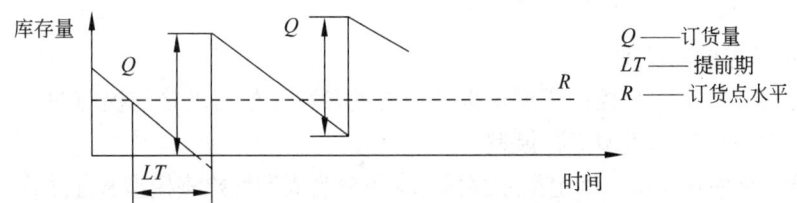

图 9-4　（Q，R）策略的示意图

（2）连续性检查的固定订货点、最大库存策略，即（R，S）策略。该策略和（Q，R）策略一样，都是连续性检查类型的策略，也就是要随时检查库存状态。当发现库存降低到订货点水平A时，开始订货，订货后使最大库存保持不变，即为常量S，若发出订单时库存量为I，则其订货量为（S–I）。该策略和（Q，R）策略的不同之处在于其订货量是按实际库存而定，因而订货量是可变的。

（3）周期性检查策略，即（t，S）策略。该策略是每隔一定时期检查一次库存，并发出一次订货，把现有库存补充到最大库存水平S，如果检查时库存量为I，则订货量为（S–I）。如图9-5所示，经过固定的检查期，发出订货，这时库存量为I_1，订货量为（$S–I_1$）。经过一定时间（LT）的库存补充（$S–I_1$）后，库存到达A点。再经过一个固定的检查时期t，又发出一次订货，订货量为（$S–I_2$），经过一定的时间（LT为订货提前期，可以为随机变量），库存达到新的高度B。如此周期性检查库存，不断补给。

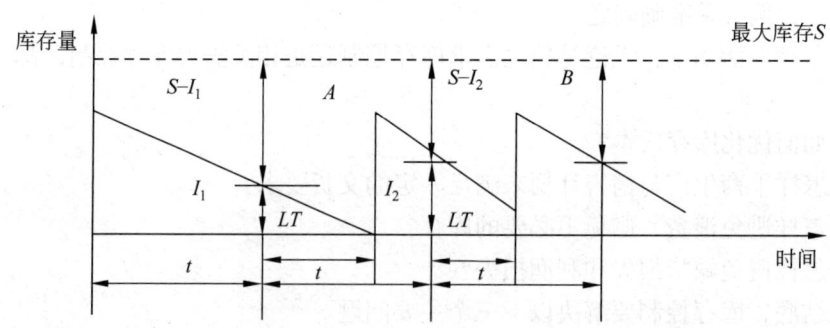

图9-5　（t，S）策略的示意图

该策略不设订货点，只设固定检查周期和最大库存量。该策略适用于一些不太重要的或使用量不大的物资。

（4）综合库存策略，即（t，R，S）策略。该策略是（t，S）策略和（R，S）策略的综合。这种补给策略有一个固定的检查周期t、最大库存量S和固定订货点水平R。经过一定的检查周期t后，若库存低于订货点，则发出订货，否则不订货。订货量的大小等于最大库存量减去检查时的库存量。如图9-6所示，当经过固定的检查期到达A点时，此时库存已降低到订货点水平线A之下，因而应发出一次订货，订货量等于最大库存量S与当时的库存量I_1的差（$S–I_1$）。经过一定的订货提前期后在B点订货到达，库存补充到C点，在第二个检查期到来时，此时库存位置在D，比订货点水平位置线高，无须订货。第三个检查期到来时，库存点在E，等于订货点，又发出一次订货，订货量为（$S–I_3$），如此周期性进行下去，实现周期性库存补给。

3. 常见库存控制模型

常见的独立需求库存控制模型根据其主要的参数，如需求量与提前期是否确定，分为确定型库存模型和随机型库存模型。

（1）确定型库存模型。确定型库存模型又可分为周期性检查模型和连续性检查模型。

① 周期性检查模型。此类模型有六种，分不允许缺货、允许缺货、实行补货三种情况。

每种情况又分瞬时到货、延时到货两种情形。

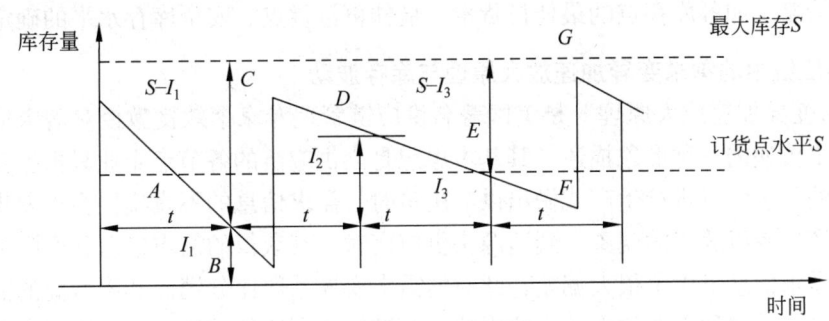

图 9-6 （t,R,S）策略的示意图

常用的模型是不允许缺货，瞬时到货型。
其最佳订货周期为

$$T^* = \sqrt{\frac{2C_R}{HD}}$$

式中，C_R 为每次订货的费用（元），H 为单位产品库存维持费（元/件·年），D 为需求率（年需求量）（件/年）。

最大库存量：$S=TD$。

② 连续性检查模型。连续性检查模型需要确定订货点和订货量两个参数，也就是解决（Q,R）策略的两个参数的设定问题。

连续性检查模型分六种：不允许缺货，瞬时到货型；不允许缺货，延时到货型；允许缺货，瞬时到货型；允许缺货，延时到货型；补货，瞬时到货型；补货，延时到货型。

常见的连续性检查模型是不允许缺货，瞬时到货型。经典的经济订货批量模型 EOQ 模型就是这种。

最佳订货批量：

$$Q^* = \sqrt{\frac{2DC_R}{H}}$$

式中，C_R 为每次订货的费用(元)，H 为单位库存维持费(元/件·年)，D 为需求率(年需求量)(件/年)。

（2）随机型库存模型。随机型库存模型要解决的问题是确定经济订货批量或经济订货期，确定安全库存量，确定订货点和订货后最大库存量。

随机型库存模型也分连续性检查和周期性检查两种情形。当需求量、提前期同时为随机变量时，库存模型较为复杂。

9.4.2 供应链管理环境下的库存问题

库存以原材料、在制品，半成品、成品的形式存在于供应链的各个环节。由于库存费用占库存物品价值的 20%~40%，因此供应链中的库存控制是十分重要的。库存决策的内容集中于运行方面，包括生产部署策略（如采用推式生产管理或拉式生产管理）和库存控制策略（如各库存点的最佳订货量、最佳再订货点、安全库存水平的确定等）。

1. 供应链中的需求变异加速放大原理与库存波动

"需求变异加速放大原理"是美国著名供应链管理专家李效良教授对需求信息扭曲在供应链中传递的一种形象描述。其基本思想是当供应链的各节点企业只根据其相邻的下级企业的需求信息进行生产或做出供应决策时，需求信息的不真实性会沿着供应链逆流而上，产生逐级放大的现象，到达源头供应商时，其获得的需求信息和实际消费市场中的顾客需求信息发生了很大偏差，此时的需求变异系数比分销商和零售商的需求变异系数大得多。受这种需求放大效应的影响，上游供应商往往维持比下游供应商更高的库存水平。这种现象反映出供应链上需求的不同步现象，说明了供应链库存管理中的一个普遍现象——"看到的是非实际的"。

需求放大效应最先由宝洁公司发现。宝洁公司在一次考察该公司的畅销产品——一次性尿布的订货规律时，发现零售商销售的波动性并不大，但当他们考察分销中心向宝洁公司的订货时，吃惊地发现波动性明显增大了，有趣的是，他们进一步考察宝洁公司向其供应商（如3M公司）的订货，发现其订货的变化更大。除了宝洁公司，其他公司如惠普公司在考察其打印机的销售状况时也曾发现这一现象。

需求放大效应是需求信息扭曲的结果，图9-7显示了一个销售商实际的销售量和订货量的差异，实际的销售量与订货量并不同步。在供应链中，每一个供应链的节点企业有信息的扭曲，这样逐级而上，即产生信息扭曲的放大。

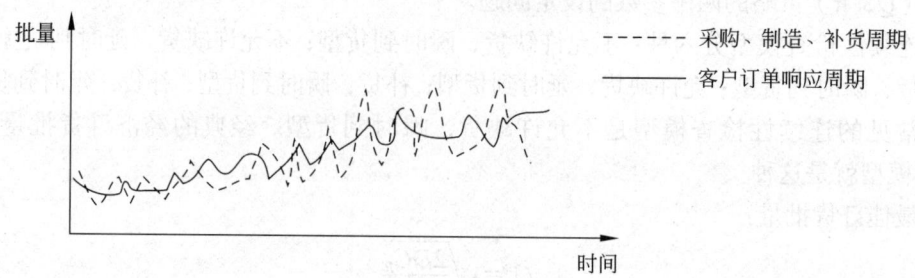

图9-7　销售商实际的销售量和订货量的差异

采用传统的库存管理模式不可能解决需求放大现象这样一些新的库存问题，因此探讨新的适应供应链管理的库存管理模式，对供应链管理思想能否很好实施起着关键作用。

2. 供应链中的不确定性与库存

（1）供应链中的不确定性。由需求放大现象可以看到，供应链的库存与供应链的不确定性有着密切的关系。从供应链整体的角度看，供应链上的库存无非有两种，一种是生产制造过程中的库存，一种是物流过程中的库存。库存的存在一方面是为了应对各种各样的不确定性，保持供应链系统的正常性和稳定性；另一方面也产生和掩盖了管理中的问题。

供应链上的不确定性表现形式有以下两种。

① 衔接不确定性。企业之间（或部门之间）的不确定性，可以说是供应链衔接的不确定性，这种衔接的不确定性主要表现在合作性方面。为了消除衔接不确定性，需要增加企业之间或部门之间的合作性。

② 运作不确定性。系统运行不稳定是组织内部缺乏有效的控制机制所致，控制失效是组织管理不稳定和不确定性的根源。为了消除运行不确定性需要增加组织的控制力，提高系统的可靠性。

供应链的不确定性主要来自三个方面：供应者的不确定性、生产者的不确定性、顾客的不确定性。不同的原因造成的不确定性表现形式各不相同。

供应者的不确定性表现在提前期的不确定性、订货量的不确定性等；生产者的不确定性主要体现在制造商生产系统的可靠性不稳定上，如机器的故障、计划执行的偏差等；顾客的不确定性主要在于需求预测的偏差、购买力的波动、从众心理和个性特征等。

（2）供应链的不确定性与库存的关系。

供应链的不确定性与库存的关系如下。

① 衔接不确定性对库存的影响。传统供应链的衔接不确定性普遍存在，集中表现在企业之间的独立信息体系（信息孤岛）现象。企业总是为了各自的利益而进行资源的自我封闭（包括物质资源和信息资源），企业之间的合作只是贸易上的短时性合作，人为地增加了企业之间的信息壁垒和沟通的障碍，企业不得不为应付不测而储备库存。库存的存在实际就是信息堵塞与封闭的结果。虽然企业各个部门和企业之间都有信息的交流与沟通，但这远远不够。企业的信息交流更多是在企业内部而非企业之间进行。信息共享程度差是传统供应链不确定性增加的一个主要原因。

② 运作不确定性对库存的影响。供应链企业之间的衔接不确定性可以通过建立战略伙伴关系形成供应链联盟或供应链协作体得以削减，同样，这种合作关系可以消除运作不确定性对库存的影响。当企业之间的合作关系得以改善时，企业内部的生产管理运作也会得以改善。因为当企业之间的衔接不确定性因素减少时，企业的生产控制系统就能摆脱这种不确定性因素的影响，使生产系统的控制达到实时、准确，也只有在供应链的条件下，企业才能获得对生产系统有效控制的有利条件，消除生产过程中不必要的库存现象。

供应链管理模式下的库存管理最理想的状态是实现供应链企业的无缝连接，消除供应链企业之间的高库存现象。下面将从供应链的集成演变过程来探讨供应链管理环境下的库存管理策略。

9.4.3 供应链库存管理策略

为了适应供应链管理，供应链下的库存管理方法必须做相应的改变，下面介绍供应商管理库存、联合库存管理、多级库存优化和控制等供应链库存管理策略。

1. 供应商管理库存

（1）供应商管理库存（vendor managed inventory，VMI）的概念。长期以来，传统

供应链中的库存管理是各自为政的,都是各个环节管理各自的库存。零售商、批发商、供应商都有自己的库存,各个供应链环节都有自己的库存控制策略。由于各自的库存控制策略不同,不可避免地产生需求的扭曲现象,即需求放大现象,无法使供应链快速响应用户需求。在供应链管理环境下,供应链各个环节的活动都应该是同步进行的,而传统的库存控制方法无法满足这一要求。近年来,在国外,出现了一种新的供应链库存管理方法——供应商管理库存。这种库存管理策略打破了传统的各自为政的库存管理模式,体现了供应链的集成化管理思想,适应了市场变化的要求,是一种有代表性的新库存管理思想。

VMI是一种很好的供应链库存管理策略。关于VMI的定义,国外有学者认为:"VMI是一种在用户和供应商之间的合作性策略,以对双方来说都是最低的成本优化产品的可获性,在一个相互同意的目标框架下由供应商管理库存,这样的目标框架被经常性监督和修正,以产生一种连续改进的环境。"

VMI的主要思想是供应商在用户的允许下储备库存,确定库存水平、补给策略和拥有库存控制权。

精心设计与开发的VMI系统,不仅可以降低供应链的库存水平、降低成本,还可以使用户获得高水平的服务,改进资金流,与供应商共享需求变化的透明性和获得更好的用户信任。

(2)VMI的实施方法。实施VMI,要改变订单的处理方式,建立基于标准的托付订单处理模式。首先供应商和批发商一起确定供应商处理订单业务所需要的信息和库存控制参数,然后建立一种订单处理标准,如EDI标准报文,最后把订货、交货和票据处理各个业务功能集成在供应商这边。

库存状态透明性(对供应商)是供应商管理用户库存的关键。供应商能够随时跟踪和检查销售商的库存状态,从而快速响应市场需求的变化,对企业的生产(供应)状态做出相应的调整。为此需要建立一种将供应商和用户(分销、批发商)的库存信息系统透明连接的方法。

供应商管理库存策略的实施可以分为如下几个步骤。

① 建立顾客情报信息系统。
② 建立销售网络管理系统。
③ 建立供应商与分销商(批发商)的合作框架协议。
④ 组织机构的变革。

供应商管理存货的方式主要有以下四种。

① 供应商提供包含所有产品的软件进行存货决策,用户使用软件执行存货决策,用户拥有存货所有权,管理存货。
② 供应商在用户的所在地,代表用户执行存货决策,管理存货,但是存货的所有权归用户。
③ 供应商在用户的所在地,代表用户执行存货决策,管理存货,拥有存货所有权。
④ 供应商不在用户的所在地,但是定期派人代表用户执行存货决策、管理存货,

供应商拥有存货的所有权。

通过 VMI，供应商可以客观评论放在供应商处的存货，供应商可以决定产品的标准、订货点、补充存货、交货的流程，建立多种库存优化模型并进行人员培训。

2. 联合库存管理

VMI 是一种供应链集成化运作的决策代理模式，它把用户的库存决策权代理给供应商，由供应商代理分销商或批发商行使库存决策权。联合库存管理则是一种风险分担的库存管理模式。

传统的分销模式是分销商根据市场需求直接向工厂订货，如汽车分销（或批发商），根据用户对车型、款式、颜色、价格等的不同需求，向汽车制造厂订货，需要经过较长时间货才能到达，但顾客不想等待这么久的时间，因此分销商不得不进行库存备货，如此大量的库存易使分销商难以承受导致破产。

据估计，在美国，通用汽车公司销售 500 万辆轿车和卡车，平均价格是 18 500 美元，分销商维持 60 天的库存，库存费是车价值的 22%，一年总的库存费用达到 3.4 亿美元。而采用地区分销中心，就大大缓解了库存浪费问题。图 9-8 所示为传统的销售模式，每个分销商直接向工厂订货，每个分销商都有自己的库存；而图 9-9 所示为采用分销中心后的销售模式，各个分销商只需要少量的库存，大量的库存由地区分销中心储备，也就是各个分销商把其库存的一部分交给地区分销中心负责，从而减轻了各个分销商的库存压力。分销中心就起到了联合库存管理的功能。分销中心既是一个商品的联合库存中心，也是需求信息交流与传递的枢纽。

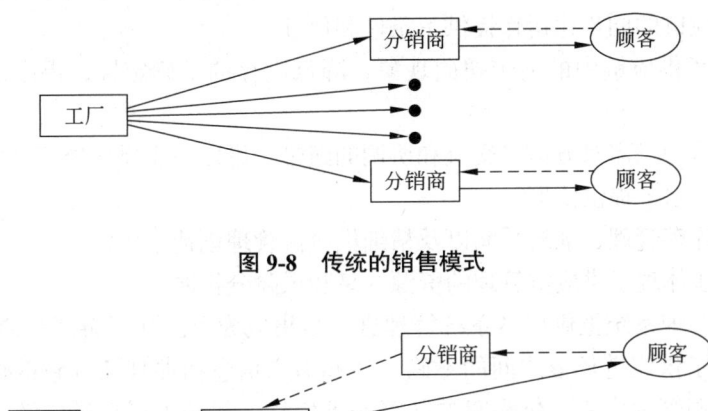

图 9-8　传统的销售模式

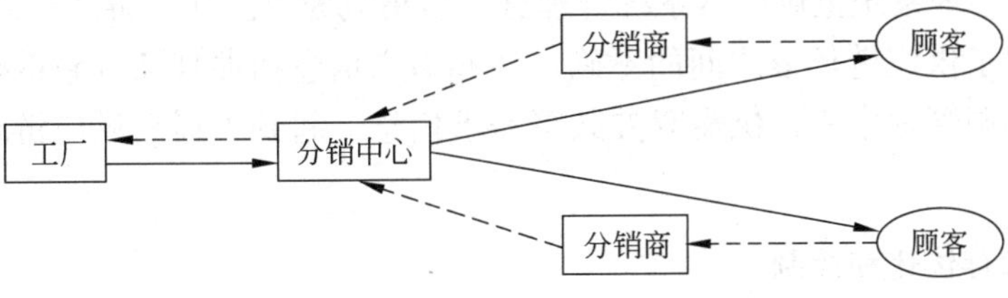

图 9-9　采用分销中心后的销售模式

从分销中心的功能得到启发，对现有的供应链库存管理模式进行新的拓展和重构，提出了联合库存管理新模式——基于协调中心的联合库存管理系统。

近年来，在供应链企业之间更加强调双方的互利合作关系，联合库存管理就体现了战略供应商联盟这种新型企业合作关系。

联合库存管理是解决供应链系统中各节点企业的相互独立库存运作模式导致的需求放大现象，提高供应链同步化程度的一种有效方法。联合库存管理和供应商管理库存不同，它强调双方同时参与，共同制订库存计划，使供应链中的每个库存管理者（供应商、制造商、分销商）都从相互之间的协调性考虑，使供应链相邻节点之间的库存管理者对需求的预期保持一致，从而消除了需求变异放大现象。任何相邻节点需求的确定都是供需双方协调的结果，库存管理不再是各自为政的独立运作过程，而变成供需连接的纽带和协调中心。

图 9-10 所示为基于协调中心联合库存管理的供应链系统模型。

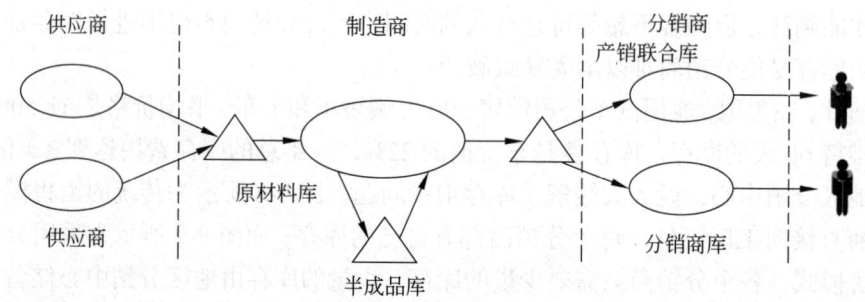

图 9-10　基于协调中心联合库存管理的供应链系统模型

基于协调中心的库存管理和传统的库存管理模式相比，有如下几个方面的优点。

（1）为供应链的同步化运作提供了条件和保证。

（2）减少了供应链中的需求扭曲现象，降低库存的不确定性，提高了供应链的稳定性。

（3）库存作为供需双方信息交流和协调的纽带，可以暴露供应链管理中的缺陷，为改进供应链管理水平提供依据。

（4）为零库存管理、准时采购以及精细供应链管理创造了条件。

（5）进一步体现了供应链管理的资源共享和风险分担原则。

联合库存管理系统把供应链系统管理进一步集成为上游和下游两个协调管理中心，从而部分消除了供应链环节之间的不确定性和需求信息扭曲现象导致的供应链的库存波动。通过协调管理中心，供需双方共享需求信息，起到了提高供应链运作稳定性的作用。

3. 多级库存优化和控制

基于协调中心的联合库存管理是一种联邦式供应链库存管理策略，是对供应链的局部优化控制，而要进行供应链的全局性优化与控制，必须采用多级库存优化和控制方法。因此，多级库存优化和控制是供应链的全局性优化。

多级库存优化和控制是在单级库存控制的基础上形成的。根据不同的配置方式，多级库存系统可分为串行系统、并行系统、纯组装系统、树形系统、无回路系统和一般系统。

供应链管理的目的是使整个供应链各个阶段的库存最小，但是，在现行的企业库存管理模式中，多从单一企业内部的角度去考虑库存问题，因而并不能使供应链整体达到最优。

多级库存控制的方法有两种：非中心化（分布式）策略和中心化（集中式）策略。非中心化策略是各个库存点独立采取库存策略，这种策略在管理上比较简单，但是并不能保证整体的供应链优化，如果信息的共享度低，多数情况产生的是次优结果，因此非中心化策略需要更多的信息共享。若使用中心化策略，所有库存点的控制参数是同时决定的，考虑了各个库存点的相互关系，通过协调的办法获得库存的优化。但是中心化策略在管理上协调难度大，特别是供应链的层次比较多，即供应链的长度增加时，会增加协调控制的难度。

单元考核

一、填空题

1. 供应链管理以流程为基础，以价值链的优化为核心，强调供应链整体的集成与协调，通过_____、技术交流与合作、资源优化配置和有效的价值链激励机制等实现经营一体化。
2. 供应链管理主要涉及五个主要领域：需求、_____、物流、供应、回流。
3. 供应链管理模式常被划分为_____和拉动式两种。
4. 牛鞭效应就是指供应链下_____而导致的上游企业生产、经营安排的剧烈波动。
5. VMI 的主要思想是供应商在用户的允许下储备库存，确定库存水平、补给策略和_____。

二、简答题

1. 简述供应链管理的特点。
2. 简述供应链管理的要素。
3. 简述牛鞭效应的成因。
4. 简述牛鞭效应的缓解方法。
5. 简述基于协调中心的库存管理的优势。

第 10 章

跨境电子商务物流

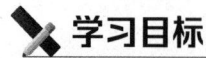 学习目标

知识目标
（1）了解跨境电商物流的概念和特点。
（2）熟悉海外仓的概念与主要功能。
（3）了解 B2C 出口通关模式——"9610"和"1210"。
（4）了解 B2B 出口通关监管模式——"9710"和"9810"。

技能目标
（1）能够了解海外仓选品的概念与定位、思路以及海外仓的模式。
（2）能够掌握海外仓的运作流程与费用结构。
（3）能够掌握 B2C 和 B2B 出口通关的基本流程。

素养目标
培养学生掌握跨境电子商务物流的先进技术，培养学生勇于创新的精神。

10.1 跨境电商物流的概念、特点与模式

跨境电商物流是伴随着跨境电商的发展而产生的，是跨境电商发展的重要支撑。同时，跨境电商物流还是连接境内（外）卖家和境外（内）买家的通道。跨境电商物流除了需要提供传统的商品运输、集货、配送、货运代理、报关等服务，还需要提供跨境物流优化解决方案、跨境退换货处理等增值服务。卖家要想从各种各样的物流解决方案中选出最适合自己的方案，就需要对主要物流模式及其特点有所了解。

10.1.1 跨境电商物流的概念和特点

跨境电商物流是指在两个或两个以上国家（地区）之间进行的电商物流服务，是物

流服务发展到高级阶段的一种表现形式。

依附于跨境电商的发展，跨境电商物流既具有与境内电商物流相同的一些特征，也受到跨境的影响而产生了一些不同的特点。

1. 物流功能环节多，成本高

跨境电商物流因具有跨境属性，流程更加复杂，操作更加烦琐。跨境电商物流既包括境内电商物流的基本功能与环节，又包括跨境物流的功能与环节。由于涉及的功能和环节多，跨境电商在物流方面投入的人力、物力和时间等成本比一般贸易要高，物流成本占跨境电商总成本的比例较高。

2. 参与主体多而杂

跨境电商物流各环节涉及不同的参与主体，而这些参与主体又涉及不同领域、不同行业、不同企业，具备不同的体量与属性。

3. 物流周期长

跨境物流的产业链较长，中间环节较多，加上海关清关和商检的周期，中国跨境电商物流周期要远远长于境内电商物流周期。在跨境物流作业中，运输与配送时间长的问题突出，物流时间短则 10 天、半个月，长则几个月。遇到购物旺季，物流时间会更长。这已成为制约中国跨境电商发展的一道障碍。

4. 物流风险大

跨境电商涉及跨境交易，无法回避当地的政治、知识产权、政策变化等因素，不同国家或地区的政策和地方保护主义都会对中国跨境电商物流产生较深的影响。

5. 物流信息全程追踪难度大

在我国境内电商物流中，对包裹从下单到收货的全程进行信息追踪已常态化，这也是对商家的基本要求。但由于跨境电商物流范围广，不能做到对每件跨境包裹的全程追踪，包裹出境后，受不同国家或地区信息水平的限制，不论是哪一方，都很难再对包裹进行持续追踪。虽然目前在一些发达国家或地区可以实现物流信息全程追踪，但在信息化程度不高的国家或地区物流信息全程追踪难以实现，因此大大制约了跨境电商及跨境电商物流的发展。

课堂小贴士 10-1　跨境电商物流与传统物流的区别

跨境电商模式下的物流管理和传统经济模式下的物流管理有很多不同，这也可以通过跨境电商物流与传统物流的不同之处看出来，具体表现在以下几个方面。

1. 成品性

跨境电商运营的产品，因以 B2C 模式为主的属性，几乎不会存在半成品或原材料。而传统物流涉及的产品，因传统贸易的 B2B 属性，其范围覆盖原材料、半成品和成品多种样式。

2. 广泛性

跨境电商的产品交付是跟随销售订单走的，如果某跨境电商经营的产品种类较多，那么他每次交付运输的货物种类就会多。而这一点，在传统物流方面，由于多是大宗商品交易的交付物流，故产品种类不会很多。

3. 时效性

跨境电商运营中，不仅比拼产品质量，还要比拼运营推广，而助推运营推广效果的最佳手段是提升买家体验。提升买家体验最直接的方法就是加快物流配送时效，故时效性是跨境电商物流最需重视的一点。时效性不仅指运输速度的快慢，也指送达时间的准确性。只要能够在承诺的时间内将产品交付给买家，则会带来好评，反之可能带来差评。并且大部分的电商平台对于产品的运输提取信息是有要求的。种种因素导致跨境电商对于物流时效的要求十分高。反观传统物流，由于B2B的特性，其对时效的要求并没有那么高。

4. 成本性

跨境电商的B2C属性决定了单个产品均摊的物流成本比重，远超传统物流匹配的B2B模式下的物流成本比重，并且跨境电商运营的产品中有很多小而价廉的产品，运费已经成为"魔咒"。但传统物流通常是大批量的运输，故均摊下来的成本很低。因此，跨境电商的商家普遍重视物流成本问题。

5. 多样性

跨境电商可以根据运营的需要，选择邮包、快递、空运和海运等多种运输方式，而传统商家大部分只需要选择一种运输方式即可满足业务需要。

6. 全程性

跨境电商的B2C属性，决定了其物流需求基本都是需要全程运输的。即使亚马逊平台的FBA物流模式，也需要从卖家手上全程递送到FBA仓库。而传统物流大部分只需要实现机场到机场、港口到港口就可以了。

10.1.2 邮政物流——各国（地区）邮政部门的专属物流

目前各国（地区）邮政部门都面临着业务转型，商业化、公司化已成为其发展改革的主要方向。各个国家（地区）既要保障公民享有普遍邮政的基本权利，又要通过改革、创新和市场化来减轻国家（地区）的税收负担。跨境电商已改变传统邮政的公共服务性质，使跨境物流业务成为一部分企业盈利的工具，特别是跨境电商包裹牵涉不同国家（地区）企业的利益分配问题。在跨境电商发展不平衡的今天，继续采用全球统一的邮政资费肯定是行不通的。

邮政物流是指各国邮政部门所属的物流系统。在我国，邮政物流包括中国邮政航空小包、中国邮政航空大包、国际EMS、国际e邮宝等。

1. 中国邮政航空小包

中国邮政航空小包（以下简称"中邮小包"）是中国邮政针对2千克以下的轻小物

品的空邮服务（参照 ePacket 的标准，但是卖家要注意，寄往阿富汗的中邮小包限重1千克，而非2千克），运送范围为全球217个国家和地区，是跨境电商物流卖家，尤其是新手卖家的首选物流方案。在实际操作中，卖家会看到以收寄地的市名命名的小包，如上海小包、杭州小包、北京小包等。

中邮小包包括平邮小包和挂号小包两种。平邮小包不受理查询；挂号小包在大部分国家（地区）可全程追踪，在部分国家（地区）只能查询签收信息，在部分国家（地区）不提供信息追踪服务。

（1）中邮小包的优点如下。

① 运费较低是最大的优点。中邮小包运达部分国家（地区）的时间并不长，因此属于性价比较高的跨境物流方式。

② 中邮小包在通关方面比其他国际快递要简单得多，可享受"绿色通道"，因此中邮小包的清关能力很强；而且中国邮政是万国邮政联盟的成员，因此在世界各地都有派送网络，物流覆盖面非常广。

③ 中邮小包本质上属于民用包裹，并不属于商业快递，因此能邮寄的物品比较多。

（2）中邮小包的缺点如下。

① 中邮小包的限制重量为2千克，寄往阿富汗的中邮小包甚至限重1千克，这就导致部分卖家的货物如果超出2千克，就要将货物分成多个包裹寄递，甚至只能选择其他跨境物流方式。

② 运送的时间总体比较长，如寄往俄罗斯、巴西等国家（地区）的中邮小包超过40天才显示买家签收都是正常现象。

③ 许多国家（地区）是不支持物流信息全程跟踪的，而且中国邮政的官方网站只能追踪境内部分，境外部分不能实现全程追踪，因此卖家需要借助其他跨境物流企业的网站或登录寄达国家（地区）的查询网站进行追踪，查询物流信息很不方便。

（3）中邮挂号小包的计算方式。例：一位美国人从某全球速卖通店铺购买2袋大米，重量为100克/袋，若选择中邮挂号小包，请计算运费。中邮挂号小包报价（部分）如表10-1所示。

表10-1 中邮挂号小包报价（部分）

国家或地区			0~150克（含150克）		151~300克（含300克）	
			正向配送费（根据包裹重量按千克计费）元/千克	挂号服务费 元/单	正向配送费（根据包裹重量按千克计费）元/千克	挂号服务费 元/单
西班牙	Spain	ES	53.00	20.00	53.00	20.00
瑞典	Sweden	SE	55.00	27.00	54.00	27.00
以色列	Israel	IL	59.00	18.50	59.00	18.50
德国	Germany	DE	58.00	15.80	52.00	16.00
澳大利亚	Australia	AU	63.00	16.50	58.00	16.50
英国	United Kingdom	UK	51.00	17.50	51.00	17.50

续表

国家或地区			0~150克（含150克）		151~300克（含300克）	
			正向配送费（根据包裹重量按千克计费）元/千克	挂号服务费元/单	正向配送费（根据包裹重量按千克计费）元/千克	挂号服务费元/单
法国	France	FR	67.00	13.00	49.23	15.37
美国	United States	US	55.00	20.00	54.00	20.00
俄罗斯	Russian Federation	RU	58.00	24.00	58.00	23.00

注：价格来自全球速卖通。

解：跨境物流运费 = 正向配送费 + 挂号服务费 = 200÷1 000×54+20=30.8（元）

提示与分析：选择在线发货，本单业务的包裹重量达200克（100克×2），根据报价表，发往美国且重量区间在151~300克（含300克）的包裹，对应的报价为54元/千克，挂号服务费为20元/单。

2. 中国邮政航空大包

中国邮政航空大包又称中国邮政大包、中国邮政国际大包裹、航空大包等（以下简称"中邮大包"），是区别于中邮小包、国际EMS的新业务，是中国邮政为满足具有大抛货的国际快递业务需求的客户而开发的一项服务，适合邮寄重量在2千克以上的包裹，可寄达全球200多个国家和地区。对时效性要求不高且稍重的货物，可选择使用此方式发货。

（1）中邮大包的优点如下。

① 成本低，尤其是以首重1千克、续重1千克的计费方式结算，价格比国际EMS低，较商业快递有绝对的价格优势。

② 通达国家和地区多（可通达全球大部分国家和地区），且清关能力非常强。

③ 运单简单，操作方便。

（2）中邮大包的缺点如下。

① 在部分国家和地区包裹的限重为10千克，最重也只能寄30千克的包裹。

② 妥投速度慢。

③ 查询信息更新慢。

课堂小贴士10-2　中国邮政航空大包寄送说明

1．中国邮政航空大包重量和体积限制

（1）重量限制：0.1~30千克（部分国家不超过20千克，每票快件不能超过1件）。

（2）尺寸限制：中国邮政航空大包的最大尺寸限制为包裹的长度不超过1.2米，长度与长度以外的最大横周不超过3米；中国邮政航空大包的最小尺寸限制为最小边长不小于0.24米，宽不小于0.16米。

（3）体积限制：单边长不超过 1.5 米，长度与长度以外的最大横周不超过 3 米；单边不超过 1.05 米，长度与长度以外的最大横周不超过 2 米。

2．中国邮政航空大包的运送参考时效

（1）到达亚洲邻国需要 5~7 天。

（2）到达东南亚地区需要 3~4 天。

（3）到达欧美主要国家需要 7~20 天。

3．中国邮政航空大包的包裹跟踪查询

（1）包裹物流信息查询：包裹的物流信息可以在中国邮政网查询，且有全程跟踪。包裹离开当天即可在中国邮政网查询物流信息，查询网址为 http://intmail.183.com.cn。

（2）包裹未妥投查询：如果在包裹发出 1 个月后仍未妥投，可向邮局提出查询要求，邮局查询回复时间正常为 2~6 个月。

（3）包裹退件：寄件人在填写物流单据时需要确认是否要退回。如果没有填写，则默认弃件。中国邮政大包退件时会根据寄件人选择的退回方式收取对应的运费，邮局会将对应的收费凭据给予发件人。

（4）包裹索赔：如果包裹丢失，可向中国邮政申请索赔，中国邮政将按申报价值赔付。

3. 国际 EMS

国际 EMS（express mail service）是中国邮政速递物流股份有限公司与各国（地区）邮政部门合作开办的中国与其他国家（地区）间寄递特快专递邮件的一项服务，可为用户在国家（地区）间快速传递各类文件资料和物品，同时提供多种形式的邮件跟踪查询服务。此外，国际 EMS 还提供代客包装、代客报关等一系列综合延伸服务。

4. 国际 e 邮宝

（1）国际 e 邮宝介绍。国际 e 邮宝是中国邮政速递物流股份有限公司为了适应跨境电商轻小件物品寄递市场的需要，为中国卖家量身定制的一项经济型国际速递业务。国际 e 邮宝主要是针对 2 千克以下轻小件物品的空邮服务（寄往以色列的货物重量被限制在 3 千克以内）。

（2）国际 e 邮宝的优点如下。

① 投递网络强大，覆盖范围广，价格较低，以实际重量计费。

② 比较适合较小件货物，以及时效性要求较低的货物。

③ 对于寄往俄罗斯和南美洲国家或地区的货物，此方式具有绝对的优势。

④ 使用此方式的货物享有优先通关权，且清关时不用提供商业发票，通关失败的货物可以被免费运回境内。

（3）国际 e 邮宝的缺点如下。

① 相对于商业快递而言，速度较慢。

② 不能一票多件，运送大件货物的价格较高。

③ 查询网站中的信息更新不及时，若出现问题只能以书面形式进行查询，比较浪费时间。

10.1.3 国际商业快递

国际商业快递也称国际快递，是指在两个或两个以上国家（地区）之间所进行的快递、物流业务。国家（地区）之间传递信函、商业文件及物品的递送业务，需要通过国家（地区）之间的边境口岸和海关对快件进行检验放行的运送方式。国际快件到达目的国家（地区）之后，需要在目的国家（地区）再次转运，才能将快件送达最终目的地。

1. 国际商业快递的特点

国际商业快递具有以下四个特点。

（1）国际商业快递环境具有差异性，如不同国家（地区）具有不同的法律法规、语言、科技发展水平和硬件设施。

（2）国际商业快递的时效性有保证，丢包率低，过程更加安全可靠。但需注意，含电池的产品、特殊类别的产品基本上不能递送。此外，国际商业快递的物流成本高。

（3）国际商业快递系统范围的广泛性，快递本身的复杂性，加上国际商业快递的特殊性，使国际商业快递业务的操作难度较大，面临的风险也较大。

（4）国际商业快递的信息化要求决定了其具有先进性，国际商业快递对信息的提供、收集与管理有较高的要求，且需要国际化信息系统的支持。

2. 四大国际商业快递公司

（1）DHL。DHL是指敦豪航空货运公司，于1969年创立于美国旧金山，现隶属于德国邮政全球网络。DHL是全球快递、洲际运输和航空货运的领导者，也是全球海运和合同物流提供商。在中国，DHL与中国对外贸易运输总公司合资成立了中外运敦豪国际航空快件有限公司，是进入中国市场时间最早、经验最丰富的国际快递公司之一。DHL拥有完善的全球速递网络，可以到达全球220多个国家和地区的12万个目的地，在中国的市场占有率达36%。

① 优势。配送网络遍布世界各地，查询网站上的货物状态信息更新及时、准确，提供包装检验与设计服务、报关代理服务，在美国以及西欧国家有较强的清关能力。大多数国际（地区间）快递货物都通过DHL运转。

② 价格。20千克以下的小货和21千克以上的大货价格都较低，并且21千克以上的货物有单独的大货价格，发往部分国家和地区的大货价格比国际EMS的价格还要低。

③ 时效。正常情况下2~4个工作日可以货通全球。其中，到欧洲和东南亚的运输速度较快，到欧洲需3个工作日，到东南亚地区仅需2个工作日。

④ 专线。建立欧洲专线及周边国家或地区专线，服务速度快，安全可靠，查询方便。

（2）UPS。UPS是指联合包裹服务公司，起源于一家1907年在美国西雅图成立的信差公司，是全球最大的快递承运商与包裹递送公司之一，也是专业的运输、物流、资本与电子商务服务的提供者。

从世界范围来看，UPS 其实是快递行业的领导者，其历史悠久，并且一直与 FedEx 竞争。但在中国，UPS 的影响力次于 FedEx。UPS 的强势地区为美洲地区，该地区快递业务的性价比最高。

① 优势。覆盖 200 多个国家和地区，并在这 200 多个国家和地区设立了 4 400 个 UPS 商店、1 300 个（全球）UPS 营业店、1 000 个 UPS 服务中心、17 000 个授权服务点、40 000 个 UPS 投递箱，能配送到北美洲和欧洲各地。

② 服务。提供全球货到付款服务，免费、及时、准确的网上物流信息查询服务，加急限时配送服务，具有超强的清关能力；能实现包裹的定点定时跟踪、查询记录详细、通关便捷。

③ 价格。折扣为 3.5~6.5 折不等，并且货物出口至美国、加拿大、新西兰等发达国家或地区时，有独特的价格优势，主要打造美国专线、北美特惠。

④ 时效。正常情况下，包裹能在 2~4 个工作日通至全球，特别是美国，48 小时就能到达。UPS 在全球 200 多个国家和地区都有配送网络，查询网站上的物流信息更新极快，解决问题也及时快捷。

（3）FedEx。FedEx 指联邦快递公司，是一家国际性速递集团，提供隔夜快递、地面快递、重型货物运送、文件复印及物流服务，总部设于美国田纳西州。FedEx 于 1984 年进入中国，与天津大田集团成立合资企业大田—联邦快递有限公司，是拥有直飞中国航班数目最多的国际快递公司之一。

① 优势。服务区域覆盖全球 230 多个国家和地区；配送网络遍布世界各地，尤其在美洲和欧洲，其业务在价格和时效方面均有优势。

② 时效。正常情况下，快递经 2~4 个工作日即可送达全球；网站信息更新快，网络覆盖全，查询响应快。

③ 服务。提供国际快递预付款服务、免费及时准确的上网查询服务、代理报关服务、上门取件服务；清关能力极强；极快的响应速度创造了良好的用户体验。

④ 价格。发送到中南美洲及欧洲区域的包裹有价格优势，与其他商业快递公司公布的价格相差 30%~40%；在东南亚运送 21 千克以上大货的价格只有 DHL、UPS 的一半，但配送速度与 DHL、UPS 一样快。

（4）TNT。TNT 是全球领先的快递邮政服务供应商，为企业和个人客户提供全方位的快递和邮政服务，公司总部设在荷兰的阿姆斯特丹。TNT 拥有欧洲最大的空陆联运快递网络，能实现门到门的递送服务，并且正通过在全球范围内扩大运营范围来最大化优化物流网络效能。TNT 于 1988 年进入中国市场，拥有 26 家国际快递分公司及 3 个国际快递口岸；拥有中国境内最大的私营陆运递送网络，服务范围覆盖中国 500 多个城市。

在西欧、中东，TNT 提供的快递服务在时效性和价格方面都有优势。

① 优势。拥有 161 500 名员工，分布在 200 多个国家和地区；网络覆盖广，查询网

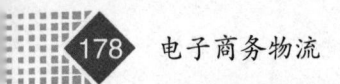

站上的信息更新快,遇到问题响应及时。

②服务。提供全球货到付款服务,通关能力强,且提供报关代理服务,无偏远配送附加费,可及时准确地追踪货物。

③时效。货物经 2~4 个工作日即可送达全球。

④价格。货通全球,无偏远地区配送附加费;在西欧地区价格较低,清关能力较强,但对所运货物的限制比较多。

10.1.4　物流专线

物流专线又称货运专线,指物流公司用自己的货车、专车或者航空资源,运送货物至其专线目的地。物流公司一般在目的地设有自己的分公司或者合作网点,以便货车来回都有货装。按照服务对象的不同,物流专线可以分为跨境电商平台企业物流专线和国际物流企业物流专线,其中跨境电商平台企业物流专线是大型电商平台专门为电商平台内线上销售商品的中小企业开发的物流项目,通过在境内设立仓库,实现提供简单易行且成本较低的物流服务的目的。物流专线适合运送多批次、小批量、时效要求高的货物,尤其适合小额批发和样品运输等。

10.2　跨境电商海外仓

10.2.1　海外仓的概念与主要功能

海外仓又称海外仓储,海外仓服务是指企业在海外事先建设或租赁仓库,以空运、海运、陆运或国际多式联运的方式先把货物运送至当地仓库,然后当地仓库通过互联网接到客户订单后直接发货的物流控制与管理服务。

目前我国很多跨境电商企业和第三方物流仓储企业都已开始采用或提供海外仓服务。海外仓可以通过自建或租赁等方式设立,能为我国跨境电商企业提供海外仓储、小包、专线、国际快递、订单管理和售后等物流服务。

海外仓主要有代收货款、拆包拼装和保税功能。

(1)代收货款功能。跨境交易的风险较大,同时跨境交易的特殊性也会导致资金结算不便、不及时等问题,而海外仓可以在合同规定的时限和佣金费率下,在收到货物的同时,提供代收货款的增值服务,从而帮助企业有效规避跨境交易的风险。

(2)拆包拼装功能。大部分跨境电商的订单数量和订单金额较少,而订单频率较高,同时普遍具有运输距离长的特点。因此,为了有效提高运输效率、节省资源,海外仓可将这些较零散的货物拼装为整箱以合并运输,待货物到达后,再由海外仓对整箱货物进行拆分。海外仓也可以根据客户的订单要求,为分布较集中的客户提供拼装服务,进行整箱运输或配送,从而提高运输效率、降低物流成本。

(3)保税功能。有些海外仓经海关批准可以成为保税仓库,这样功能会更多、用途范围会更广，如可以简化海关通关流程和相关手续。同时，跨境电商企业在保税仓库还可以进行中转贸易，以保税仓库所在地为中转地，连接生产国（地区）和消费国（地区），从而有效规避贸易制裁。一些简单的加工、管理等增值服务在保税仓库内也可以实现，这无疑极大地丰富了保税仓库的功能，增强其竞争力。

> **课堂小贴士 10-3　海外仓的特点**
>
> 海外仓的特点概括起来是"四快一低"。
>
> 清关快。海外仓企业能够整合物流资源，提供配套的清关服务，提高了货物出入境的效率。
>
> 配送快。部分海外仓可以提供所在国 24 小时内或 48 小时内的送达服务，大幅缩短了配送时间。
>
> 周转快。海外仓可以提供有针对性的选品建议，帮助卖家优化库存，提前备货，降低滞销风险。
>
> 服务快。海外仓可以按照客户的要求，提供本土化的退换货、维修等服务，能够缩短服务周期，提升终端客户的购物体验。
>
> 成本低。由于卖家可以提前在海外仓备货，因此在后续补货时，可以选择价格更低的海运方式，降低了国际物流的成本。

10.2.2　海外仓选品的概念与定位、思路以及海外仓的模式

海外仓选品是指卖家选择适合在海外仓模式下销售的商品，且商品符合当地买家的购物习惯及当地市场的需求。对于海外仓选品，不同的卖家有不同的策略。有的卖家倾向于选择大尺寸、大重量的商品，有的卖家喜欢选择时效性要求比较高的商品，还有的卖家倾向于选择结构复杂、对售后服务要求比较高的商品。

1. 海外仓选品的定位

并不是所有的商品都适合在海外仓模式下销售，卖家要对市场有一定的预判，选择合适的商品进入海外仓。进行海外仓选品的定位时，主要考虑以下四种商品。

（1）A 类。A 类是体积大、超重的大件商品，国内小包无法运达或者物流费用太高的商品，如家具、灯具、大型汽车配件、户外用品等。

（2）B 类。B 类是国内小包无法运达的商品，如带锂电池的商品、液体类商品等。

（3）C 类。C 类是这类商品多为日用快消品，应符合当地市场的需求，需要快速送达，如工具、家居用品、母婴用品等。

（4）D 类。D 类是在境外市场热销的商品，如 3C 产品及其配件、畅销款的服装、长效标品类等（批量运送更具优势，卖家可以均摊成本）。

其中，A 类属于高风险、高利润的商品，B 类属于高风险、低利润的商品，C 类属于低风险、高利润的商品，D 类属于低风险、低利润的商品。卖家在进行海外仓选品定位时，应对风险和利润进行综合考虑。

2. 海外仓选品的思路

海外仓选品的思路主要从以下三部分来构建。

（1）了解当地国家（地区）的市场需求，通过当地电商平台进行调查。

（2）在境内寻找类似商品，开发海外仓商品。开发的指标依据有以下几个：单个商品的销量、到仓费用、毛利和毛利率、月毛利、成本收益率。对于以上指标，可根据卖家自身的情况来确定。

（3）运用数据工具选品。卖家选品时可以运用以下工具：数据纵横中的选品专家热销词、热搜词，搜索词分析中的飙升词。

3. 海外仓的模式

海外仓的模式包括自建模式、与第三方合作模式和一站式配套服务模式三种。

（1）自建模式可分为卖家自建和电商转型两类。

① 卖家自建。这是指卖家在境外市场建设仓库。许多开展跨境电商业务的卖家经过一段时间的运营以后，有了一定的资金与客户基础，同时随着跨境电商的迅猛发展，急需提高物流配送效率，于是在客户较为集中的地区投入资金自建海外仓，以实现本地发货，提高商品的配送效率。

② 电商转型。这是指规模比较大的、有自营海外仓的电商企业转型开展海外仓业务。这类电商企业比较了解跨境电商的情况和需求，对跨境电商的发展趋势也有较为准确的把握，因此其建立的海外仓往往在市场营销方面做得比较出色。同时，因为这类企业也开展电商业务，所以其仓库中不仅有其他电商客户的商品，也有自营商品。

（2）与第三方合作模式。这种模式是指跨境电商企业与第三方企业合作，由外部企业提供海外仓储服务。这种模式能为跨境电商企业提供专业化的高效服务。通常这种类型的海外仓的设计水平比较高，并且能满足一些特殊商品高标准、专业化的运送要求。跨境电商企业事先与提供海外仓服务的外部企业联系，将货物以集中托运的方式运送至海外仓，经扫描入库后，就会在海外仓的信息系统中有所记录，并和跨境电商企业的销售系统相连，当有消费者下单时，海外仓就会迅速得到指令，从仓库调货并送至消费者手中。这种类型的海外仓建设模式主要有以下两种。

① 租用。跨境电商企业直接租用第三方企业现有的海外仓，利用其自有的信息系统和管理技术对仓储业务进行管理。采用这种模式时，跨境电商企业需要向第三方企业支付操作费用、物流费用和仓储费用。

② 合作建设。合作建设指跨境电商企业与第三方企业合作建设海外仓，并自行投入设备、系统等。采用这种模式时，跨境电商企业只需支付物流费用，但需要和第三方企业共同进行海外仓的管理和系统的完善，需投入大量精力。

（3）一站式配套服务模式。一站式配套服务模式就是以海外仓为基础，由海外仓为跨境电商企业提供跨境物流整体解决方案的模式。这种模式基于海外仓，但不局限于海外仓。这种模式可以根据不同跨境电商企业的差异化需求，在售前环节提供不同的头程物流解决方案，并可以提供集物流管理、供应链优化、贸易合规和金融管理服务于一体的、服务透明且质量稳定的整体解决方案，从而帮助跨境电商企业解决物流、贸易、金融、推广等各方面的难题。跨境电商物流服务很难实现标准化，因为不同消费者所在国家（地区）的法律政策有所不同，而且不同国家（地区）的消费者在所需商品品类和消费习惯方面存在差异。部分跨境电商企业在实际运营中，发现海外仓不能完全满足其对物流服务的需求。这表明当前跨境物流的客户基于对物流服务的个性化需求已经向海外仓服务提供商提出了新的要求。于是，提供个性化服务的海外仓模式，即一站式配套服务模式开始兴起。

一站式配套服务模式的特点如下。

① 整合资源。一站式配套服务模式将海外仓作为对现有市场上所有物流运输方案进行整合的载体。这种类型的海外仓对物流行业资源具有较强的掌控能力，同时对市场高度敏感，能对数据进行收集和分析，并通过数据分析结果帮助跨境电商企业降低成本，增加利润。通过海外仓在整个供应链上的影响力，该模式在解决跨境电商企业物流问题的基础上，能够整合各类社会资源，从而实现物流信息的共享与社会物流资源的充分利用。

② 优化跨境电商供应链。供应链管理涉及物流、商流、资金流、信息流四个维度。与境内电商的供应链管理有所不同的是，跨境电商的供应链管理还会牵涉进出口流程、各个国家（地区）法律法规制度的差异以及跨境事务的管理。这种海外仓模式汇集了人流、技术流、信息流、资金流等要素，在跨境电商供应链布局中是重要的节点，能够整合运输资源，并利用跨境电商供应链上各方的需求和信息反馈来优化跨境电商供应链。

③ 提供更好的服务。一站式配套服务模式可以根据不同跨境电商企业的情况，为其量身定做一整套物流解决方案。同时，在跨境物流流程非常复杂的现实状况下，该模式可为跨境电商企业提供有效的供应链管理服务和咨询服务，有针对性地满足其对物流服务的需求。这种模式不仅为跨境电商企业提供了一站式服务，也为消费者提供了本土化服务，这样使用海外仓服务的跨境电商企业和消费者都可以获得更好的服务体验。

④ 对跨境物流具有引领作用。一站式配套服务模式能够解决跨境电商中的物流痛点，并引领跨境物流向专业化、标准化方向发展。这种以海外仓为服务平台的整体物流解决方案能不断优化、升级服务强项，不断调整、改善服务弱项。也就是说，这种以海外仓为服务平台的跨境物流服务本身就是一套不断适应乃至不断引领跨境物流发展的解决方案。

10.2.3 海外仓的运作流程与费用结构

1. 海外仓的运作流程

海外仓的运作流程如图 10-1 所示。

（1）卖家下单。卖家要在海外仓服务官网上下单，与海外仓服务商进行对接。

（2）首公里揽收。对接完成后，海外仓服务商会到卖家处揽货，并将货物运输至境内仓。

（3）境内仓操作。在境内仓，境内仓服务商的工作人员会对货物进行一系列复查工

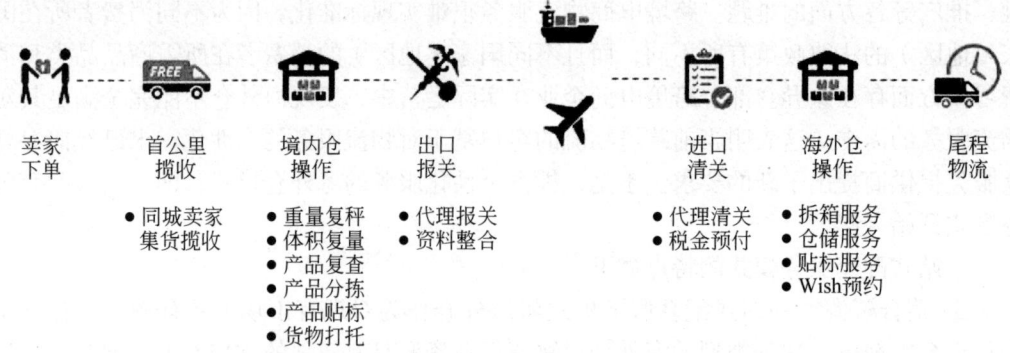

图 10-1　海外仓的运作流程

作（重量复秤、体积复量、产品复查、产品分拣、产品贴标、货物打托）。

（4）出口报关。完成复查工作后，工作人员会将货物装箱，进行出口报关，此时需要卖家提供公司材料、产品相关证书等报关资料。

（5）进口清关。货物顺利报关并被运输至目的港后，还需要进行进口清关，海外仓服务商会预先支付一部分税金并代理清关。货物符合目的地清关规定，则会被放行离港，并由海外仓服务商运输至海外仓。

（6）海外仓操作。货物抵达海外仓后，海外仓的工作人员进行拆箱，完成分拣上架工作（拆箱服务、仓储服务、贴标服务、Wish 预约）。

（7）尾程物流。一旦买家下单，相关产品将由海外仓的工作人员分拣给运输人员，再经由当地的运输体系派送至买家手中。当然，尾程物流需要由卖家自行选择，建议卖家对当地的物流成本、配送距离和有效库存进行综合考虑，选择最优的配送服务。

2. 海外仓的费用结构

海外仓的费用结构是指把仓库设立在境外而产生的一系列费用。下面介绍的海外仓费用结构针对的是使用第三方物流服务商的海外仓的情况。

（1）头程费用。头程费用是指第三方物流服务商从本国把货物运送至海外仓所在地这一过程中所产生的费用。下面将介绍使用航空运输（以下简称"空运"）方式和使用货轮运输（以下简称"海运"）方式产生的费用，以及头程费用的注意事项。

① 空运方式。空运费用结构及各项费用计算方式如下。

- 包含运费、清关费、报关费、其他费用（文档费、拖车费、送货费）。
- 运费按重量计算，有最低起运重量（一般为 5 千克）限制。
- 清关费按单票数量计算。

空运途径可分为客机行李托运、普货空运和商业快递。

② 海运方式。海运费用通常以货物实际体积计算，体积会分层计算。集装箱整箱运输（full container load, FCL）按集装箱的数量计算运费，由发货人负责装箱。整箱货的拆箱一般由收货人办理，发货人或收货人也可以委托承运人在货运站拆箱，但承运人不负责箱内的货损、货差。除非发货人举证确属承运人的责任造成箱内的货损、货差，承运人才负责赔偿。承运人交接整箱货物时，以箱为交接单位。只要集装箱外表与收箱

时相似且铅封完整,承运人就完成了承运任务。整箱货物的货运提单上,发货人要加上"委托人装箱、计数并加铅封"的条款。

③ 头程费用的注意事项。

- 空运时,第三方物流服务商会对重量轻、体积大的货物进行计泡处理。重量计算公式:以千克为单位的体积质量 = 长(cm)× 宽(cm)× 高(cm)÷ 6 000。
- VAT(value-added.tax)增值税。在国际贸易和物流活动中,涉及不同国家和地区的税收政策,增值税是一种常见的流转税,对商品或服务在各个流通环节中的增值部分征收。在物流领域,涉及货物的运输、仓储、配送等环节,如果这些活动发生在实行增值税制度的国家或地区,企业可能需要缴纳增值税。
- EORI(economic operators' registration and identification)码是由欧盟成员方的海关颁发给企业或个人用于与海关交流的必备数字标志,是全欧盟通用的。自2009年7月1日以来,欧盟要求所有欧盟成员方实施EORI方案,成员方的每个经济营运商都有一个独立的EORI码,用于在欧盟进出口和中转货物。所有的经济营运商(在欧盟海关注册登记的自然人或法人)需要使用自己唯一的EORI码参与相关海关流程及其他政府机构开展的电子通信和国际货物运输等业务。
- 如货物需单独报关,申请出口退税,卖家需提供以下资料:装箱单、发票、报关委托书、报检委托书、合同、出口收汇核销单、商检机构提供的"商检通关单"及与对应口岸海关签署的无纸化协议。

(2)税金和当地派送费用。

① 税金。税金是指货物出口到某地时,该地的税务机关按照该地的进口货物政策而征收的一系列费用,如关税、增值税等。

② 当地派送费用。当地派送费用也称二程派送费用,是指买家对产品下单后,由仓库完成打包和由当地货运公司配送至买家所在地而产生的费用。各国(地区)货运公司的操作不尽相同,卖家还需向当地货运公司咨询具体费用。

(3)仓储管理服务费。以与第三方物流服务商合作而产生的费用为例,仓储管理服务费分为两种:仓储费和订单处理费。

① 仓储费。这是指在仓库储存产品而产生的费用。第三方物流服务商为了提高产品的动销率,一般会按周收取仓储费。

② 订单处理费。订单处理费是指买家对产品下单后,由第三方物流服务商的工作人员根据其订单进行拣货、打包操作而产生的费用。

10.3 跨境电商 B2C 通关

10.3.1 B2C 出口通关模式——"9610"和"1210"

1. "9610"直邮模式

"9610"是一个四位代码,前两位是按海关监管要求和计算机管理需要划分的分类代码，后两位为海关统计代码。"9610"即"跨境贸易电子商务"，简称"电子商务"，也称"集货模式"，也就是我们常说的 B2C 出口。

"9610"报关出口针对的是小体量的包裹（如采用国际快递运送的包裹），采用"清单核放、汇总申报"的方式，由跨境电商企业将数据推送给税务、外汇管理部门，实现退税。

（1）"9610"政策出现的原因。采用邮寄、快递方式出口的卖家若按一般贸易出口对单个包裹进行报关、清关，则需要耗费大量的人力、物力，这必然不利于中小卖家的发展。因此，为了方便这类卖家退税，中国出台了"9610"政策。"9610"政策是一种通关模式，在 2014 年就已出现。当时，中华人民共和国海关总署增列了海关监管方式代码"9610"，该政策专为销售对象是单个消费者的中小跨境电商企业服务。在"9610"直邮模式下，海关只需对中小跨境电商企业事先报送的出口商品清单进行审核，审核通过后就可办理商品放行手续，这不仅让中小跨境电商企业的通关效率更高，而且降低了通关成本。

（2）"9610"出口报关的核心。"9610"出口报关的核心如下。

① 清单核放。跨境电商出口企业将"三单信息"（商品信息、物流信息、支付信息）推送到"国际贸易"单一窗口，海关对"三单信息"进行审核并办理商品放行手续，这样通关效率更高，通关成本更低。

② 汇总申报。跨境电商出口企业定期汇总清单并形成报关单进行申报，海关为这类企业出具报关单退税证明，解决这类企业的出口退税难题。

（3）"9610"直邮模式的开展流程。"9610"直邮模式的开展流程如下。

① 前期准备。凡是参与跨境电商零售出口业务的企业，包括跨境电商企业、物流企业等，如需办理报关业务，都应当向所在地海关办理信息登记。前期准备的主要步骤：企业备案→选择通关服务代理企业→平台销售形成订单→运抵前准备。

② 通关申报。跨境电商零售出口商品申报前，跨境电商企业或其代理人、物流企业应当分别通过国际贸易"单一窗口"或跨境电商通关服务平台，向海关传输交易、收款、物流等电子信息，申报出口商品清单。通关申报的主要步骤：口岸报检→EDI 申报→场站提货→口岸转关。

③ 入区通关。入区通关的主要步骤：进卡口申报→园区报检→园区报关→场站理货→舱单核销。

④ 出区通关。出区通关的主要步骤：关检协同查验→出区卡扣核放→缴纳跨境电商综合税。

⑤ 汇总申报。跨境零售商品出口后，跨境电商企业或其代理人应当于每月 15 日前按规定汇总上月结关的出口商品清单并形成出口报关单，允许以"清单核放、汇总申报"的方式办理报关手续的则无须汇总。

（4）"9610"直邮模式的注意事项。企业若要通过"9610"直邮模式来退税，应采用快递、专线渠道。如果采用邮政渠道，一般是没法退税的。

跨境电商卖家要在 21 天内，整理前 20 天的出口商品清单，把清单报给海关，让海关出具相关证明，以便办理出口退税。

2. "1210"保税备货模式

为方便企业通关，规范海关管理，实施海关统计，中华人民共和国海关总署增列海关监管方式代码"1210"。"1210"即"保税跨境贸易电子商务"，简称"保税电商"。

"1210"政策适用于境内个人或电商企业在海关认可的电商平台上进行跨境交易并通过海关特殊监管区域或保税监管场所进出的电商零售进出境商品。

（1）"1210"保税备货模式解读。"1210"保税备货模式即跨境电商企业可以先将尚未销售的商品整批运至境内保税物流中心，再进行网上零售，卖一件，清关一件，没卖掉的不能出保税中心，但也无须报关，卖不掉的可直接退回境外。

（2）"1210"保税备货模式流程。"1210"保税备货模式流程如表10-2所示。

表10-2 "1210"保税备货模式流程

流　程	要　点　说　明
前期准备	对外贸易经营者备案：登录中华人民共和国商务部在线办事系统→提交备案登记材料→办理对外贸易相关手续
	办理中国电子口岸企业IC卡
	"国际贸易"单一窗口注册备案：线上注册→线下提交材料→约谈
	电子口岸注册
	申请相关地域跨境进口统一版数字证书及传输ID
	选择通关服务代理企业
入区准备	商品备案、申请账册：将商品备案明细表发检疫部门审批→准备海关商品备案表→账册申请→账册申报→通知境外卖家发货
	商品运抵一线口岸
	报检、报关预录入：电子报检录入→发送报检单→现场报检→报关单预录入
	先进后报核放单录入
	一线口岸转关
入区通关	入区通关的步骤：车单关联→查验、核销、报关→场站理货、入库→先进后报核放单补录入
出区通关	申报清单数据：导入订单数据→查询交易数据→导入清单数据→查询待申报清单→清单申报
	分送集报申请单变更
	清单确认、归并申报：清单确认→清单归并申报→打印载货清单→制作车单关联表→海关凭载货清单查货出区
	个人物品放行：机检查验→查询清单监管状态→车单关联
	缴纳跨境电商综合税
后期核销	后期核销步骤：接收跨境核销通知→企业库存申报→跨境账册核销申报

（3）"1210"保税备货模式的适用范围。"1210"保税备货模式用于进口时仅限经批准开展跨境贸易电子商务进口试点的海关特殊监管区域和保税物流中心（B型）。海关特殊监管区域包括保税区、出口加工区、保税物流园区、跨境工业园区、保税港区和综

合保税区。

（4）使用"1210"保税备货模式的优势。

① 退货方面有优势。通过"1210"保税备货模式出口的商品可以退回保税区重新清理、维修、包装后再销售，且境内仓储和人工费用较低，可以节约成本。

② "买全球、卖全球"。商家境外采购的商品可以进入保税区存放，然后商家可以根据需要，将商品以包裹的方式清关后寄递给境内外的客户。这样既减少了办理通关单的麻烦，也节省了关税，还降低了卖家资金的占用。

10.3.2 B2C出口通关的基本流程

B2C出口通关的基本流程如下。

1. 前期准备

（1）企业备案。根据中华人民共和国海关总署2016年第26号公告，参与跨境电商零售进出口业务的企业应当事先向所在地海关提交以下材料。

① 企业法人营业执照副本复印件。

② 组织机构代码证副本复印件（以统一社会信用代码注册的企业不需要提供）。

③ 企业情况登记表，具体包括企业组织机构代码（或统一社会信用代码）、中文名称、工商注册地址、营业执照注册号，法人代表（负责人）的姓名及其身份证件类型、身份证件号码、海关联系人的姓名及其移动电话、固定电话号码，跨境电商网站网址等。企业按照前款规定提交复印件的，应当同时向海关交验原件。如需向海关办理报关业务，企业应当按照海关对报关单位注册登记管理的相关规定办理注册登记。

（2）商品备案。商品备案的主要步骤：整理出口商品HS明细表→形成出口商品预归类表。

（3）B2C平台成交。B2C平台成交的主要步骤：商品上架→买家支付后形成订单。

2. 清单申报

（1）货物运抵特殊监管区域：商品打包交物流企业形成运单→商品运抵特殊监管区域形成主运单。

（2）"三单"（商品信息、物流信息、支付信息）数据申报。

（3）出境商品清单申报。

3. 查验放行

（1）关检查验。在中国，企业需通过出入境快件检验检疫系统申报国检电子数据，该数据由检疫部门布控，企业由此得到查验单号。货物抵达机场口岸海关监管库后，相关人员核实其重量与件数，打印好提单，申请海关关员去监管库抽取查验件。

目前检疫部门对跨境电商出口商品实行集中申报、集中办理放行手续，以检疫监管为主，基于商品质量安全的风险程度，实施监督抽查制度；同时加大第三方检验检疫鉴定结果的采信力度，以问题为导向，加强对一般工业制成品的事后监管。查验件查完后如能赶上当次航班则随当次航班出运，如无法赶上则应从提单中减去查验件的重量和件数，查验件随下一航班出运。如被海关或检疫部门扣件，企业需进行跟进处理。目前口岸出口扣件的货物主要是侵犯知识产权货物及禁止或限制出境货物。

（2）海关放行。抽取并查完查验件后，海关在提单上盖进仓确认章并放行，商品就可以过安检进仓，仓库管理部门向跨境电商通关服务平台发送运抵报告。报关员到海关前台核销舱单，盖放行章，在货站交接商品，航空公司申报装载舱单，商品装载出运。商品出境后，海关将放行信息反馈到跨境电商通关服务平台，该平台将信息反馈给电商平台和物流企业。商品实际离境后，物流企业将商品实际离境信息通过跨境电商通关服务平台报送海关，由海关核销离境货物对应的清单。海关将已经离境核注的信息发送到跨境电商通关服务平台。

4. 汇总申报

汇总申报的主要步骤：归类合并→汇总申报→核销出境商品清单→办理退税。

10.4 跨境电商 B2B 通关

10.4.1 B2B 出口通关基本流程

B2B 出口通关基本流程如下。

1. 前期准备

（1）跨境贸易备案。在中国，目前跨境电商 B2B 出口暂按在"出口货物报关单"合同协议号字段中输入的"DS 合同号"予以特定标识，监管方式为"一般贸易"（代码 0110），通关手续仍按现行传统贸易项下的申报规则进行申报。但跨境电商企业、电商交易平台、电商服务企业都需要事先在国际贸易"单一窗口"进行备案，并按海关要求接受现场约谈。

（2）B2B 平台成交。B2B 平台成交的主要步骤：商品在平台上展卖→线上成交后，交易双方签订合同。

（3）数据申报。开展跨境电商 B2B 业务也需要相关企业或平台将交易数据向国际贸易"单一窗口"进行申报，但目前跨境电商 B2B 出口并不要求必须在 B2B 电商平台上在线支付。相关企业或平台申报成功后，国际贸易"单一窗口"会自动将相关数据同时发送给海关、检疫部门，并将退税申报发送给税务部门，将收汇信息发送给外汇管理部门，实现全数据化申报。

2. 准备报关资料

（1）核实税号。核实税号的操作过程：梳理商品知识→确定品目→确定子目。

（2）核实监管条件。相关企业可以查询《中华人民共和国进出口税则（2021）》，获取商品的监管条件。

（3）核实报检单证。办理报检时需要提供的随附单证资料包括基本单据和特殊单据两类。基本单据包括合同、发票、装箱单、厂检单等，代理报检的还需要提供委托书。特殊单据视商品情况而有所不同，如小家电需提供试验报告和产品符合性声明。

（4）电子报检。货物订舱完成以后，相关企业即可安排报检工作。在报检软件中单击"出境货物报检"，逐项输入报检单各栏目的内容。录入报检数据后先暂存，然后仔细核对输入的内容是否有差错。数据核对完成后，即可发送选中的报检单完成电子报检。

（5）现场交单。收到检疫部门的回执后，相关企业先在报检软件中打印纸质报检单，并准备好随附的材料，包括报检委托书、合同、发票、装箱单、厂检单等，一起提交给检疫部门现场窗口的工作人员办理申报。完成初审、施检、复审计费、收费之后，报检单位获得电子版出境货物换证凭条，然后到出口口岸检疫部门凭换证凭条编号申请出境货物通关单（如果是在产地报检则需要到口岸获取通关单，如果是在口岸报检则可以直接获得通关单）。

3. 出口报关

出口报关的主要步骤：报关委托→核实申报单证→电子申报→现场交单→查验放行。

10.4.2　B2B 出口通关监管模式——"9710"和"9810"

1. 跨境电商 B2B 出口监管模式分类

跨境电商 B2B 出口监管模式分为"9710"监管模式和"9810"监管模式。

（1）"9710"监管模式。跨境电商 B2B 直接出口是指境内企业通过跨境电商平台与境外企业达成交易后，通过跨境物流将货物直接出口送达境外企业。海关增列监管方式代码"9710"，适用于跨境电商 B2B 直接出口的货物。

（2）"9810"监管模式。跨境电商海外仓出口是指境内企业先将出口货物通过跨境物流送达海外仓，通过跨境电商平台实现交易后从海外仓送达境外消费者。海关增列监管方式代码"9810"，适用于跨境电商海外仓出口的货物。

2. 设立跨境电商 B2B 出口监管试点的原因

设立跨境电商 B2B 出口监管试点主要有以下五个原因。

（1）适应跨境电商 B2B 出口监管改革的要求。近年来，我国跨境电商迅猛发展，已成为外贸领域中新的增长点。中华人民共和国海关总署积极创新开展跨境电商"三单"比对、全程无纸化监管、出口退货创新举措等，积极支持跨境电商新业态健康、快速发展。

（2）回应新业态发展诉求。在海关调研过程中，企业普遍反映目前跨境电商支持措施主要集中在零售进出口领域，希望增设专门的跨境电商 B2B 出口监管方式代码，实行简化申报和便利通关措施。北京、杭州、宁波、广州、东莞等地的跨境电商综合试验区也希望海关增设跨境电商 B2B 出口监管方式代码并积极争取参与试点。

（3）为出台相关支持措施提供支点。在跨境电商 B2B 出口监管改革中，增列监管方式代码将为商务、财政、税务、外汇等部门出台配套支持措施提供支点。

（4）对接中国进出口商品交易会等重大展会。2020年，中国进出口商品交易会（以下简称"广交会"）于6月15日至24日首次在网上举办，并同步联合跨境电商综合试验区和跨境电商平台企业开展线上交易。通过广交会实现线上成交的货物可通过新的监管方式通关，享受新模式带来的通关便利。

（5）优化完善海关统计。创新跨境电商B2B出口监管模式并增设相应的海关监管方式代码，有助于海关精准识别、准确统计跨境电商B2B出口数据。

3. 参与试点的跨境电商企业需要满足的要求

（1）办理企业注册登记。跨境电商企业、跨境电商平台企业、物流企业等参与跨境电商B2B出口业务的境内企业，应当依据海关对报关单位注册登记的有关规定在海关办理注册登记，并在跨境电商企业类型中勾选相应的企业类型；已办理注册登记未勾选企业类型的，可在国际贸易"单一窗口"中提交注册信息变更申请。

（2）办理出口海外仓业务模式备案。开展跨境电商出口海外仓业务的境内企业，还应在海关办理出口海外仓业务模式备案。具体要求如表10-3所示。

表10-3　办理出口海外仓业务模式备案的具体要求

具体要求	要点说明
资质条件要求	开展跨境电商出口海外仓业务的境内企业应在海关办理注册登记，且企业信用等级为一般信用及以上
备案资料要求	提交登记表。企业须提交跨境电商出口海外仓企业备案登记表、跨境电商海外仓信息登记表
	提交海外仓证明材料。企业还应提交海外仓所有权文件（针对自有海外仓）、海外仓租赁协议（针对租赁的海外仓）、其他可证明海外仓使用的相关资料（如海外仓入库信息截图、海外仓货物境外线上销售的相关信息）等
	提交海关认为需要的其他资料。上述资料应由企业向企业主管地海关提交，如有变更，企业应及时向海关更新相关资料

4. 通关过程中的注意事项

（1）跨境电商企业或其委托的代理报关企业、境内跨境电商平台企业、物流企业应当通过国际贸易"单一窗口"或"互联网+海关"平台向海关提交申报数据，传输电子信息，并对数据的真实性承担相应的法律责任。

（2）跨境电商B2B出口货物应当符合检验检疫的相关规定。

（3）海关实施查验时，跨境电商企业或其代理人、监管作业场所经营人应当按照有关规定配合海关查验。海关应按规定实施查验，可优先对跨境电商B2B出口货物进行查验。

（4）跨境电商B2B出口货物适用全国通关一体化模式，也可采用跨境电商模式进行转关。

5. 企业的申报流程

企业的申报流程如图10-2所示。

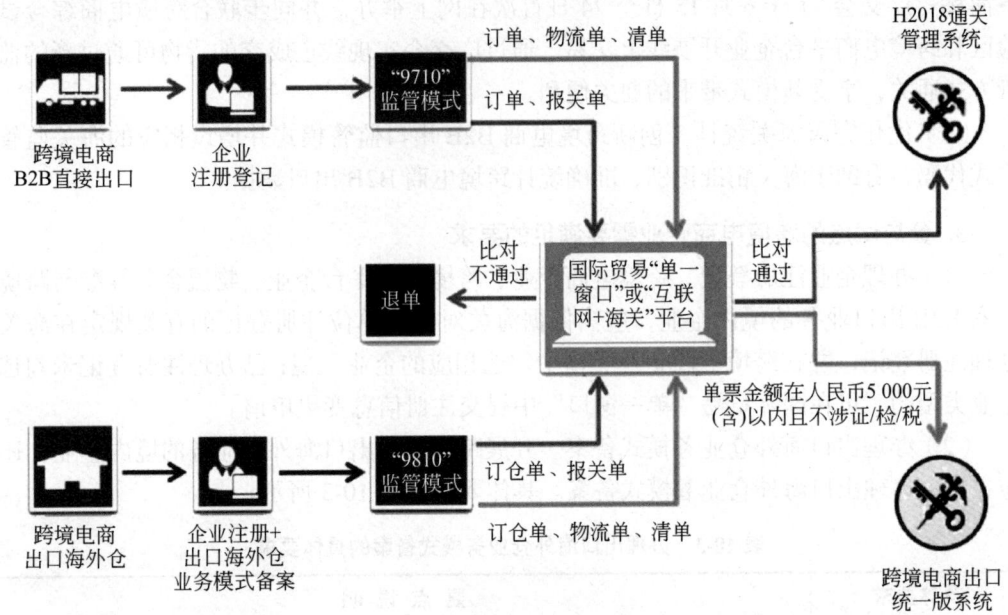

图 10-2　企业的申报流程

6. 企业可享受的通关便利

跨境电商 B2B 出口的主要监管流程包括企业登记、出口申报、物流管理、作业查验、货物放行、退货监管等。这充分考虑了跨境电商新业态信息化程度高、平台交易数据留痕等特点，采用企业一次登记、一点对接、便利通关、简化申报、优先查验、允许转关、退货底账管理等有针对性的监管便利化措施。

（1）报关全程信息化。企业通过国际贸易"单一窗口"或"互联网＋海关"平台在网上传输交易订单、海外仓订仓单等电子信息，且全部以标准报文格式自动导入，报关单和申报清单均采用无纸化方式，简化企业的申报手续。

（2）新增便捷申报通道。对单票金额在人民币 5 000 元（含）以内且不涉证、不涉检、不涉税的货物，可通过跨境电商出口统一版系统以申报清单的方式通关，申报要素比报关单减少 57 项，申报清单无须汇总申报报关单，让中小微出口企业的申报更为便捷、通关成本进一步降低。

（3）简化申报商品编码。跨境电商出口统一版系统的申报清单不再汇总申报报关单。其中，不涉及出口退税的，可申请按照 6 位 HS 编码简化申报。

（4）物流和查验便利。跨境电商 B2B 出口货物可按照"跨境电商"类型办理转关；通过 H2018 通关管理系统通关的，同样适用全国通关一体化模式。企业可根据自身实际情况，选择时效性更强、组合更优的方式运送货物，同时可享受优先安排查验的便利。

单元考核

一、填空题

1. 中邮小包包括平邮小包和_____两种。
2. _____是指敦豪航空货运公司，于1969年创立于美国旧金山，现隶属于德国邮政全球网络。
3. 仓储管理服务费分为仓储费和_____两种。
4. 企业若要通过"9610"直邮模式来退税，应采用快递和_____渠道。
5. 开展跨境电商出口海外仓业务的境内企业，还应在海关办理_____。

二、简单题

1. 简述跨境电商物流的特点。
2. 简述国际商业快递的特点。
3. 简述海外仓的主要功能。
4. 简述"1210"保税备货模式流程。
5. 简述开设跨境电商B2B出口监管试点的原因。

参 考 文 献

[1] 刘磊,梁娟娟,曾红武. 电子商务物流 [M]. 3 版. 北京：电子工业出版社,2020.
[2] 毕娅,原惠群. 电子商务物流 [M]. 2 版. 北京：机械工业出版社,2020.
[3] 朱孟高. 电子商务物流管理 [M]. 北京：电子工业出版社,2019.
[4] 胡子瑜,郑文岭. 仓储与配送管理实务 [M]. 长春：东北师范大学出版社,2019.
[5] 郑克俊. 仓储与配送管理 [M]. 4 版. 北京：科学出版社,2018.
[6] 北京中物联物流采购培训中心. 物流管理职业技能等级认证教材（中级）[M]. 南京：江苏凤凰教育出版社,2019.
[7] 北京中物联物流采购培训中心. 物流管理职业技能等级认证教材（高级）[M]. 南京：江苏凤凰教育出版社,2019.
[8] 谢明,陈瑶,李平. 电子商务物流 [M]. 北京：北京理工大学出版社,2020.
[9] 王帅,林坦. 智慧物流发展的动因、架构和建议 [J]. 中国流通经济,2019,33（1）：35-42.
[10] 龚英. 电子商务物流 [M]. 北京：科学出版社,2019.
[11] 张铎. 电子商务物流管理 [M].4 版. 北京：高等教育出版社,2019.
[12] 刘磊. 物流学概论 [M]. 2 版. 北京：中国人民大学出版社,2018.
[13] 杨萌柯,周晓光. 电子商务与快递物流 [M]. 北京：北京大学出版社,2018.
[14] 邵贵平. 电子商务物流管理 [M]. 3 版. 北京：人民邮电出版社,2018.
[15] 张军玲. 电子商务物流管理 [M]. 北京：电子工业出版社,2017.